基金项目：

1. 苏州市教育科学"十四五"规划课题"双高背景下新一代信息技术专业群课程思政实施探索与研究"（2023/LX/02/250/12）。

2. 江苏省职业教育教学改革研究课题"后疫情时代学习分析视域下的在线学习干预策略成效研究"（ZYB705）。

3. 江苏高校"青蓝工程"项目。

4. 江苏省教育科学规划课题"教育数字化转型下职业教育教学生态重塑研究"（C/2023/02/55）。

5. 江苏省高等教育教改研究课题"数字经济背景下江苏高职新工科教育供给侧改革研究"（2023JSJG211）。

6. 江苏高校哲学社会科学研究项目"校企协同育人模式下学生课后深度学习的研究"（2021SJA1443）

7. 校级课程思政示范专业——软件技术专业。

8. 校级科研平台数据中心网络容错性能研究与应用（XKYPT-2023-5-P）。

GAOZHI YUANXIAO
JIAOYU JIAOXUE GUANLI YANJIU

高职院校
教育教学管理研究

李晓鸥 王春华 尤澜涛 著

图书在版编目(CIP)数据

高职院校教育教学管理研究/李晓鸥,王春华,尤澜涛著.--苏州:苏州大学出版社,2023.12
ISBN 978-7-5672-4644-7

Ⅰ.①高… Ⅱ.①李…②王…③尤… Ⅲ.①高等职业教育-教学管理-研究 Ⅳ.①G718.5

中国国家版本馆 CIP 数据核字(2023)第 231938 号

书　　名	高职院校教育教学管理研究
著　　者	李晓鸥　王春华　尤澜涛
责任编辑	肖　荣
助理编辑	周　麒
封面设计	吴　钰
出版发行	苏州大学出版社(Soochow University Press)
地　　址	苏州市十梓街1号　邮编:215006
印　　装	广东虎彩云印刷有限公司
网　　址	http://www.sudapress.com
邮　　箱	sdcbs@suda.edu.cn
邮购热线	0512-67480030
销售热线	0512-67481020
开　　本	700 mm×1 000 mm　1/16　印张:16　字数:285 千
版　　次	2023 年 12 月第 1 版
印　　次	2023 年 12 月第 1 次印刷
书　　号	ISBN 978-7-5672-4644-7
定　　价	59.00 元

凡购本社图书发现印装错误,请与本社联系调换。服务热线:0512-67481020

　　我国正处于前所未有的发展时期，科学技术的飞速发展、国际竞争的加剧，特别是知识经济时代的到来，使得社会对人才素质的要求不断提高。为了满足不断提高的人才培养要求，我国社会教育的结构类型、专业设置、课程设置、组织形式、培养手段、内容及方法都已经或正在发生变化。与经济发展较密切的教育类型是职业教育，特别是高等职业教育。因此，高等职业教育成了全国高等教育发展的重要力量，也成了实现我国高等教育大众化的主力军。随着高等职业教育教学改革的不断深入，社会对教学质量的要求越来越高，加强高职院校教育教学管理对提高人才培养质量至关重要。

　　笔者从事高等职业教育工作多年，一直积极实践职业教育教学的理念，对高等职业教育理论和实践进行了一些探索与尝试。通过广泛调查、深入研究及多次参与高等教育学术会议，笔者查阅、收集了有关高等职业教育及高职院校教育教学管理的资料，借鉴国内外教育教学管理研究成果，并结合自己的工作经验，构建了本书的主要框架。

　　本书共十章，在内容上对国内外教育教学管理理论兼收并蓄，紧密结合我国高等职业教育现状，从教学管理、教师管理、学生管理等模块入手，既探讨了教育管理理论，又重点分析了教学管理、教师管理和学生管理理论与实践，并结合社会的发展、教育的改革，对实践教学管理、在线教学管理、劳动教育、思想政治教育做了详细的阐述，并对相关案例进行了分析。笔者在撰写本书的过程中，立足于我国高职院校教育教学管理现状，重视国内外高职院校教育教学管理理论的新发展和实际应用的成效，以期为我国高职院校教育教学管理的发展提供参考。

在本书撰写过程中，少数章节引用了一些公开发表的文章和会议交流的有关文献资料，这些资料为本书提供了坚实的基础，在此对各位作者深表谢意。书后参考文献若有遗漏之处，谨致歉意。

本书的撰写得到了苏州工业园区服务外包职业学院信息工程学院刘正院长的支持和悉心指点。借此付梓之际，向他表示衷心的感谢！

本书总结了国内外高职院校教育教学管理的一些研究成果，希望能够起到抛砖引玉的作用。由于笔者的学识和经验有限，本书可能存在一些不足之处，读者对书中的观点也会存在不同的见解，为此，我们恳请有关专家、学者、广大高职院校教师等广大读者给予批评指正，以便今后完善。

- 第一章 高职院校教育管理研究 / 1
  - 第一节 教育管理的核心概念 / 1
  - 第二节 教育管理的基本规则 / 3
  - 第三节 教育管理的特点与发展趋势 / 7
  - 第四节 教育管理育人的发展与改革 / 10
- 第二章 高职院校教师管理 / 17
  - 第一节 教师管理概述 / 17
  - 第二节 教师的职责与素质 / 18
  - 第三节 教师的选拔与任用 / 24
  - 第四节 教师的职业能力培养 / 29
  - 第五节 "双师型"教师的培养 / 32
  - 第六节 兼职教师队伍建设 / 37
- 第三章 高职院校学生管理 / 43
  - 第一节 学生管理的概念与学生的基本特点 / 43
  - 第二节 学生管理问题现状 / 46
  - 第三节 学生管理的改进措施 / 50
  - 第四节 学生教育管理创新措施 / 56
- 第四章 高职院校学生思想政治教育 / 64
  - 第一节 思想政治教育的概念与特点 / 64

第二节 学生思想政治教育内容 / 70
  第三节 学生思想政治教育的研究现状 / 72
  第四节 加强学生思想政治教育的有效措施 / 77

第五章 高职院校的劳动教育研究 / 80
  第一节 劳动教育概述 / 80
  第二节 劳动教育的主要内容 / 82
  第三节 劳动教育的研究现状 / 87
  第四节 加强劳动教育的对策分析 / 93
  第五节 基于社团建设开展劳动教育的路径探索 / 95

第六章 高职院校教学管理研究 / 100
  第一节 教学管理概述 / 100
  第二节 常用教学方法 / 106
  第三节 常用教学设计 / 120
  第四节 教学质量管理 / 132

第七章 高职院校在线教学管理 / 139
  第一节 在线学习理论基础 / 139
  第二节 在线学习需求分析 / 143
  第三节 在线学习课程资源 / 145
  第四节 在线学习实践 / 149

第八章 高职院校实践教学管理 / 167
  第一节 实践教学概述 / 167
  第二节 实践教学管理的主要内容 / 171
  第三节 实践教学的教学方式 / 177
  第四节 实践教学案例 / 181

第九章 高职院校教学改革研究 / 196
  第一节 教学改革概述 / 196
  第二节 教学改革的研究现状与存在的问题 / 198
  第三节 教学改革常见措施 / 207

第四节　教学改革案例　/210

■ 第十章　高职院校学生课后学习管理　/230

　　第一节　学生课后学习管理概述　/230

　　第二节　学生课后学习管理的研究现状与存在的问题　/233

　　第三节　学生课后学习效果提高策略　/236

　　第四节　学生课后深度学习模式研究　/239

■ 参考文献　/245

第一章

高职院校教育管理研究

第一节 教育管理的核心概念

一、管理

管理是指在一个组织中，通过实施计划、组织、领导、协调、控制等职能，以协调他人的活动，使他人与自己一同达成既定目标的活动过程。管理是人类各种组织活动中最常见且最重要的一种活动。马克思在《资本论》中提出，对于规模较大的社会劳动，都需要一定程度的指挥来协调个人活动。这表明管理是人类社会生存和发展的重要条件，也是人类在社会生活中独特的一种现象。

管理的定义可以概括为以人为中心的协调活动，旨在实现预期的目标。管理包含四个主要的基本特征：

1．管理工作的载体是组织

管理存在于组织之中，是组织的重要功能。管理的产生来自组织进行社会活动所产生的需求，即这种社会活动不是个人的活动，而是两个人及以上的社会活动。进行社会活动的组织规模越大，在进行社会活动时就越需要进行活动的分工和协作，管理工作就越重要。

2．管理工作的目的是实现组织的目标

作为组织的管理者，首先确定组织的目标，有效运用组织资源和管理职能，以达成设定的目标。组织的一切活动都要为了实现组织目标而开展，这样就能够使组织的各个部门和人员都步调一致，充分发挥出组织集体的放大作用。

3. 管理工作的核心是协调

在管理的各个环节中，管理者必须与人交流互动。管理者需要协调众多组织成员，解决各方面的矛盾，使整个组织和谐一致，使每一个部门、单位和组织成员的工作同既定的组织目标一致。因此，协调是管理的核心。

4. 管理工作的重点在于对人员的管理

只有巧妙地处理好各种人际关系，才能更好地达成管理目标。团队不仅仅是个人能力的简单集合，一个良好的团队能够使每个成员的能力得以增强。因此，管理的重点是有效地应对各种人际关系和社会关系。

二、教育管理

教育管理是指教育管理者在特定条件下，运用一系列手段和方法，合理规划和调配教育资源，引导和组织教育人员完成教育任务，达成教育目标的一种活动。教育管理可以划分为教育行政管理和学校管理两大部分。

1. 教育行政管理

教育行政管理是国家合法使用行政手段来对教育进行管理的一种方式。其主要包括以下内容：教育事业的发展规划与计划管理、教育结构与布局、教育管理体制、教育制度、教育经费管理、教育行政组织机构及人事管理、教育质量的评价与评估、教育立法、教育管理的理论和方法等。在我国，教育行政管理主要指教育行政机关的活动。教育行政管理既包括中央的管理，也包括地方的管理。教育行政管理的范围则涵盖了方针、政策、法规和教育体制的建设，并包括具体规章制度及其实施。

2. 学校管理

学校管理是指对本校的教学、科研、教育、后勤等师生员工的各项工作进行有计划、有组织、有协调和有管理的活动。学校自身既是管理的主体也是管理的客体，因此需要运用管理手段将各项工作及其组成要素紧密结合起来，发挥整体功能，以实现学生培养目标和其他各项工作目标。与教育行政部门对学校进行的教育行政管理相比，学校管理更侧重于对自身的管理和运营。

三、高职教育管理

高职教育管理是指高职院校在执行高等职业教育任务时，有意识地调整高职教育系统内外各方面的关系和利用可用的资源，以有效实现高等职业教育培养高层次专业人才的目标，这一过程是基于高等职业教育目标和发展规律的。

高职教育管理的任务是有意识地调整高职教育系统内外的关系和利用可用的资源，以适应高职教育系统发展的客观规律。高职教育系统是社会大系统的一个子系统，一所高职院校自身也是一个社会系统。校内按工作序列分为教学系统、行政系统，按隶属关系分为校级、院系和班级，这些部门共同形成了互相关联的管理系统。鉴于系统中存在多种矛盾序列，高职教育管理必不可少。所以，高职教育管理任务也包含协调和解决高职教育系统的内部矛盾。在高职教育管理中，应从系统论角度来设计高职教育的整体和各部分、各要素以及学校内外环境之间的相互关系，树立整体观念，并通过有效管理来实现系统各要素的整体优化。

高职教育管理具有两个层次的目标。首先，高职教育的实质目标是培养人。因此，高职教育系统的所有工作，包括管理工作，都必须围绕着这个目标展开。其次，高职教育管理的目标是协调系统内外各种关系和利用可用的资源，以确保高职教育实质目标的实现。通过行之有效的管理可以达成以上两个目标，而高职教育管理在宏观和微观两个层面中都包含了以上两个目标的相同概念：宏观高职教育管理以国家的教育发展方向、基本规律和社会发展背景为基础，通过行政、立法、经济和评估等手段来协调和控制，最终实现高职教育的人才培养和科技发展等目标；微观高职教育管理是在宏观高等教育管理的背景下，基于特定的教育、教学规则，针对一个特定子系统的矛盾和关系进行协调，以实现高职教育系统部分目标的过程。

第二节　教育管理的基本规则

一、教育性原则

教育管理之所以需要具备教育性，关键在于它关系到对"教育"的管理。教育性原则要求高职院校的教育管理工作不仅仅是完成一般任务，而且要特别注重对学生的教育作用。高职院校是培养和教育人才的场所，年轻的学生具有较强的可塑性和模仿能力，学校中的各种因素、氛围时刻都在影响着学生。因此，高职院校的全体教职员工在校内开展各项工作时都应时刻注意贯彻教育性原则。在教育管理中，首先应考虑的是教育的合理性，而非管理的便利性。虽然我们需要关注教育管理的效率和效益，但这种关注必须把教育效果和教育质量放在首位。在所有教育工作的决策和评价中，我们必须将教育效果和质量的提升作为最根本的标准。

教育管理的教育性表现在两方面：一方面是教育管理为日常的教育教学相关工作提供有效保障和支持；另一方面是教育管理本身的教育过程也具有一定的教育性，这也是"三全育人"的一种体现。教育管理要通过构建良好的育人环境来为教师和学生服务，包括学校的一切规章制度、工作条例、各种活动等，都要有利于学生的身心健康。而每个教育管理者，不仅是管理人员，同时也是教育者，需要在工作过程中时时处处以自己的思想品德和模范行为去教育或影响他人。所以，学校的教工应遵守各项规章制度，并注意个人的言谈举止和着装。学校的设计、建设以及教室布局等也要符合特定标准，要体现学校的教育内涵。总之，教育管理是一项重要任务，而教育无处不在。

二、科学性原则

科学性原则是高职院校教育管理工作中必须遵循的基本原则，它要求我们实事求是、从实际出发，按照高等职业教育规律和管理规律办学，使各项工作有序进行，达到最佳管理水平。现代教育的一个重要特点是复杂性不断增加。在教育领域，复杂的教育系统不能仅仅依赖经验管理，也不能单方面采用行政方法或简单遵照市场规则管理。我们需要综合运用各种管理手段和方法，根据实际情况灵活调整策略，以使教育管理科学化和规范化。从内容上看，教育管理的科学性主要体现在恰当的发展目标、合理的管理体制、完善的规章制度和合格的管理人员等方面。从过程上看，教育管理的科学性主要体现在科学的决策、有效的执行、及时的反馈和灵活的调节等方面。

贯彻教育管理的科学性原则，首先，需要管理者具备科学素养。管理者应意识到管理是一门科学，缺乏科学素养就无法胜任管理工作。不应受过去的经验、传统思维和习惯的束缚，也不应过于自信而排斥不同意见，亦不应过度自卑而盲从任何观点。管理者还应勇于承担责任，不回避冲突。其次，建立科学严格的管理制度，使各系统工作紧密配合。确立机构设置、人员考核、经费支配等工作的标准，横向方面可以避免因人、因时、因地导致管理工作改变，力求使管理工作规范化；纵向方面可以保持管理工作稳定，只有在实际需求改变时才会酌情做出调整。最后，建立完善的教职工责任制度。为了实现教育管理的科学化，管理者应当认真研究教育管理工作。只有通过仔细而严谨的研究，教育管理者才能制定出合理的教育管理标准，委派专人负责各项工作，并明确职责范围。这样做的目的是让每件事情都有专人负责，每个人在自己的职责范围内充分发挥个人的特长，得到更好的结果。

三、方向性原则

方向性原则意味着高职院校不仅需要有效地实现管理的现代化和高效化，还要坚定不移地遵循"教育为社会主义服务，教育为人民服务"的方针，致力于培养全面发展的新型人才，使他们德才兼备，这是高职院校教育管理的首要原则。高职院校坚持《中共中央关于教育体制改革的决定》和《中共中央、国务院关于深化教育改革 全面推进素质教育的决定》所提出的方向，使教育"面向现代化、面向世界、面向未来"，为新时期我国经济和社会的大规模发展做好准备，培养能够坚持社会主义方向的高技能人才。贯彻高职院校教育管理方向性原则的关键在于高职院校在教育管理的各个活动中有效地融入正确的世界观、价值观，在培养和教育学生的过程中，把坚持正确的政治方向放在学校工作的首要位置，努力培养有理想、有道德、有文化、有纪律的技术人才、管理人才以及其他社会主义劳动者。

四、整体性原则

整体性原则是以整体视角对高等职业教育的管理资源、管理对象及其与周围事物的联系进行控制，使高职院校有序、系统且层次分明地运行，从而达到最佳的高等职业教育管理效果。高等职业教育既是一个自主完备的体系，也是社会整体的组成部分，必然受到社会其他领域的影响和限制。高等职业教育内部可以分为多个相对独立且相互制约的子系统，并保持一种稳定且有序的状态。为了有效管理高等职业教育并提升管理效果，我们需要研究不同管理资源、管理对象及其与周围事物之间的关系。在进行高等职业教育的管理活动时，需要同时拥有全局观念和把握整体的能力。全局观念使我们能够从整体视角去了解事物的特点，并研究事物整体与周围事物的联系，协调整体与部分的关系，使整个高等职业教育管理活动能够按照客观规律和谐运行。所以，高等职业教育管理应充分体现现代科学在发展过程中的渗透作用，形成整体化的趋势，并取得整体优化的管理效果。

五、高效性原则

高效性原则充分展示了高等职业教育管理的核心和具象化特点。该原则要求在利用有限资源的情况下，培养更多合格的专业性人才，并取得更高水平的技术成果。对于高等职业教育所培养的人才和取得的技术成果，我们需要评估它们在社会、文化和经济等方面的最佳成效。同时，我们也需要确保在实施高等职业教育过程中能够最大化地利用资源，减少资源的浪费，这就是办学效益。因此，办学效益应该成为评判高等职业教育的一项重要标准，提高办学效益也是高等职业教育管理所追求的目标。要提高办学效益，我们需要确保制订的发展规划、学科设置、人员聘用政策等具有足够的灵活性。为了贯彻高效性原则，管理者要合理运用高等职业教育管理资源，包括物质资源、人员资源、财务资源等有形资源，以及信息资源、时间利用、工作方法改进以及管理方法创新等动态资源。动态资源与有形资源有效结合，对高等职业教育的办学效益具有重要作用。在教育活动中，除了要达到上述要求外，还需要避免形式主义、贪污腐败等问题。同时，不能简单地将效益高与投入少画等号，对于教育真正需要的资源，应及时加大投入的力度。

六、民主性原则

高等职业教育管理的学术性决定了其民主性。高职院校教育管理者应该充分发扬民主，激发师生的创造性和积极性。高等职业教育领域人才众多，思想活跃，因此，学校在开展学术活动时应该充分体现这一特点。从本质上说，高职院校的教学和科研活动都具有学术性质，而这些活动的顺利开展离不开民主和自由的支撑。任何独裁的决策都可能削弱高等职业教育的价值。

承认个人价值是民主的基础。因此，在学校重大事件的决策过程中，每个师生都有权发表个人意见，领导和有关组织必须考虑这些意见，并采纳合理的意见。按照科学的程序做出决策，这也体现了学校的民主性。民主与公正是紧密相关的，人们在获得公正待遇的同时也享受着民主的权益。为了确保高等职业教育管理的公正性，管理者应该制定严格透明的规章制度，并以平等的态度对待他人，不出现任何不公平、不公正的行为。同时，要接受民主监督的约束。所以，高职院校教育管理者在制定、执行和检查决策以及确定决策执行结果时，都要遵循民主性原则。

第三节 教育管理的特点与发展趋势

一、高职院校教育管理的特点

管理的特点是需解决资源和目标之间的矛盾,注重合理分配有限资源以获得最大效益。这是管理活动与其他活动的区别所在。而教育管理的任务是合理协调、配置和利用有限教育资源,因此也具备管理的这一特点。但是,这仅仅说明了教育管理具备一般管理的共性。高职院校教育管理的核心问题是处理各类矛盾,这是高职院校教育管理的特殊性所在,也是宏观管理的基础和前提。因此,高职院校教育管理有以下三个方面的特点:

1. 目标特点

高职教育的首要任务是培养人才和产生技术科研成果,属于极具学术性的专业领域。与一般管理相比,高职院校教育管理的目标具有其独特性。高职教育的目标是确保人才的培养质量和数量,提升人才的素质和综合能力。高等职业教育管理的目标是充分利用现有的教育资源,培养更多高质量的专业人才,获得优良的社会成效。因此,高职教育的目标是制定高职院校教育管理目标的主要依据。这一特点要求高职院校的管理者在制定管理目标时必须优先考虑采用有效的管理方法来规划、组织教育活动,以实现教育目标。高职教育的核心任务是培养人才,因此,其教育管理的方向性要比一般管理更加突出。培养人才是一种有意识的活动,受政治观念和价值取向的指导。高职教育在教育方面采用何种方法、确立何种教育目标、选择何种教育内容,以及最终促使学生形成何种价值观等,均与个体思维和认识息息相关,而且这些还深受各国传统文化的影响。因此,高职教育管理涵盖政治导向性,应以经济和社会发展为导向,提前规划人才培养计划,方便更好地迎合发展需要。与一般管理相似,高职教育管理旨在提高管理的效率和效益。在考虑高职教育工作的特点时,需要开展有效的管理教育和研究活动,这必须依靠参与教育活动的人员,只有充分调动教师的积极性以及学生自身的积极性和主动性,才能提高教育管理的效率。

2. 对象特点

高职教育系统中,教师和学生被视为主要的管理对象。教师是主导性成员,学生则是主体性成员,两者都具有特点。教师是一群以专业知识为核心的群体。在管理教师时,管理者应关注他们的心理活动和以脑力劳动为主的集体生活特点,确保管理方式与这些特点相适应。同时,教师面对的学生都是有主观能动性和意识的个体,因此,教师既是被管理者又是管理者。而学生普遍是经历过中等教育的青年。在管理学生时,管理者需明确他们的身心发展呈现的阶段性特点,不同的阶段都有其独有的特征。因此,在教育过程和管理过程中,需要采取与学生各个阶段特征相符的管理方式。学生不仅是教师塑造的对象,也积极参与自身的塑造和其他各类活动,学生既是教师的管理对象,也是学校的管理对象,而学生在提倡强化自我管理的背景下,也具备了管理者的角色。

无论是教师还是学生,均属于脑力劳动者,需要具备创造性思维,教师的工作特质决定了他们工作方式个体化程度相对较高。调动教师和学生内在的主动性和积极性,并创造有利于他们独立思考的环境,提供有利于他们自由发挥的条件,是高职院校教育管理的一项重要职责。

3. 活动特点

一般的管理都注重管理者与被管理对象之间的相互沟通,都重视涉及人的因素和行为。在高职院校教育管理中,人的因素至关重要,管理过程涉及管理者、教师和学生三者之间的相互沟通。教师需全面了解学生,以恰当方式激发学生的思维,促使其积极主动学习,才能产生良好的教育效果。同时,师生需要加强交流,共同进步。管理人员还需加强与各专业、各学科教师的沟通,以实现有效管理,取得良好的管理成效。管理人员与学生之间也需经常相互交流,以获得彼此的理解与支持。目前,高职教育机构的教学和其他各类活动基本按照专业和学科进行划分,教育管理的核心任务在于传授、创造和应用知识。高职院校内存在多个不同的专业,但不论哪个专业,管理者在管理中都要体现出对学生德智体美等多方面的素质要求。高职教育的首要任务是培养人才,但除此之外,高职教育还要开展多种涉及其他方面的工作,比如开展校企合作、社会服务工作等,而各项工作之间既有联系又互相制约。所以,管理者在管理工作中要善于激发被管理者的积极性,通过集体的力量推动高职院校管理工作的有效运行。另外,学生的可塑性很强,其性格、思想等千差万别,管理者在管理过程中也要因势利导、因材施教。

二、高职院校教育管理研究的发展趋势

1. 理论研究的本土化

教育管理学的研究源于个体和局部经验，历史上的教育管理思想很少能够跨越不同区域进行推广。研究理论的最终目标是解决实际问题，而这些问题又具有多样性和文化历史性的特点。因此，在引进、借鉴和应用教育管理理论的过程中，不能仅仅照搬国外的管理理论，而是应该正确对待理论的本土化，将国外的教育管理经验加以运用并使之符合我国的实际情况。教育管理学从根本上说是一门应用学科，应用离不开对具体地区条件的研究。尽管理论是普遍的，但实践条件和实施结论可能是有区域特色的。比如，研究教育管理体制问题，必然涉及集权与分权关系等理论。将此理论应用于实践，不可避免地会受到本土情况的影响，比如我国校长负责制的内涵可能不适用于其他国家。

2. 研究方法的多样化

一方面，我们有居于支配地位的思辨研究；另一方面，我们也有具备辅助作用的实证研究。但是这两种研究方法都存在一些不可避免的缺点，教育管理研究应该综合各种不同的方法，去满足研究人员在处理实际问题时的需求。传统的演绎法、总结法、调研法、统筹法、预计法等方法仍然会被运用，而实地考察、系统分析等方法也被大量运用。

3. 研究问题的多元化

教育管理研究所涉及的范围日益扩大，涵盖的领域也越来越广泛。随着时代的不断进步和教育的不断发展，新的问题也不断涌现。社会多元化和教育多样性的不断发展对教育管理理论提出了新的要求，推动着构建一个更加开放多样、灵活多变、服务于实践的教育管理理论体系。因此，未来教育管理学的发展趋势是研究方向的多元化，不断推出新的学说和管理方法。教育管理研究还将通过更适当的反思和批判方式推动教育管理实践的发展，并在管理实践中得到应用，成为提升理论、改变教育实践的基础。研究问题的多元化已成为教育管理发展的重要趋势之一。教育管理研究应将问题视为研究的基础，将解决问题放在研究的重要位置。只有深入研究这些多层次、多元化的问题，才能够不断丰富教育管理研究的内容。

4. 理论体系的成熟化

当前，教育管理学研究日益注重理论与实践的结合。对于教育组织特

性、教育政策、教育领导、教育决策、学校人际沟通、教师激励等方面的研究已经非常深入。随着教育管理理论研究的推进和实践需求的增加以及教育管理研究范畴的不断扩大，教育管理理论的概念和学术研究体系将更加完善，其内涵和外延也将进一步拓展。同时，在吸收其他学科思想和方法的基础上，更加注重对基础理论的研究。不仅要研究一般管理理论对教育管理的影响，更重要的是要加强对教育管理原理的研究。按照新的教育管理实践要求进行理论整合，从而构建一个更具普适性的教育管理理论体系。

第四节 教育管理育人的发展与改革

一、教育管理育人的发展

1. 高职院校教育管理育人的发展演变

随着社会的发展和科技的进步，高职院校教育管理育人也在不断发展演变，可以分为以下几个阶段：

初期阶段（20世纪50—70年代）：这一阶段，我国高职院校刚刚诞生，管理育人主要以政治教育为主，强调培养学生的政治觉悟和思想品质。教学内容以马列主义、毛泽东思想为主要内容，注重对学生进行思想政治教育。

发展阶段（20世纪80—90年代）：这一阶段，随着改革开放的推进，我国高职院校开始逐步引入市场经济的理念，管理育人也开始向多元化、专业化方向发展。教学内容除了思想政治教育外，还增加了专业课程，注重培养学生的专业技能和实践能力。

转型阶段（21世纪初至2015年）：这一阶段，我国高职院校教育管理育人进入了一个新的发展阶段。一方面，学校加强了与企业的合作，通过校企共建、产教融合等方式，提高学生的实践能力和就业竞争力；另一方面，学校加强了对学生的思想政治教育，将学生培养成为具有社会责任感和创新精神的高素质技术技能型人才。

新时代阶段（2016年至今）：习近平总书记在全国高校思想政治工作会议上强调，要加强高校思想政治工作体系建设，把立德树人作为根本任务。在这一背景下，我国高职院校管理育人进入了新时代。学校进一步加强思想政治教育，将立德树人融入教育教学全过程，将学生培养成为德智体美劳全面发展的社会主义建设者和接班人。

总之，高职院校教育管理育人发展演变的过程是一个不断探索、不断更新、不断完善的过程。随着时代的发展和社会需求的变化，高职院校的管理育人模式也将不断适应和更新，为培养高素质的职业技术人才发挥更大的作用。

2. 高职院校教育管理育人机制

高职院校教育管理育人机制在加强内涵建设、改善教学效果、优化人才培养质量上有着非常重要的作用。同时，它也是形成良好校风学风和构建良好育人环境的关键手段，教育工作者需要对此进行深入研究。高职院校教育管理育人机制体现了"全员参与"的德育观，是整合和动员了校内外各方力量的系统性工程。在这一机制的实际运行中，应注重培养全体员工和相关部门的教育意识，使他们能够主动承担教育责任，相互配合，实现协调、和谐的工作关系。《关于进一步加强和改进大学生思想政治教育的意见》文件指出，要构建学生思想政治教育合力系统。随后，在《全国大学生思想政治教育工作测评体系（试行）》中也将全员育人作为测评指标进行呼应。作为一种教育实践，各高职院校积极探索队伍保障、物资保障、环境保障、组织保障、制度保障等方面的管理育人机制。但是，在探索的过程中也受到了物质、资金、信息、人力等资源的影响，某些高职院校的教育管理育人工作以"政策倡议、口号呼喊、表面执行"等形式呈现，最终导致教育管理育人的效果参差不齐。而教育管理育人机制是高职院校在发展过程中对优秀传统的吸收、整合和沉淀，体现了高职院校自身的教育特点和价值观，很难被模仿和复制，具有一定的稳定性。

二、教育管理育人的改革

高职院校教育管理的核心是将思想政治工作有机地融入教育管理全过程和学生成长发展的过程中，这种管理方式在时间跨度上对学生进行系统的教育管理，同时也要求教育管理者自身有一定的管理水平。高职院校教育管理育人的改革可分为以下几个方面：

1. 明确育人理念

在育人理念中，我们需要重点关注"供求关系"的协同互动，要关注学生需求，以学生需求为基础，加强高职院校内部各部门的紧密合作，采取多种措施来推动教育管理育人工作的进行。

要把高职院校教育管理育人工作贯穿到学生从入学到毕业的全过程。既要牢牢抓好学生事务性管理这一管理育人的中心工作，又要打破管理与教学和科研的壁垒，切实强化管理育人功能。首先，要充分发挥人才培养、教学改革和科技创新在管理育人中的辐射作用，还要促进管理育人对科研立项、学术交流和科创选题等科研成果的转化，不断拓宽管理育人交流的途径，激发教职员工对管理育人工作的兴趣。其次，高职院校应将教育管理育人内容融入对学生的"思想引领、学业指导、心理辅导、行为引导、就业指导"的全过程中，关注学生关心什么，了解学生的实际需求，解决学生的实际困难，应对学生的集体和个体难题，持续以问题为引领，提升解惑能力。注重满足学生成长所需，关注学生需求，加强个性化精准教育，将思想引领与价值取向结合起来。再次，实施多种措施，如奖助学金、推优评优、党员发展、困难资助等，为学生提供全方位帮助。同时，积极推动勤工俭学、服务社区、各类创新创业活动等，加强心理健康咨询服务，鼓励学生积极参与社会实践活动，促进校园文化和班级文化建设，把开展的思想政治教育活动融入各种社会实践活动，不断提高育人高度和力度，不断提高合作协同能力，不断解决思想和实践的结合与创新的问题，协调统一达到育人的效果。最后，在教育管理育人工作中，既要强调育人"过程"，又要关注"结果"，才能真正体现"全员、全方位育人"的教育理念。

2. 夯实队伍建设

为了提高高职院校教育管理育人工作的效果，学校需要采取多种措施，增强管理者对教育管理育人及其功能的认知，要建立一支强大的教育管理育人教师队伍，并不断完善管理队伍的结构，提升管理队伍的能力，从而保证最终的育人效果。

一方面，我们要高度重视高职院校党政领导干部、机关管理干部、院系管理干部、辅导员和班主任的师德师风建设，指导广大教师全面贯彻落实立德树人的核心任务，确保教育管理工作全员参与，实现"全员、全过程、全方位"的管理教育理念，努力提升管理教育质量。另一方面，我们需要加强管理育人工作队伍建设。首先，选拔培养一批在管理育人方面表现优秀的教师，发挥他们在教育管理育人工作中的引导作用。其次，选拔培养一批学生骨干来协助教师开展教育管理育人的相关工作，充分发挥学生在管理育人工作中的自我管理、自我教育和自我服务的作用。

3. 完善组织建设

（1）加强高职院校内部人员之间的协作

高等职业教育的主体可从管理、执行、接受和支持等方面进行分类。在整个高职院校的学生教育过程中，应始终加强教育参与者对自身角色的认同感，不断提高教育者的协同意识，明确自己的教育责任，实现高职院校内部人员之间的协作，提升学生教育的效果。

首先，在高职院校党委的领导下，加强党政和学生管理相关领导干部的协同管理。高职院校内，党政干部负责制订学生教育工作计划并协调实施，学生管理干部与其协作，共同推进教育工作并补充其内容。党政干部和学生管理干部主要依靠相互协商的方式，激发团队成员为解决高职院校学生教育过程中所面临的问题出谋划策，确保每位成员在教育过程中充分认识到自己的地位，以便更好地在工作中加强协作。其次，在高职院校学生教育工作中，教师与辅导员作为实施主体，两者之间的协同是不可或缺的。教师在高职院校学生教育过程中起着主导作用，必须充分利用自己的主导地位，不仅要加强对学生基本理论知识的传授，还要积极组织与学生教育相关的活动，并鼓励他们积极参与其中。教师通过引导学生将实践与理论相结合，促使学生将所学知识付诸实践。辅导员、班主任在进行协同教育工作时，也需要充分利用自己的亲和力以及与学生之间的紧密关系，深入了解学生的内心世界，引导他们自觉树立诚信观念，促进高职院校学生协同教育工作的顺利进行。最后，高职院校学生协同教育也需要其他参与者的支持。这些参与者包括高职院校其他职能部门的人员（如后勤、财务、保卫等），以及家庭教育中的家庭成员和社会教育中的相关人员（如父母、社区居民、企业员工等）。支持各主体协同进行教育管理工作，并在高职院校学生教育过程中，真正重视学生的培养和教育，为高职院校学生教育工作提供指导。

（2）突显教育管理目标的整体规划

教育管理目标具有主导作用，是高职院校教育管理育人工作的起点。为了避免高职院校管理中培养学生工作的碎片化，高职院校需要以立德树人为目标，并以学生为核心，从整体出发，设计教育管理育人的目标。基于这个整体目标，针对不同院系和职能部门的不同需求，对总目标进行有机分解，形成教育管理中培养学生的目标体系，实现整体与部分的有效协调和有机结合。

(3) 加强部门之间管理育人的合作

高职院校学生教育工作的开展，需要学校各部门的相互配合才能顺利进行。高职院校的各个部门都承担着独立的职责，要在履行各自职责的基础上完成高职院校学生教育工作，就需要各部门之间通力合作。只有各个部门具备相互协同和通力合作的意识，在充分发挥各自职能的基础上，建立起部门间默契和谐的协同育人关系，才能最终形成一个系统的学生教育模式。加强各部门之间的密切合作与协同配合，帮助和引导学生自觉遵守道德规范，作为高职院校学生协同教育工作的起点和落脚点才具有积极意义。

(4) 利用大数据技术推动管理组织重塑

自《促进大数据发展行动纲要》（国发〔2015〕50号）颁布以来，大数据已成为我国教育管理改革的重要支撑。充分运用大数据技术，不仅能推进高职院校整体再造，还能协助学校更准确、充分地了解学生的基本情况，从而提升教育管理育人的效果。大数据具备监督和预测能力，通过大数据筛查和数据跟踪，学校可以了解和分析学生网络使用的基本情况，预测学生的思想状态，评估学校管理的热点问题，并推测事态的发展趋势。此外，利用人工智能等技术进行数字化决策，可以帮助学校实现传统管理模式向现代智能化、精细化管理模式的转变，从而为高职院校管理育人功能的发挥奠定技术基础。

4．加强顶层设计

新时代高职院校管理的根本保证是依法治校，其主要特征是制度化地规范办学和教书育人。这也是新时代高职院校人才培养工作和思想政治教育工作的重要标志与主要手段。为了完善管理育人制度体系，需要建立一个"上下一致、科学合理、衔接贯通"的教育管理育人制度体系。一套健全的制度体系是高职院校提升管理效能和进一步发挥管理育人功能所必需的。

第一，体系建立的首要任务是迅速推进管理育人的立法建设，以适应高等教育发展规律和社会经济发展的实际情况，不断提升管理育人的前瞻性、针对性和实际效果。第二，各级地方教育主管部门应根据国家教育政策法规，结合地区内高职院校的实际情况，将国家育人政策的大方向具体化，以提高高职院校管理制度的可操作性，保证管理育人功能有效发挥。同时，还要不断推动各类高职院校的教育治理能力的提升和治理体系的现代化。第三，学校、学院、部门需根据国家法规、本校实际情况及学生特点加强管理制度建设，不断改革创新。围绕思想政治教育，加强管理育人体系建设，实现高职院校的管理育人目标。为了确保学校管理育人工作的有效性，需要明确具体目标、领导机制、资源保障等情况，明确不同管理主体间的责任、分工、合作以及考核细则。这样可以确保教育管理工作及其育人功能能够依据一定的规定和准则实施。第四，在高职院校管理育人的制度建设中，应突出以培养和践行社会主义核心价值观为中心，结合劳动教育、入学教育、离校教育等日常思政教育形式，强调教育管理工作对人才培养的实际效果，完善管理育人体系。

5. 营造良好环境

中共中央、国务院《关于进一步加强和改进大学生思想政治教育的意见》中要求全社会支持高校的育人工作，并建立完善学校、家庭、社会协同互动制度，以实现多角度、多方面、多层次育人。为推动管理育人功能的发挥，学校需要根据自身需求和定位，进一步加强校园软、硬环境建设，改善校园管理环境，并营造家校合作的良好氛围，建立社会支持体系，从而实现学校、家庭和社会协同育人。

（1）争取政府的支持

在我国高职教育体系中，公立院校是主要组成部分，政府扮演着重要的外部治理角色。因此，培养人才也是政府的责任之一。但是，政府无法直接对学生群体产生影响，因此，政府履行教育职责的途径之一就是为高职院校提供良好的环境保障，这也是政府在高职院校人才培养过程中不可推卸的责任。为促进高职院校人才培养的创新机制，政府需要动员所有与高职院校利益相关的人参与，并提供相应的经费保障。并且，政府及其教育行政部门应积极与高职院校合作，建立长期的奖助贷勤制度来推动育人工作。政府在教育方面的作用还体现在引导毕业生及其家长改变就业观念上，可以利用自身资源优势，帮助学生了解当前就业形势，积极与学校合作促进学生就业，减轻育人主体的压力。

（2）引导家庭认知

由于狭义的教育仅指学校教育，导致社会对家庭教育的忽视，家长也常忽视自己的育人责任。事实上，家庭育人的作用既重要又持久，而且能够影响学校教育所无法触及的领域，在学生成长成才过程中起到了重要作用，必须予以高度重视。引导家庭对高职院校管理工作的认知、理解和支持，有助于促使高职院校管理工作获得学生家长的支持，提高培养学生的效果。首先，家庭教育是其他教育的基石，具有启迪性和终身性，对学生潜移默化地产生深远的影响,作用无可替代。其次,家长应该明白学校教育是阶段性教育,而家庭教育对学生有持续的影响。最后,高职院校教师在与家长合作的过程中也在不断改进育人方式。家校合作本质上是为了增强家长和学校之间的沟通,以便更好地促进学生的全面发展。只有双方通力合作,才能够构建起有效的支持学生成长的"三全育人"创新机制。

(3) 优化社会环境

第一,营造文明的社会文化氛围。基于文化自信,建立符合社会主义核心价值观的文化体系,以满足学校管理和学生培养的社会文化需求。我们应该挖掘和推广优秀的传统文化,融入现代社会理念,并通过课程教学、日常生活和校园活动的影响力扩散到学校,以帮助学生接受和弘扬传统文化,提高道德素养。

第二,创造一个公正、民主、和谐的政治氛围。首先,持续推广和践行社会主义核心价值观,使之成为社会主要价值取向。其次,努力建立公正合理的社会分配体系,通过社会保障等方式援助弱势群体,实现按需按劳分配。最后,加强权力监督,拓宽政治参与渠道,保护公民合法权益,打击违法犯罪,构建更加公平、民主、法治的政治氛围。

(4) 注重以文育人

教育管理是一个渐进的培养、塑造和发展的过程,高职院校校园文化在其中扮演着重要角色。为了创造有利于培养学生的管理文化氛围,需要统筹规划,真正将高职院校管理育人的理念和内容融入高职院校的物质文化、精神文化、制度文化和网络文化载体。第一,要加强教育管理的制度推广。在高职院校中,应将学校规章制度融入实际教育活动,确保学生能够随时随地学习到学校管理的思想、理念和内容。第二,要强调教育管理的引导作用。加快推进高职院校管理育人与学校校风、学风、教风和校训的深度融合,进一步突显学校管理育人"以人为本"的价值观,提高管理育人的指导性。第三,要提升管理育人的转化力。通过对高职院校的章程、各类政策和制度进行"废改立"的措施,促使高职院校管理育人理念持续创新,进而调动广大师生在教学、科研和管理工作中更好地履行职责。第四,要扩大教育管理的传播力。高职院校应积极利用新媒体科技,在网络平台上设立专栏推动管理教育,并开展相关文化活动,将教育管理有效融入校园网络文化,以建立坚实的教育管理网络阵地。

第二章

高职院校教师管理

第一节 教师管理概述

　　高职院校教师管理是指对高职院校教师的招聘、培训、考核、评价、激励等方面的管理工作。高职院校教师管理的目的是提高教师队伍的整体素质，促进教育教学改革，提升人才培养质量。通过加强高职院校教师人力资源管理，促进教师队伍合理有序地流动，强化教学科研的中心地位，调动教师的工作积极性，激发他们的潜能与创造力，从而建设一支高素质、高技能的教师队伍，更好地促进高职院校的发展。

　　面对飞速发展、日新月异的世界形势，高职教育也应脱离以前以理论教育为主的教育模式，应该时刻关注社会发展需求，培养具备职业道德素质、专业能力素质、自我学习能力、自我发展能力的高素质人才。科技的发展快速推动了社会经济的发展，人才的需求量也越来越大，并且对人才的质量要求也越来越高，这既对与经济联系紧密的高职教育提出了更高的要求，又对高职院校教师队伍有了更严格的职业要求。高职院校的教师是形成高职院校教育能力的决定因素，教师素质对教学起着至关重要的作用。学高为师、身正为范，优秀的教师不仅要具备全面的教育理论知识、丰富的教学经验和灵活的教学方法，能够有效地激励学生、管理课堂、传授知识并成为学生的良师益友，还要具有高尚的情操，以高尚的人格感染学生，以整洁的仪表影响学生，以和蔼的态度对待学生，以博大的胸怀爱护学生。高素质的优秀教师既可以提高教学效果，又可以从德育上教导学生，从而促进学生全面发展。

　　加强高职院校的教师管理是提高人才培养质量的重要途径。因此，高职院校教师管理的首要任务就是要培育出一批优秀的、专业技术过硬的教育工作者；其次，要把教育工作者的思想政治素养及综合素养提升到一定高度，做到以学生为本，保证教育工作全面、协调、可持续发展。为了施行有效的管理，必须对教师有充分的了解和认识，并建立起一个科学有效的管理体系，以形成一支结构合理、素质优良、积极向上的教师队伍，来提高学校的办学水平，努力为社会培养有职业技能的各类人才。

高职院校教师管理对于提高教学质量、培养高素质教师队伍、促进学术研究和创新创业、保障教师权益以及提高学校声誉和竞争力都具有重要意义。高职院校教师管理主要包括以下几个方面：教师的职责与素质、教师的选拔与任用、教师的职业能力培养、"双师型"教师的培养、兼职教师队伍建设。

第二节 教师的职责与素质

一、教师的职责

高职院校教师的职责包括但不限于完成教学任务、指导学生、参与科研活动、参加各种会议和讲座、撰写论文和教材。此外，高职院校教师还需要积极参与学校的各项管理工作，如学生管理、教学管理、科研管理等。人人都有责任回报社会，教师也要积极服务社会，促进社会发展的同时体现人生价值。高职院校教师的职责通常包括以下几个方面：

1. 教书育人

教书育人就是指教师在传授专业知识的同时，以自身的道德行为和魅力言传身教，引导学生实现人生应有的价值。首先，高职院校教师要做好教学工作，不仅需要负责课程的讲授、实验指导、作业批改、考试评卷等教学工作，还需要根据教学大纲和学科要求，制订教学计划，设计教学内容，采用适当的教学方法和手段，确保教学质量。另外，还需要指导学生的实践教学，包括实习、实验、项目等，使学生能够将理论知识与实践技能相结合，提高学生的实践经验和实践能力。其次，要对学生进行德育、智育、体育、美育等多方面的教育和培养。教学是手段，育人是目的。教学的根本目的是育人，育人的重要途径是教学。育人是教育之本，目的是使学生能全面发展。教师在教学过程中用润物细无声的渗透方式对学生的思想观点、政治立场、道德品质等方面进行教育，帮助学生树立科学的人生观和价值观，使学生具有良好的思想品德。

2. 科学研究

在科学技术迅速发展的今天，教学内容的流动性、变异性变得越来越强，高等教育已经不仅是把某一部分知识的总和教给学生，还要以独立掌握新的知识和创造性地解决问题为本领来武装他们。高等教育的教学过程越来越接近于研究活动，这是当前在教学指导思想上从单纯传授知识到着重培养发展学生技能的重要转变，也是教学工作重心的转移。教师不仅要具备扎实而深厚的知识，对所教学科有透彻的了解，而且要博采众长。高职教育属于高等教育的一个重要分支，因此，高职院校教师的任务不仅仅是通过教学培养专门人才，而且必须在做好教学工作的同时，努力开展学科研究。科研是教师获取学科前沿知识最为直接、迅速、有效的途径。高职院校教师只有通过积极参与学科研究，以及广泛涉猎其他领域，不断探索和掌握本学科最新科学成果，才能不断提升自己的学术水平和专业素质，不断改进教学内容和方法，掌握最新的教学方法、教学技术、科学研究的规律，发掘新的科学思想。将在科学研究中所取得的成果用以充实和更新教学内容，有利于提高教学质量，有效地指导学生从事科学研究工作，给予学生科学研究的基本训练。另外，在传授知识的同时，教师应引导学生独立地掌握知识和创造性地解决问题。

高职院校教师参与科学研究的意义：首先，科学研究可以促进教师个人专业的发展和素质的提升，帮助教师更好地理解和掌握教学内容，提高教学质量和水平。其次，科学研究可以促进教师团队的合作，提高团队的凝聚力和创新能力，有利于教师间相互学习和交流。此外，科学研究还可以为高职院校的教学和实践提供有益的指导与参考，促进教学改革和创新，提高人才培养的质量和满意度。最后，教师的科学研究也是高职院校学术建设的重要组成部分，可以提升学校的学术声誉和竞争力。

3. 学生管理

高职院校教师的学生管理工作是指教师在教学过程中对学生进行管理和指导的工作，是确保学生全面发展和健康成长的重要任务之一，是教师工作的重要组成部分，它关系到学生的学习、成长和发展，需要教师具备丰富的管理经验和专业知识，掌握科学的管理方法和技巧。高职院校教师需要承担学生管理职责,包括学生学业管理和指导、思想政治纪律教育、行为管理与指导、职业生涯规划与就业指导等。他们需要关注学生的学习情况和生活情况,及时发现和解决学生的问题,为学生提供良好的学习环境和生活环境。

教师通过学生管理工作能够更好地了解学生的学习情况和需求,制订更加科学和有效的教学计划与方法,从而提高教学质量;能够关注学生的学业、心理、行为等多个方面,为学生提供全面的指导和支持,促进学生全面发展;能够为学生提供职业规划指导和就业帮助,帮助学生树立正确的职业观念,提高就业竞争力;能够及时发现和解决学生在学习、生活和心理等方面的问题,预防和减少校园安全事故与危机事件的发生,维护校园安全稳定;能够不断提高自己的职业素养和管理能力,从而更好地履行教师职责,实现教育使命。

高职院校教师学生管理工作的重要性在于培养学生良好的行为习惯和价值观念、塑造良好的学习氛围、促进个性化发展、引导学生的学业和职业发展、促进学生全面发展和成长、培养学生成为对社会有用的人才。这些工作不仅对学生的成长与发展具有重要的引导作用,而且对社会的可持续发展具有积极影响。

4．社会服务

高职院校教师的学术水平和技能水平在社会上有一定的影响,所以高职院校教师应当积极参加社会活动,开展社会文化宣传、知识讲解、技能传授等,并从社会活动中吸取丰富的经验。高职院校教师应当运用学校的科学研究成果、发展的技术和创造的知识,通过做学术报告、技术成果转让、科学咨询指导、协作攻关和培训人员等途径广泛为社会服务,并与企业、行业、社会机构等建立良好的合作关系,了解行业需求和发展趋势,为学生的就业和创业提供指导和支持。

高职院校教师在社会服务方面的主要方式有:一、专业技术咨询方面,高职院校教师可以向政府机构、企事业单位和社会组织等提供相关的专业技术咨询服务。他们可以参与专家咨询、项目评估和政策研究等工作,为社会决策和发展提供专业意见与建议。二、职业培训与就业指导方面,高职院校教师可以积极参与社会职业培训和就业指导工作。他们可以开展各类技能培训,为社会培养人才。同时,教师也可以为求职者提供就业指导和职业规划咨询,帮助他们更好地适应职场需求。三、社会调研与项目合作方面,高职院校教师可以参与社会调研和项目合作,为相关领域的发展提供支持。他们可以开展科研项目，解决社会问题和技术难题，推动相关领域的进步和创新。四、社区服务与公益活动方面，高职院校教师可以积极参与社区服务和公益活动，回馈社会。他们可以组织学生开展社会实践和志愿者活动，为当地社区提供教育、健康、文化等方面的支持和帮助。五、产业合作与技术转移方面，高职院校教师可以积极与企事业单位进行产业合作和技术转移。他们可以将自身的专业知识和技术应用到实际生产和服务中，与企业共同研发新产品、解决实际问题，促进产学研合作和技术创新，为社会发展和进步做出贡献。同时，这也有助于提升教师的专业水平和教学质量，促进与社会的良性互动和融合发展。

二、教师的素质

教师素质是指教师在履行教育教学职责过程中所具备的各种素养和能力，教师的素质直接影响着教育教学的质量和效果。教师素质可以从多个方面来评价，其中主要包括教育思想素质、职业道德素质、专业知识素质、能力素质、心理素质等。

1. 教育思想素质

高职院校教师的教育思想素质是指高职院校教师在教育教学过程中的理念、观念和价值取向。良好的教育思想素质，是教师职业素质的核心内容。教师的教育思想素质对于教学质量和学生的发展起着重要作用。教师只有具备正确的教育理念、科学的教学观念和关注学生全面发展的导向，才能更好地引导学生的学习和成长，并为他们的未来发展奠定良好的基础。

高职院校教师的教育思想素质主要包括：一、教育理念，高职院校教师应该具备正确的教育理念，即以人为本，注重学生全面发展。认识到每个学生都是独特的个体，注重培养学生的实践能力、创新能力和综合素质，促进学生在专业领域的成长和发展。二、教学观念，高职院校教师应该注重教学质量，追求有效的教学方法和策略。关注学生的学习需求和差异，运用多种教学手段和教育技术，激发学生的学习兴趣，提高教学效果，并注重培养学生的自主学习能力和批判思维能力。三、学生导向，高职院校教师应该以学生为中心，了解学生的特点和背景，倾听学生的声音，关注学生的发展和生活需求，给予学生充分的尊重和关怀。引导学生积极参与课堂讨论、实践活动和创新项目，激发学生的自信心和创造力。四、价值观引领，高职院校教师应传递积极向上的人生观、价值观，帮助学生形成正确的人生目标，引导学生积极参与社会实践,培养学生的公民意识和社会道德观念,应注重培养学生正确的价值观和社会责任感。五、终身学习,高职院校教师应该具备积极的终身学习意识和探索精神,关注教育教学的最新理论和研究成果,不断提升自己的教育教学水平。还应该积极参与学术交流和教学研究活动,不断改进教学方法,提高教学效果。

2.职业道德素质

《中共中央、国务院关于深化教育改革 全面推进素质教育的决定》指出,教师要热爱党,热爱社会主义祖国,忠诚于人民的教育事业;要树立正确的教育观、质量观和人才观,增强实施素质教育的自觉性。教师的职业道德是教师在从事教育工作中应遵循的行为规范和准则。它是教师道德结构中的主体部分,在提升教师全部道德品质中起重要作用。教师要树立正确的职业道德观念,塑造良好的师德形象,要以身立教,为人师表,只有这样才能感染学生、教育学生,给学生以情操的陶冶和心灵的升华,真正担负起培养社会主义建设者和接班人的责任。

高职院校教师的职业道德素质主要包括以下几个方面:一、爱岗敬业,高职院校教师应该对自己的职业充满热爱和责任感,以高度的敬业精神投入教学工作中。二、师生关系,高职院校教师应该建立良好的师生关系,并保持适当的尊重和互信。应该尊重学生的个体差异,倾听学生的需求和意见,给予学生支持和鼓励。同时,还应该在教育教学中保持师道尊严,树立权威,引导学生做出正确的行为,形成正确的价值观。三、诚信正直,高职院校教师应该保持诚实、正直的品德,做到言行一致。教师应该严守教育教学的纪律和规范,不得有舞弊、抄袭等违反职业道德的行为。教师还应该对学生负责,确保评价公正、客观,并及时给予学生真实的反馈。四、培养学生素质,高职院校教师应该注重培养学生的道德品质和职业素养,引导学生树立正确的人生观、价值观,培养学生的社会责任感、团队合作精神和创新能力。高职院校教师还应该关心学生的综合发展,为学生提供必要的帮助和指导。

高职院校教师的职业道德素质对于教学质量和学生的发展至关重要。只有具备爱岗敬业的精神、良好的师生关系、诚信正直的品德,才能更好地履行教师的职责,为学生的成长和社会的进步做出贡献。

3.专业知识素质

教师的主要任务是向学生传授科学文化知识,促进学生个性全面发展。

高职院校教师的专业知识素质是指教师在所教授的专业领域以及相关学科方面所具备的知识水平和学术造诣。具有比较渊博的知识是教师做好本职工作的一个重要条件，是教学质量的重要保障。只有具备扎实的学科专业知识、教育教学知识和学术研究能力，以及跨学科综合知识和持续学习的意识，教师才能在教育教学中做到深入浅出、准确有效地传授知识，帮助学生培养应用能力和创新思维，推动学生的全面发展。

具体来说，高职院校教师的专业知识素质应包括以下几个方面：一、扎实的专业知识，教师应具备所教学科的扎实理论基础和专业知识，掌握学科发展的最新动态和趋势。二、广泛的学科知识，教师应具备广泛的学科知识，了解不同学科领域的基本概念、理论和方法，能够跨学科地进行教学和研究。三、实践技能，教师应具备较强的实践技能，能够将理论知识应用于实际工作，指导学生进行实践操作，提高学生的实践能力。四、创新能力，教师应具备创新能力，包括发现问题、分析问题、解决问题等方面，能够根据教学需求和学生特点，不断创新教学方法和手段，提高教学效果。五、信息技术应用能力，教师应具备良好的信息技术应用能力，能够熟练使用现代教育技术手段进行教学，提高教学的现代化水平。六、外语能力，教师应具备一定的外语能力，能够阅读和翻译外文资料，进行国际学术交流，拓宽国际视野。

4．能力素质

一定的能力素质是完成某种工作需具备的。教师的能力素质是进行教育活动、完成教育任务的重要保证。高职院校教师的能力素质对于学生的发展和教育教学质量具有重要影响。高职院校教师的能力素质包括以下几个方面：一、教学能力，主要包括对教学内容的领会和掌握程度，对现代教育教学理论和教学方法的掌握及运用程度，从事教育教学必需的基本技能，激发和保持学生学习兴趣、促进学生形成良好的学习习惯的能力等。二、教育科研能力，是指教师进行教育科学研究的能力和水平。三、沟通能力，高职院校教师应具备良好的沟通能力，包括与学生之间的有效沟通以及与同事之间的合作沟通。需要清晰表达教学内容，倾听学生的问题和建议，与同事进行积极的交流和合作，共同推动教学质量的提升。四、团队合作能力，高职院校教师应具备良好的团队合作能力，能够积极参与教研活动和学科团队建设。需要与同事协作，共同制订教学计划和教学标准，相互交流经验和分享教学资源，共同提高教学质量。五、管理能力，是指高职院校教师在教学、学生指导和团队合作等方面有效管理和组织的能力。管理能力对于教育教学的顺利进行和学校的整体管理至关重要。只有具备教学管理、学生指导、团队协作、资源管理和教务管理等方面的能力，教师才能有效地组织和管理教学工作，提升学生成绩和素质，促进学校的发展和进步。

5．心理素质

健康良好的心理素质是教师职业素养形成的基础，其在教师的职业生涯中起着十分重要的作用。教师只有具备情绪稳定能力、压力适应能力、自我调节能力、倾听和沟通能力及自我成长意识等心理素质，才能够有效地应对各种工作挑战和压力，在工作和生活中保持高昂振奋的精神与轻松愉快的心情，提升自身的工作效能、保证教育质量、提升职业满意度。

高职院校教师需要具备的心理素质主要包括以下几个方面：一、情感控制能力，高职院校教师需要具备情感控制能力，能够保持冷静、客观的心态，控制自己的情绪，避免影响教学质量。二、压力承受能力，高职院校教师需要具备一定的压力承受能力，能够应对工作压力和心理压力，保持心理平衡，避免出现情绪问题。三、自我调节能力，高职院校教师需要具备自我调节能力，能够根据自己的情绪状态和教学需求，灵活调整自己的教学方法和教学内容，提高教学质量。四、观察能力，高职院校教师需要具备敏锐的观察能力，能够了解学生的心理状态和学习需求，及时调整教学策略，提高教学效果。五、决策能力，高职院校教师需要具备一定的决策能力，能够根据学生的心理状态和教学需求，做出恰当的教学决策，提高教学质量。

第三节　教师的选拔与任用

为了保证高职院校师资队伍的连续性，以及结构的合理性，需要不断地补充一定数量的教师。随着社会的发展和科技的进步，社会对人才的需求也越来越高，这就要求教师综合素养要跟上时代的进步，才能培养出符合社会需求的学生。同时，教师的选拔是为了选拔优秀的人才，建立起科学、优质、高效的教师队伍，以此促进教学质量的不断提高，从而培养更符合社会需求的人才。因此，做好高职院校教师的选拔工作，是高职院校教师管理工作的重要一环。

一、选拔的原则

1．公正公平原则

教师选拔应当采用公正公平的原则，确保所有符合条件的教师都有机会参与竞聘，不得歧视任何人，不得因为种族、性别、年龄、宗教信仰、家庭出身等因素而歧视或者偏袒。应当根据教师的学历、专业技术水平、教学经验、教学成果等客观因素进行评价和选拔。同时，选拔过程中应该避免任何形式的腐败，不能任人唯亲，要任人唯贤，确保选拔出真正具有专业能力和优秀德行品质的教师。

2．能力优先原则

教师选拔应当以能力为本，以教学质量为核心，以教学成果和教学评价为依据，重视教师的教学能力和创新能力，注重教师的实际表现和实际贡献，确保其具备与所教学科和专业匹配的知识与技能，提高教师的教学水平和教学能力。

3．公开透明原则

教师选拔应当公开透明，应当在社会和学校内部公开选拔的标准和程序，按时公布选拔结果，接受社会监督。同时，应当建立健全教师选拔的制度和程序，确保选拔过程的公开、公正和透明。

4．综合评价原则

教师选拔应当采取多种评价方式，综合考虑教师的学历、专业技术水平、教学成果、教学质量、教学经验、教学评价等因素，进行综合评价。同时，应当注重教师的实际表现和实际贡献，重视教师的教学能力和创新能力。

5．合理用人原则

教师选拔应当根据各学校的实际情况和教育教学的需要，合理安排。同时，应注重教师的特长和个人兴趣，充分发挥教师的潜力和创造力，促进教师的成长和发展。

6．激励鼓励原则

教师选拔应当注重激励和鼓励，通过聘任和奖励等方式来激发教师的积极性和创造性，促进教师的发展和成长。同时，建立健全教师的奖惩制度，对表现优秀的教师给予适当的奖励和荣誉，对表现不佳的教师给予适当的惩罚和警示，形成良性循环发展。

二、选拔的条件

1. 学历、学位要求

不同学校、不同专业、不同岗位对于教师的要求肯定不同,因此,选拔的条件应当根据具体的需求来制定。高职院校选拔教师通常要求候选人具备相应的学历学位,同时具有同等专业技术职称者优先考虑。

2. 行业背景和工作经验

候选人需具备相关行业背景和一定的工作经验,系统地掌握本专业的基础理论知识,并具备与相应岗位匹配的教学、科研能力,能够将实践经验与教学相结合,为学生提供实用的职业指导和培训,使学生拥有在职场中具备竞争力的技能和素养。

3. 教学教研能力

除了专业知识外,候选人还需要具备较强的教学教研能力,包括课程设计与开发、教学方法与策略、学生评估与指导等方面的能力,以方便他们更好地开展教学工作,适应学生需求的变化,提高教学质量,推动教育教学的改革和创新。在选拔过程中,教学教研能力通常通过面试、教学演示等环节进行评估。

4. 师德师风要求

候选人应具备良好的师德师风,以身作则,对学生负责,注重职业道德和教育情操。师德师风是教育工作者必须遵守和践行的道德规范与职业操守。师德师风要求也是促使学生全面发展和健康成长的重要保障,是塑造学校良好教育形象和文化的基础。教师在教育教学实践工作中应时刻以身作则,用自己的言行影响和引导学生,营造良好的教育氛围,维护教育教学工作的正常秩序和学生的合法权益。

三、选拔的方法

1. 公开招聘

公开招聘一般由当地教育局或学校组织实施。选拔标准通常包括学历、学科专业、教师资格证、工作经历、年龄等方面。公开招聘一般会发布招聘公告,包括招聘岗位、数量、条件、报名时间、考试方式、聘用程序等信息。应聘者提交申请材料,招聘单位通过资格审查和面试、试讲等环节,最终确定录用人员。

2．内部选拔

内部选拔是指在学校或教育局内部进行选拔，通常是在现有教师中寻找适合特定岗位的人才。内部选拔主要包括内部提升和内部调动两种方式。内部提升是指在学校或教育局内部选拔现有教师，并通过考核和评价机制，将其晋升到更高级别的岗位。这种方式可以激励教师不断进步和提高自己的能力，同时也能为学校或教育局节省招聘和培训新教师的成本。内部调动是指在学校或教育局内部，将现有教师从某个岗位调动到另一个适合他们的岗位。这种方式可以帮助学校或教育局更好地利用现有教师的才能，同时也能为教师提供更多的发展机会和挑战。在内部选拔过程中，学校或教育局通常会制定详细的选拔标准和程序，以确保公平、公正和透明。选拔标准主要包括教学能力、教育背景、工作经验、职业素质等方面。选拔程序主要有内部申请、考核和评价、面试、试用等环节。

3．人才引进

人才引进是指通过招聘和引进的方式，从外部选拔优秀教师人才。在人才引进过程中，学校或教育局应制定详细的招聘标准和程序，以确保公平、公正和透明。招聘标准主要包括教育背景、教学能力、职业素质等方面。招聘程序主要有报名、资格审查、笔试、面试、试用等环节。同时，学校或教育局还应为引进的教师提供良好的工作环境和发展机会，以激励他们不断进步和提高教育质量。

在高职院校教师选拔过程中，学校通常会综合考虑教师的学历、专业背景、教学经验、职业技能、科研能力、师德师风等因素，确保选拔出能够胜任高职院校教学工作的优秀教师。

四、教师的任用

招聘选拔结束之后，教师的正确任用也非常重要，只有正确任用才能发挥其作用，这意味着学校或教育局需要合理地分配教师的工作任务，使教师能够在其擅长的领域和岗位发挥最大的作用。

1．考虑教师的专业背景和教学能力

根据教师的专业背景和教学能力安排他们教授相应的课程是一种合理的教师任用方式，这样可以充分发挥教师的优势和专长，确保学生在各个学科都能得到专业的指导和帮助，是提高教育质量和满足学生需求的重要手段。

2. 了解教师的性格特点和工作风格

根据教师的性格特点和工作风格,安排他们负责不同的工作,是一种以人为本的管理方法。例如,擅长沟通和组织协调的教师可以担任班主任或学生辅导员,擅长教学研究和创新的教师可以担任教研组长或课程设计师。要与教师充分沟通,了解他们的意见和建议,这有助于提高教师的工作积极性,从而提高工作效率。

3. 提供足够的支持和培训

给教师提供足够的支持和培训,帮助他们不断提升教学能力和专业水平。例如,制订培训计划、提供培训资源、建立导师制度、实施奖励机制等。这不仅可以提高教育质量,还可以激发教师的工作热情和职业发展动力,提升师资队伍水平,有利于学校的长期发展。

4. 制定科学的绩效评价体系

制定科学的绩效评价体系,是提高教师工作能力和教育质量的必要手段。为了提高教师的工作能力和教育质量,制定科学的绩效评价体系是非常必要的。绩效评价体系应该以客观、公正、量化为原则,综合考虑教师的德、能、勤、绩等方面,以提高教育质量为核心,以促进教师工作绩效为导向。通过制定明确的评价指标、标准和评分办法,建立完善的信息管理系统和奖惩机制,可以促进教师工作的积极性,培养其创新精神,提高教育质量。激励教师积极投身教育工作,同时确保教育质量的持续提高。

5. 注重教师队伍的梯队建设

教师任用要考虑教师队伍的梯队建设,即根据不同教师的能力、经验、年龄等因素,充分发挥不同教师的优势和特长。在各个年级和科目的安排中,合理配置老、中、青教师,形成合理的教师队伍结构,这样可以充分发挥不同年龄段教师的优势,提高整个教师队伍的素质和能力,以提高教育质量和教学效果,并实现教育经验的传承和教学方法的创新。

总之,正确任用教师是学校或教育管理部门工作的重要组成部分。只有根据教师的特点、充分考虑教师的专业和特长,合理配置出一支优秀的教学团队,才能为学生提供更好的教育服务,提高教育质量和水平,办好人民满意的教育。

第四节 教师的职业能力培养

高职院校教师的职业能力培养是指通过各种途径和方法，提高高职院校教师的专业技能、教学能力、管理能力和综合素质，以适应高职教育的发展。职业能力培养是提升教师教学水平和专业素质的重要任务。

随着社会经济的发展和教育改革的推进，高职院校教师需要具备适应变革的能力。通过职业能力培养，教师可以了解最新的教学理念、教育技术和教育研究成果，不断更新教学观念、教学方法和课程内容，适应教育改革的要求，为学生提供与时俱进的教育。高职院校教师职业能力的培养不仅关乎个人，也关系到整个高职教育的发展。优秀的教师能够引领和推动教育创新，提高高职教育的质量和影响力，为社会培养更多的技能人才，助力国家经济和社会的可持续发展。

一、高职院校教师职业能力要求

高职院校教师的职业能力是影响高职教育人才培养质量的关键因素，主要包括爱岗敬业精神、职业教育意识、实践操作技能和教育教学能力等，主要可以分为三个层次的要求：

1. 师德层面要求

教师承担着教书育人的任务，教师的一言一行都会影响到学生。因此，职业院校教师要坚持正确的政治方向、正确的价值观和高度的责任感，这是教师职业道德和职业操守的重要内容。坚持正确的政治方向，就是要始终坚定地拥护中国共产党的领导，支持中国特色社会主义事业，遵守宪法和法律，不得有违背党的路线方针政策和国家法律法规的言行。正确的价值观，就是要尊重人的尊严和价值，秉持诚信、公正、勤奋、创新、奉献等价值观，以身作则，为人师表，为学生树立榜样。高度的责任感，就是要对学生负责，对家长负责，对社会负责。要关心学生，爱护学生，帮助学生成长，不断提高自己的教育教学水平，为学生提供优质的教育服务。同时，要遵守职业道德和职业操守，做到教书育人，为社会培养德智体美全面发展的人才。还要爱岗敬业，即要热爱自己的工作岗位，热爱教育教学工作，关心爱护学生，尽职尽责，为实现自己的教育目标而不懈努力。

2. 知识层面要求

高职院校教师需要具备深厚的专业知识，即掌握所教学科的基本概念、理论和实践技能。例如，对于计算机网络专业的教师来说，需要熟悉网络协议、数据库、操作系统等方面的知识，能够教授学生如何设计、搭建和维护计算机网络系统等。

高职院校教师需要具备相应学科的宽广的知识体系，了解相关学科领域的知识和发展动态。例如，对于计算机网络专业的教师来说，需要了解信息技术、网络安全、通信技术等方面的知识，以便更好地指导学生进行综合实践和创新。

高职院校教师需要具备教育理论知识，即掌握教学原理和方法，了解学生心理和发展特点，能够根据学生的实际情况设计和实施教学。此外，高职院校教师还需要具备良好的教学能力和职业素养，包括教学经验、教学技能、职业道德等方面。

总的来说，高职院校教师需要具备深厚的专业知识、宽广的学科知识体系和教育理论知识，以及良好的教学能力和职业素养，才能够更好地为学生提供教育服务，培养出高素质的技术技能型人才。

3. 能力层面要求

高职院校教师需要具备良好的教学能力，包括教学设计、授课技巧、教学评价和激发学生兴趣等方面。要能够根据学生的不同特点和学科需求，灵活运用不同的教学方法，制订合适的教学计划，提高学生的学习兴趣和能力，提高教学效果。

高职院校教师需具备较强的实践能力，能够将理论知识与实际工作相结合，帮助学生掌握实际操作技能。具体可以通过组织实践活动、实验课程或实习项目等方式，指导学生进行实践操作，提高学生的技能水平和实践能力，进而培养学生实践的能力和解决问题的能力。

高职院校教师需要具备一定的科研能力，能够参与相关学科领域的科研项目，进行学术研究和创新活动，积累科研经验，提高自己的科研水平，在自己的领域中获得更新的知识，同时也能够指导学生进行科研活动。

高职院校教师需要具备创新能力，能够在教学中运用创新思维和方法，设计新颖的教学内容和活动。还可以通过引入新的教学技术和工具，积极探索新的教学方式和教学手段，开展跨学科的教学合作等方式，激发学生的创新意识和能力，提高教学质量和水平。

随着信息技术的普及和国际化的趋势，高职院校教师需要具备熟练的计算机运用能力，能够熟练使用现代化计算机辅助教学和教育技术工具，如多媒体教学、网络教学等，同时也需要具备一定的外语水平，以便更好地进行国际交流和合作。

总之，高职院校教师需要具备多方面的能力，不仅要具备基本的教学能力、实践能力、科研能力，还要具备新时代需要的创新能力、计算机和外语运用能力、管理能力等，才能够更好地适应高职教育的发展需求，提高教学质量和水平。

二、高职院校教师职业能力培养途径

促进高职院校教师职业能力提高必须运用科学发展观的理念，把教师的个人发展与高职教育的发展紧密联系在一起。遵循教师个人发展的心理需求，采取有效的组织管理策略，坚持理解、尊重、关心、发展和提高相结合的原则，构建适应高职教育要求的教育新体系和新模式才是提高其职业能力的有效路径，具体可从以下几个方面进行：

1. 建立职业发展规划

教师要提高职业能力，成为一名优秀的教师，短时间是不可能做到的，需要在教学过程中不断反思、总结、积累。教师需要建立个人的职业发展规划。职业发展规划是指教师以个人为中心，通过分析自身的职业背景和个人优势、劣势，为实现自我成长和职业发展以及个人职业愿望而设定的目标，是有针对性的行动。职业发展规划需结合自己的具体情况制订，但总体原则是明确自己想达到的职业高度和目标，了解并寻求获得这些知识和技能的途径，以及持续地关注和修正规划。

2. 丰富学科专业知识和提升教学技能

参加相关的培训和研讨会，不断深入学习和研究学科领域的知识，掌握最新的理论和实践成果，这是教师提升教学方法和更新学科知识的机会。教师需要进行教学研究，探索更好的教学方法和策略，提高教学效果和学生学习成果。教师还需要学习和应用教育技术，如在线教学平台、虚拟现实、增强现实等，以便更好地开展教学活动和指导学生。另外，教师应尽量多参加实践教学，如产学研项目、校企合作项目等，更好地了解实际工作环境和职业需求，提高自己的教学技能和实践能力，按照教学目标灵活变换不同的教学方式，开展多形式的教学活动，实现对学生的培养。

3. 强化教师心理素质

教师的心理素质对学生的学习和发展至关重要。教师的心理素质包括自我认知、情绪管理、人际关系、抗压能力等方面。这些因素都会影响教师的教学态度、教学方法和教学行为，从而间接地影响学生的学习效果。学校和教育机构应该重视教师心理素质的培养，提供良好的支持体系，以确保教师能够为学生提供积极、健康和有效的教育方式。

强化高职院校教师的心理素质，需要高职院校提供全面的心理健康支持和培训，帮助教师提高心理素质和职业能力，形成良好的工作环境和团队氛围，关注教师的心理健康状况，提高高职教育质量和培养高素质应用型人才。高职院校可以组织教师进行心理素质培训，包括情绪管理、压力管理、沟通技巧等，来提高教师的心理素质和职业能力；还可以建立心理健康支持系统，包括心理健康热线、心理咨询室等，为教师提供心理健康支持和帮助。此外，高职院校可通过鼓励教师参加心理素质提升活动，如参加心理素质培训、阅读心理健康方面的书籍、进行心理素质测试等，来提高教师的心理素质和职业能力，以确保教师能够为学生提供优质的教育环境。

第五节 "双师型"教师的培养

随着社会的进步，企业对高素质技术型人才的需求越来越大，特别是适应一线生产、管理、服务等岗位的高等技术应用型专门人才。对高职院校来说，已不仅仅要以培养高知识的人才为教育目标，更重要的是要培养实践能力强、生产经验丰富、适应社会发展的高技术型人才。然而，对于很多高职院校来说，目前教师队伍的总体水平还不够高，特别是一些教师本身缺乏丰富的实践经验和技能，难以对学生的实践能力进行很好的培养。教师动手能力不强，导致其在教学内容、教学方法和教学手段等方面难以达到高等职业教育的要求，从而导致人才培养的落后。因此，需要在高职院校进行"双师型"教师队伍建设，从根本上提高教育质量，以适应专业建设和职业技术教育发展的需要，从而为社会培养出适应社会发展的高素质技术技能型人才。具体操作方法是采取多种措施，提高专业教师的专业理论水平和实践动手能力，使之具有专业建设素养、教学素养、实践素养、科研素养、个人素养、创新素养等，从而能胜任新时代高职教育的要求，具体如图2-1所示。

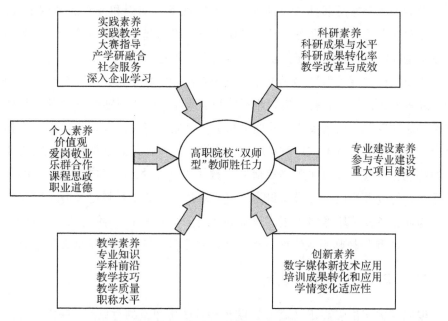

图 2-1　高职院校"双师型"教师胜任力模型

2017年，国务院办公厅发布了《关于深化产教融合的若干意见》，文件中提出要加强产教融合师资队伍建设，推动职业学校、应用型本科高校与大中型企业合作建设"双师型"教师培养培训基地，完善职业学校和高等学校教师实践假期制度，支持在职教师定期到企业实践锻炼。2021年，中共中央办公厅、国务院办公厅印发的《关于推动现代职业教育高质量发展的意见》文件中明确指出，要强化"双师型"教师队伍建设，制定"双师型"教师标准，完善教师招聘、专业技术职务评聘和绩效考核标准。

一、"双师型"教师的内涵

对"双师型"教师有两种认识：一是"双职称型"，即教师在获得教师系列职称外还需要取得另一职称；二是"双素质型"，即教师既要具备理论教学的素质，也应具备实践教学的素质。

2019年1月，国务院颁布的《国家职业教育改革实施方案》明确了"双师型"教师的内涵，明确指出"双师型"教师是"同时具备理论教学和实践教学能力的教师"，且技能结构整体体现"技"服务于"教"的宗旨。

"双师型"教师既拥有扎实的学科专业知识和技能，又具备优秀的教学能力和方法；既是学科专业的行家，又是教学艺术的大师。他们在学科专业和教学能力两个方面都具备较高水平，能够把学科知识和教学能力相融合，能够在教学实践中充分发挥自己的专业优势，承担起培养学生的责任，为学生提供全面的教育培养，使其获得优质的学习体验。

高职院校"双师型"教师的培养是指在高职院校中，通过校企合作、企业实践等方式，培养具有一定职业素养和实践能力的"双师型"教师。具体来说，这种教师不仅具备扎实的理论知识，还能够将理论知识与实际工作相结合，为企业提供技术支持和指导。"双师型"教师是高职教育教师队伍建设的特色和重点，大力加强"双师型"教师队伍建设，已经成为教育界的共同呼声。与过去相比，我国高职院校的"双师型"教师数量已经有了明显提升，为社会各领域培养出了很多高质量人才，有效推动了社会的稳定发展。加强"双师型"教师团队建设对于提高人才培养质量具有重要意义和价值。

二、"双师型"教师的认定

根据《关于加强高职（高专）院校师资队伍建设的意见》《深化新时代职业教育"双师型"教师队伍建设改革实施方案》《职业教育"双师型"教师基本标准（试行）》等文件，各省根据实际情况也制定了相应的方案。这些方案旨在确保职业教育教师的素质和能力达到国家标准，并促进职业教育的发展。具体来说，各省制定了具体的实施方案，包括对职业教育"双师型"教师的认定标准、评审程序、培训计划等方面的具体规定。这些方案还明确了各级教育行政部门的职责和权限，以及职业教育教师的权益和保障措施。

例如，江苏省2023年制定的《江苏省职业教育"双师型"教师标准（试行）》，明确了全省职业学校全面完成首批"双师型"教师认定工作，规范相关信息数据统计。标准试行过程中进一步完善相关认定条件和办法，到"十四五"期末建立健全产教融合、特色鲜明、分层分类的全省职业教育"双师型"教师认定标准和认定工作体系。

江苏省"双师型"教师的认定标准包括：①坚持把师德师风作为衡量"双师型"教师能力素质的第一标准，积极贯彻党的教育方针，自觉践行社会主义核心价值观，热爱职业教育事业，强化对思想政治素质和师德素养的考查，师德考核不合格者在影响期内不得参加"双师型"教师认定，已认定的应予以撤销。②要落实立德树人根本任务，遵循教育规律和技术技能人才成长规律，做到工学结合、知行合一、德技并修。在教育教学和学生技技能培养过程中落实课程思政要求，积极探索具有专业与课程特点的育人模式或教学风格。③ 突出对理论教学和实践教学能力的考察，注重教学改革和专业建设实绩。要掌握先进的教学理念和教学方法，积极参加教学改革与研究，能够采取多种方法或模式并熟练运用现代信息技术开展教学。④ 熟悉行业企业情况，具有相应的专业技能，以及行业企业工作经历或实践经验。要掌握本专业工作过程或技术流程，了解产业发展趋势、行业企业需求和职业岗位变化，及时将新技术、新工艺、新规范等融入教学。该标准对初、中、高各级别"双师型"教师的认定做出了详细的说明。

三、"双师型"教师的基本素养

根据教育部发布的《职业教育"双师型"教师基本标准（试行）》，职业教育"双师型"教师首先要具有良好的思想政治素质和师德素养，其次要具备相应的理论教学和实践教学能力，以及企业相关工作经历，或积极参加企业技术培训、技能鉴定等岗位实践活动，熟悉行业企业情况，及时将新技术、新工艺、新规范融入教学。具体素养有以下几点：

1. 思想政治素质

思想政治素质是教师必须具备的一种特殊素质，是教师整体素质的基石。职业院校"双师型"教师应该具备坚定的政治信仰和正确的政治方向，自觉维护党的领导和社会主义制度，遵守国家法律法规和学校规章制度，始终坚守社会主义核心价值观，传播正确的思想道德观念，引导学生正确判断事物，并遵守国家法律法规，不得有违反宪法和法律的行为，不得传播有害信息或参与有害活动。

2. 师德素养

职业院校"双师型"教师应该具有良好的职业道德，坚守教育教学的伦理标准，对教育事业怀有真挚的热情和使命感。尊重学生的人格，不侵犯学生权益，保护学生的隐私，并平等对待学生。要坚持以学生为中心，关爱学生，严守教育纪律和伦理道德，秉承教书育人的职业操守，以身作则，成为学生的榜样。做到"以人为本，为人师表"，既要传授专业知识，又要注重培养学生的品德和素养，做到教书育人相结合。

3. 业务素质

"双师型"教师应该拥有扎实的学科知识和专业技能，熟悉所教学科的最新发展动态和行业要求，具备相关学科的高级专业学位或学历背景，并持续不断地提升和更新自己的专业知识。还应该具备出色的教育教学能力，包括教学设计能力、教学组织和管理能力、教学评估能力等。应该能够根据学生的特点和需求，设计有效的教学计划，开展相关的教学活动，引导学生掌握专业知识和技能。同时，还要具备一定的实践教学经验或相关工作背景，了解行业最新发展动态，能够将学科理论与实际工作相结合，培养学生的实际操作能力和职业素养；关注学生的发展问题，并能够给予个性化的关怀和指导，能与学生建立良好的师生关系，给学生提供学业和职业规划咨询，帮助学生全面发展和成长；具备教学创新和研究的意识，积极探索教育教学改革的路径和方法，通过参与教育研究项目、发表教学论文等方式，不断提升自己的教学水平和能力，促进高职教育的发展。

高水平"双师型"教师应具有理论教学能力和实践教学能力，也就是通常说的校内"双教学能力"、课外"双教学能力"、企业"双教学能力"以及基于校企合作的理论教材和实践教材的编写能力，如图2-2所示。这些能力之间相互协作、目标一致，协同构成圆满的"双师型"教师队伍教学能力体系。

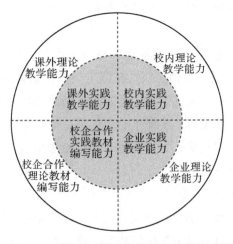

图2-2 "双师型"教师理论与实践能力图

四、"双师型"教师培养措施

1. 教育部门出台相关支持政策

教育部门可以出台相关政策，鼓励教师到企业实践，提高教师的实践能力。例如，教育部门可以规定教师必须有一定的企业实践经验才能获得教师资格证书，或者对到企业实践的教师给予一定的经济支持。省级（自治区、直辖市）层面要结合当地的经济发展状况、产业结构优势、高职教育发展需求和当地职教师资基础，出台地方"双师型"教师资格认定标准，为本区域的高职院校"双师型"教师资格认定提供指导。

2．学校制定可行的"双师型"教师队伍培养方案

培养"双师型"教师是提高职业教育质量的重要举措，学校可以制定可行的"双师型"教师队伍培养方案。

（1）建立完善的教师培训体系和模式

高职院校应制订短期和长期教师培训计划，通过多种方式，如企业实践、教师专业发展培训、国内外学习交流等，提高教师的专业理论和教学技能水平。

（2）制定高效、公正的教师评价机制

学校应建立以教育教学质量为核心的教师评价体系，通过课程建设、学生评议、教学比赛、同行评议等多种方式，激发教师的教学积极性和创造力。

（3）提高教师的实践经验和专业技能

学校应组织教师参加企业实践活动，帮助教师获得专业知识和技能，提高教师的实践能力和教学质量。

（4）鼓励教师主持或参与应用技术研究项目

学校应积极支持教师进行应用技术研究，提供必要的经费和条件，鼓励教师将研究成果应用于教学实践，提高教师的科研水平和教学质量。

（5）建立"双师型"教师培养的长效机制

学校应通过政策引导、经费支持、奖励激励等多种方式，建立"双师型"教师培养的长效机制，保障"双师型"教师队伍的可持续发展。

第六节　兼职教师队伍建设

一、兼职教师队伍建设的意义

高等职业教育的根本任务是为社会培养高素质技术技能型人才，随着高职院校"工学结合"人才培养模式和"校企合作"办学模式改革的不断推进，高职院校师资队伍资源短缺、实践经验不足、实践教学环节薄弱等问题越发突出。聘请具有丰富实践经验的企业工程技术人员、高技能人才到职业院校担任专兼职教师，是高职院校完善师资队伍、提高教学质量、培养人才的重要手段。

教育部规定，高职院校兼职教师是指从社会上聘请的校外教师。兼职教师的概念首次出现在 1985 年《中共中央关于教育体制改革的决定》文件中，该文件明确提出"可以聘请外单位的教师、科学技术人员兼任教师，还可以请专业技师和能工巧匠来传授技艺"。1986 年国家教育委员会颁布的《关于加强职业技术学校师资队伍建设的几点意见》中，也指出"兼职教师要占一定比例，做到专兼结合，以专为主"。2023 年，教育部等四部门修订印发了《职业学校兼职教师管理办法》，对兼职教师的概念进行了更科学的界定，"兼职教师是指受职业学校聘请，兼职担任特定专业课程、实习实训课等教育教学任务及相关工作的人员"。

为充实师资力量，高职院校可以向合作企业聘请兼职教师，也可以面向社会公开聘请，但都需要经过严格的聘任程序，履行合法手续。兼职教师必须拥有丰富的实践经验，有能够承担工作重任的实践能力。聘请的过程需严格规范。兼职教师必须具有独立完成教学任务的能力，应该是学校正式聘任的校外企业或社会中实践经验足够丰富的高级专业技术人员、高技能人才或能工巧匠，能够独立承担其中一门或多门专业课或实践课的教学任务。兼职教师必须是具有较强专业性、实践性的人员。很多企事业单位在职人员都担任高职院校的专业性兼职教师，这些人具有较强的实践性，可以将教与学很好地应用到实践中，更好地提高学生的实践能力和知识技能的运用能力，带领学生更快步入专业正轨，让其在专业领域有所发展。

二、兼职教师队伍建设的作用

聘用兼职教师可以壮大师资队伍、提高学生的实践操作能力、实现资源对接、优化教师结构、降低教师培养成本、提升教学质量。兼职教师往往具有实践经验丰富、动手操作能力强等优势，已经成为高职院校师资队伍的重要组成部分。这不仅有利于学校解决教师力量不足的难题，还可以使学校与企业建立更密切的合作关系，实现多方共赢。

1．缓解高职院校教师资源短缺的问题

高职院校是我国培养专业技术人才的重要基地。由于高职院校的招生规模较大，教师数量相对较少，所以很难为每个学生提供充分的指导和帮助。

此外，由于受到编制、资金等其他因素的影响，再加上专职教师的聘用程序比较复杂，教师的缺口很大，而兼职教师的聘用手续相对比较简单，不会受到编制问题的困扰，所以聘用兼职教师是缓解教师资源短缺问题的重要途径。通过引入兼职教师，高职院校可以在一定程度上解决教师短缺问题，并且能够为学生提供更多的实践机会，提高教学质量和学生就业竞争力。同时，兼职教师的参与也可以促进产学合作和校企合作的深入发展。

2．加强实践教学，帮助学生快速融入社会

高职院校的教学重点是实践教学，因此提高学生的技术技能水平是高职院校的首要任务。兼职教师一般是本行业的技术骨干，不仅有丰富的基础理论知识，而且熟悉本行业的实际操作，具有丰富的实践经验和很强的动手能力。在教学过程中，他们能引入更多的实践案例，展示实际操作，将新技术、新经验融入教学，保证教学内容的前沿性与实用性，而且还能提高学生的实际动手能力，帮助学生更好地掌握职业技能，让学生及早了解社会、适应社会，为毕业后快速适应工作岗位、融入社会做好准备。

3．实现资源对接，校企双赢

学校从企业及其他单位吸纳实践经验丰富、专业技能强的兼职教师，既可以给学生提供丰富的经验指导，也可以通过企业提供的平台给学生更多的实践机会。兼职教师可以为学校与企业之间搭建合作平台，推动产学合作项目的开展，如让学生去企业参观实习、顶岗实习，也可以进行现场教学。这不仅可以增加学生的就业机会，还能为学校带来更多实践项目和经费支持。对企业而言，可借助学校的科研力量，开发自己的新产品、新项目，从而提高自己的市场竞争力，并且可以从高职院校获得人才，以解决自身人才缺乏的问题，从而实现校企双赢。

4．降低教师培养成本，节省开支

高职院校师资不足，除了培养教师需要一个过程外，更主要的是在引进专职教师方面通常会受到资金等方面的制约。兼职教师一般是技术精英或企业骨干，不经过培训可以直接上岗，并且兼职教师只以兼课为主，工资以课时方式结算，这在一定程度上减少了学校的办学成本。

5．参与教材编写，推动教学改革

随着教育课程改革力度的增加，高职院校的部分学科紧跟市场变化，导致出现了市场上没有合适教材的现象。为满足教学的需要，高职院校教师需要自己编写教材。兼职教师来自不同的地方、不同的企业，他们的观念比较新,又有丰富的实践经验,因此,由专职教师和兼职教师共同开发的教材,理论和实践相结合,内容会更贴近用人单位的需要,能对学生将来的就业提供有用的指导。另外,让兼职教师参与学校的教学改革,会给学校注入新的活力。

三、兼职教师队伍建设的要求

1. 业务能力要求

高职院校对兼职教师的专业能力和教学能力要求通常会比较高。以下是一些可能的要求:

专业知识:兼职教师需要具备所教学科相关专业领域的知识和技能,包括理论知识和实践经验,能够教授相关课程,给学生们提供更贴近实际的教学内容和案例分析,并指导学生进行实践操作。同时,他们需要了解最新的行业动态和趋势,以便将这些信息融入课堂教学。

教学能力:兼职教师需要具备良好的教学能力,包括教学方法、教学组织等,能够使用多种教学手段和工具进行教学,激发学生的学习兴趣,并让学生更好地理解和掌握所学知识,还需要制订教学计划和课程大纲,并根据学生需求和教学反馈进行差异化教学。

教学评估能力:兼职教师需要具备一定的教学评估能力,包括能够设计合适的考核方式和评价标准,能够准确评估教学效果和学生的学习成果,并及时提供有针对性的反馈和指导。

学术研究能力:大部分高职院校也期望兼职教师具备一定的学术研究能力,包括能够进行教育教学研究、参与学科建设和教研活动等。这有助于提升教师的教学水平,促进学科的发展。

不同高职院校对兼职教师的专业能力和教学能力的要求可能会有所不同,具体要求需要根据学校的特点、教学目标和学生需求等因素进行制定。

2. 素养要求

兼职教师需要具备良好的综合素养,能够遵守学校的规章制度和教学规范,并保持专业操守。他们要有较强的责任心、沟通能力,还需要尊重学生的权利和利益,保护学生的安全和尊严。以下是一些可能的要求:

良好的沟通能力和人际交往能力:兼职教师也需要与学生、同事和家长进行良好的沟通,要能够有效地传递信息和交流思想。他们还需要具备良好的团队合作和协调能力,能够与同事协作完成教学任务。

较高的综合素质和综合能力:兼职教师需要具备较高的综合素质和综合能

力，包括文化素质、道德素质、创新能力、组织管理能力、应变能力等。这些素质和能力可以帮助他们更好地应对教学中可能出现的各种问题和挑战。

较强的责任心和事业心：兼职教师需要具备较强的责任心和事业心，能够对学生和教学工作负责。他们还需要具备良好的职业操守和道德修养，能够遵守学校的规章制度和教学规范。

开放的心态和积极的学习态度：兼职教师需要具备开放的心态和积极的学习态度，能够不断学习和更新自己的知识与技能。他们还需要具备不断改进和创新的精神，能够根据学生需求和教学反馈进行调整与改进。

四、兼职教师队伍建设的举措

高职院校可以通过建立兼职教师库、加强兼职教师培训、制定兼职教师管理制度、提高兼职教师待遇和建立校企合作机制等举措，来加强兼职教师队伍建设，提高教学质量和水平。

1. 建立兼职教师库

高职院校可以通过建立兼职教师库，收集并储备优秀的兼职教师资源，做到定期更新并分类管理，以便在需要时能够快速找到合适的教师进行授课，保证教学工作的顺利进行。同时，为兼职教师提供更多的发展机会和交流平台，促进他们的专业成长和能力提升。

2. 加强兼职教师培训

高职院校可以加强对兼职教师的培训，包括教学技能、课程设计、教学方法等方面的培训，提高兼职教师的教学水平和能力，更好地满足教学需求，提高教学质量。同时，兼职教师也可以在培训过程中不断提升自己的教学素养，实现自我价值。

3. 制定兼职教师管理制度

高职院校可以制定兼职教师管理制度，明确兼职教师的职责、权利和义务，并建立健全考核评价机制，确保兼职教师的教学质量。高职院校还可以制定兼职教师激励制度，包括奖励条件、奖励方式、奖励标准等内容，鼓励兼职教师在教学工作中发挥更大的作用，提高教学质量。

4. 提高兼职教师待遇

高职院校可以提高兼职教师的待遇，包括薪资、福利等方面；高职院校还可以设立奖励机制，对表现优秀的兼职教师给予一定的奖励，如奖金、荣誉证书等，激励其从事教学工作的积极性和主动性，从而吸引更多的优秀兼职教师加入教师队伍，满足教学需求，提高教学质量。同时，提高兼职教师的待遇，兼职教师可以得到应有的尊重和认可，实现自我价值。

5. 建立校企合作机制

高职院校通过与企业合作建立校企合作机制，可以为学生提供真实的实践环境和职业发展机会，提高学生的实践能力和就业竞争力，还可以根据企业的需求，开展订单式培养，为企业量身定制人才。与企业合作开展职业技能培训，能够提高学生的职业技能和实践能力。与企业合作设立奖助学金，奖励优秀学生和资助贫困学生，鼓励学生努力学习。

此外，还可以通过明确校企合作模式、优化校企合作平台、建设校企合作基地、建立企业兼职教师资源库、创新考评机制等方式，从多层面完善高职院校兼职教师校企合作机制。

五、兼职教师队伍管理注意事项

综合各高职院校的兼职教师情况来看，要把兼职教师队伍建设好，应遵循以下三个基本原则：

1. 合法原则

兼职教师队伍建设要依法进行，用法律形式明确兼职教师身份，通过法规政策确定兼职教师在职业教育师资队伍建设中的地位，让兼职教师无论是身份存在还是实践操作方面，不仅是"合理"的，更是"合法"的，以获得社会的积极支持和尊重。

2. 共建原则

兼职教师教学的"兼职"特点和对企业的依存性，决定了兼职教师队伍建设不可能仅由学校独自完成，必须由政府、企业、学校三方协作完成。其中政府具有绝对优势和强大力量，也是协调校企双方的中介和桥梁。政府要有效发挥自身作用，为校企双方搭建好交流平台；既要为职业学校提供应有的支持，也要为企业提供切实的优惠政策。要真正落实兼职教师政策就必然会涉及现实层面的一系列实际问题，如薪资、岗位、时间、工作量等，这就需要地方政府创设良好的政策环境，将国家的政策导向转化为可供操作的工作机制。

3. 不求所有，但求所用原则

要明确学校不是拥有兼职教师，而是通过有效途径与方式去发挥其社会效益。兼职教师依存于生产领域，随时掌握生产领域最新应用技术并积累宝贵实践经验，这正是兼职教师资源得以充满活力、能够弥补校内专任教师队伍不足的主要根据。

第三章

高职院校学生管理

高职院校是人才培养的重要基地,高职院校学生管理工作承担着"立德树人"的重要使命,是推动学生全面发展的内在要求。学生管理作为高职院校管理体系中的重要环节,通过制度约束、思想引导等方式,帮助学生在在校学习期间树立正确的人生观、价值观和道德观,树立遵纪守法的思想观念,树立政治意识和集体观念,养成良好的自律意识。高职院校学生管理工作必须适应不断发展的新形势,多形式、多思路地做好学生管理工作,促进高职院校教育发展。

第一节 学生管理的概念与学生的基本特点

一、学生管理的概念

学生管理的概念及重要性无法忽视。研究者将学生管理定义为学校对学生在校内外的学习和活动进行规划、组织、协调、控制的总和,它是学校教务管理者组织、指导学生,按照教育方针所规定的教育标准,有目的、有计划、有组织地对学生进行各种教育,使学生在德、智、体等方面都得到发展,成长为社会主义事业的接班人的过程。学生管理是学校管理系统的重要组成部分,其水平高低直接影响着人才培养的质量。把学生管理作为科学,探讨学生管理活动的内在本质和规律,能够推动学校教育及管理工作的科学化、理论化、规范化。这个定义基本上揭示了学生管理的本质,但也有一些可以商讨的问题。

学校虽是学生管理的主体,但并非唯一主体。教育行政部门制定法律、法规及各项规章制度，明确规范学生的学习和活动，从宏观层面实施管理。因此，学校行政管理部门承担着重要的学生管理责任，并负责具体实施教育行政部门的各项规定。此外，学生不仅仅是被管理的对象，也是学校中不可忽视的管理主体之一，因为学生是相关管理活动的参与者。

二、高职院校学生的基本特点

当前全国高职院校生源结构比较复杂，招生的方式多种多样，包括普通高考、提前单招以及对口单招等。这种多元化的招生方式必然会带来学生的多样性。学生群体中既有普通高中毕业生，也有中专、技校、职高的毕业生等。这几类学生在文化基础水平和知识结构等方面都呈现出较大的差异。

而随着高职院校招生范围不断扩大，来自不同城市的同学也体现出了一定差异，这导致学生的学习自主性、能动性、眼界开阔度和思维活跃度各不相同，学生入学后适应环境和融入集体需要一个较长的过程。同时，在公办院校中贫困生比例和贫困程度较高，富裕学生和贫困学生的生活费存在明显差异，帮扶和教育工作在学生管理中占有一定比重。随着当前社会形势的不断变化，学生的成长环境和家庭背景也变得更加复杂多样，单亲家庭、重组家庭等非传统家庭的学生数量有所增加，这对于学生的心理、性格、人际交往和行为习惯产生了重要的影响。这样的多样性使学校管理工作变得更加困难。根据以上综合因素，高职院校学生呈现出一些全新的特点，具体可以体现在矛盾的认知观念、多元的思想意识、复杂的性格特征、有限的学习效果四个方面。

1. 矛盾的认知观念

尽管高职院校学生极其热爱祖国，然而他们在政治方向上有时缺乏坚定的信念。他们都怀着报效祖国的志向，愿意为国家的繁荣和民族的复兴贡献自己的力量。但是，因为高职学生的年龄偏小、经验有限，部分学生对国家的大政方针了解不够深入，对政治原则缺乏深刻认知，对社会上存在的不良思潮的危害性认识不足，对中国历史缺乏正确和全面的了解，对当前中国的国情理解不够深入，容易受情感和意气影响，不能充分控制自己的行为，从而偏离良好愿望。

2. 多元的思想意识

当代高职院校学生的信仰理念和道德观念正日益呈现出多元化的趋势。随着人类社会的进步，个人价值观受到了更多的关注，人们对自身越来越重视，个体意识也不断增强。随着社会经济的发展和信息的广泛传播，全球化的浪潮让不同民族、国家和地区间的联系变得越来越紧密，人们也逐渐形成共识，学生表现出强烈的平等观念和主体意识。在中国进一步扩大对外开放和加强对外交流的背景下，西方反华势力加大了对我国的遏制和渗透力度。由于高职院校学生获取信息的渠道丰富，学生所接收的信息没有经过筛选和过滤，再加上学生常常充满好奇心，容易对信息的准确性判断不足，难免会存在一些负面的影响。学生在受到不良信息的影响时，不仅身体健康会受到危害，心理健康也会受到侵害，一些违法分子通过互联网传播垃圾信息，进一步加剧了这种现象。

随着现代媒介的迅猛发展和各类信息的高速传播，学生在网络安全、自我保护意识等方面存在不足，常常成为不法分子的目标，这容易导致学生转变思想意识并进行相应的模仿，伤害自己和他人。新媒体的虚拟性使得网络用户能够塑造一种可能与现实生活大相径庭的个人形象，这容易让缺乏自制力的学生陷入其中，过度沉迷，从而很难与现实世界区分，给学生的正常生活带来严重的负面影响。由于自媒体的传播速度很快，舆论有时很难得到有效控制，也很容易形成舆论热点。学生的主观意识非常强烈，容易被嘈杂的信息所吸引，这对正在形成世界观、人生观和价值观的高职院校学生产生了严重的负面影响，导致部分学生理想信念和道德观念缺失。

3. 复杂的性格特征

当前高职院校学生大多为"00后"，他们生活条件相对优越，在成长的过程中很少经历挫折，同时表现出较为强烈的自我意识和竞争意识。高职院校学生具有积极活跃的思维，同时个性鲜明，有强烈的表现欲，追求个性化的发展，他们希望获得别人的认同。但部分学生由于沟通能力和承受能力不足，且心理素质较差，一旦遭遇挫折和打击，就会感到沮丧和无助。此外，高职院校学生在控制能力方面相对较弱，团队合作精神和集体主义观念也不够强，学习能力也存在不足等。大部分高职院校学生或多或少有自卑心理，对考入本科院校的同学心生羡慕。在这种背景下，一些高职院校学生可能因环境不适应、学习压力大、恋爱受挫、人际关系不协调以及就业压力等原因而出现心理障碍，对学习或社会产生厌恶情绪。部分高职院校学生缺乏对社会竞争复杂性的认知，对学校和社会有过高的期望，在无法实现自身愿望时，会产生挫败感。虽然他们具备自我意识，但对实现自我价值的困难了解有限。

4. 有限的学习效果

高职院校学生主要是高考失利或者学习能力不足的学生，他们常常有失败和挫折感。他们的学习基础相对较薄弱，分析、思考和归纳问题的能力也相对不足，一遇到困难就容易变得焦躁不安。他们十分渴望并要求自主选择所学的知识，喜欢从学习内容的"实用性"和"无用性"两个角度入手，如果认为教师讲授的知识"没有用"或者"没有趣"，就会对听课失去兴趣。从这个角度来看，绝大多数学生只对他们感兴趣的或是当前流行的事物感兴趣，这会使他们对相关的专业、知识和能力等方面的评判产生一些误差。相当一部分职业学院的学生缺乏自我控制能力，缺乏主动学习的精神，学习效率不高。他们不会自觉地选择和安排与专业相关的课内外内容来巩固和扩展自己的知识，学习仅限于课堂，把教师在课堂上传授的知识作为学习的全部，一遇到困难就退缩，没有勇于面对困难、努力克服困难的决心。而且相对而言，他们没有更加长远的目标和严格的要求。

第二节 学生管理问题现状

一、育人体制相对滞后

部分高职院校由中等职业学校整合升级而来，在管理制度方面并没有进行相应变革。在学生管理方面，大多数采用了较为生硬的形式，通过执行各种规章制度来限制学生行为。到目前为止，很多高职院校也仍然是向上级汇报工作、下级传达精神的管理方式，管理模式的组织架构往往是学校其他类似的行政管理架构的复制品。通常情况下，学校会设立一个统一的领导班子，将各种职责逐层分配给院系，院系根据具体任务的不同，又分为几个具有特定职能的机构或小组来完成上级要求的各项任务。一般每个机构或小组的设立都对应着一个具体的细分任务。例如，在学生管理中，院系学生会、团总支、班委会等组织的主要任务是监督学生是否有违纪行为，这些组织的本质并不是按照科学的方法来指导和帮助学生发展。在管理模式的设计和执行过程中，学生常常处于被管理者或某一活动考查对象的位置，缺乏对管理模式设计的发言权。这些组织架构无法激发学生的创造力，而是主要告诉学生"可以做什么"和"不可以做什么"。当前的高职院校管理模式没有重视学生的自我教育和管理能力培养，导致大部分学生没有机会培养和锻炼管理能力，往往只有个别学生干部能够获得这样的锻炼机会。然而，这些极少数有锻炼机会的学生干部在工作的过程中，也仅仅掌握了监督的技能。他们必须用规范化的书面形式（如电子邮件）向主管部门汇报问题，然后等待主管部门给予回复，最终根据主管部门的回复获得问题的最终解决方案。

此外，目前高职院校学生工作的重点是管理，而不是培养学生。大部分学生的自我管理是自发的，效果不佳，不能充分发掘他们的潜能，无法减轻管理人员的压力，同时也不能培养学生的创新能力。根据相关调查显示，现阶段高职院校学生对自我教育的认知较为薄弱，缺乏自我服务意识和管理能力；情绪易受波动，缺乏冷静和理智的思考；虽然具备较强的可塑性，但容易受到外界影响；在生活学习方面，缺乏独立自主的精神，过分依赖他人，在短时间内难以适应新环境和需求等。以上情况的出现很大程度上是由于职业院校对学生的自我教育和管理能力的培养不够重视。过于僵化的学生管理模式，让学生的个性特征和学习实践的自主性受到了极大的限制，导致学生对校内学习兴趣的缺失以及对管理工作的不满。高职院校在管理方面的滞后使得教师对学生的责任感逐渐丧失，师生之间缺乏积极有效的正向沟通，导致学生学业和综合素质提升等方面缺乏良好的先天条件，引发了育人体制滞后的问题。

二、工作环境相对复杂

随着当前世界多极化的发展趋势，经济全球化进程不断加快，而经济全球化是一把双刃剑。一方面，加强了各民族、各国家、各地区之间的联系，西方的意识形态前所未有地对我国高职院校学生的人生观、世界观和价值观产生了巨大影响；另一方面，在我国全面推进社会主义经济建设的浪潮中，市场经济对高等教育产生了一定的影响，这种影响也在一定程度上反映在高职院校学生的心理状态中，从而以各种方式对高职院校学生的校园生活产生影响，挑战高职院校的思想政治教育。此外，因为教育体制改革和大规模的扩招，高职院校生源的种类较多，学生整体素质存在差异，导致高职院校教育管理的工作环境变得更加复杂。

1. 管理方式不适应信息时代的需要

当前已经进入信息化时代，互联网让高职院校学生的生活变得更加方便和快捷。互联网深入到了生活、学习以及工作的各个层面，已经成为高职院校学生获取信息的重要工具。但在移动互联时代,网络的高普及率给高职院校学生的管理也带来了一定的困难。网络和信息技术都具有正反两面效应。一方面,它对学生的学习和生活有积极影响,让他们获取知识更加便捷;另一方面,因为学生信息甄别能力不足,它也给学生带来一些负面影响。对于高职院校而言,部分学生存在基础知识不够扎实、学习自律性不强以及对自己目前所处的专科学历不自信的问题。网络对他们有很大的吸引力,有些学生甚至开始过度沉迷于虚拟社交,脱离现实生活。在移动互联网时代,如果仍然沿用传统的以院系、班级为基础的学生管理模式,将大大提高管理人员的工作难度。

2. 学生从被动学习转为主动学习

毋庸置疑,知识的填鸭式灌输是传统教育的根本弊端。传统教育使学生无法充分展示自己潜在的创造力,从而导致学而无用的现象发生。在学分制、主辅修制、弹性学制等相关教学管理制度改革中,学生逐渐获得了学习的主动权。这使得部分学生消除了对学习的厌恶感,还将学习视为一件可以实现自身价值的事情,学生的个性得到了充分发挥。但是事物总是具有两面性,教学管理制度改革的同时给学生管理工作模式带来了新的挑战。

3. 教育载体已经变化

在以往的学生管理中,管理的方式是以班级管理、年级管理为主的纵向管理。以班级为单位进行行政化管理,一个班的学生在同一时间同一地点上课,管理非常便利。但是在各高职院校开展的学分制教学模式下,一个班级的学生可能会在同一时间段上不同的课程,并且被分配到不同的教室。新的教学管理制度与传统教学管理制度的区别在于,它在客观上造成了"同课不同班,同班不同课"的现象。在新的教学管理制度背景下,传统的自然班级概念逐渐淡化,班级作为学生工作核心载体的传统模式也发生了一系列变革。例如,教学进度、课程设置、成绩管理、学籍管理、教材管理等多个方面都发生了变动,传统的以班为单位的行政化的管理方式已经不能满足新的学生教学模式,这致使学生管理工作的难度增加了很多。

三、就业形势相对严峻

随着科技和经济的不断发展,我国高校毕业生就业制度也在不断进行改革和完善。其中,高职院校特别需要关注的是毕业生就业市场的建立。扩大的就业市场为更多学生提供了展示才华和公平竞争的机会,但是由于就业形势的残酷和严峻，部分毕业生也面临着就业困难的残酷现实。当前，我国各高等院校纷纷推行扩招政策，高职院校的学生本身在学历中就有劣势，导致高职院校毕业生的就业问题更为凸显。相关的调查数据显示，与市场需求不匹配的相关专业，其毕业生的就业率相对较低。一部分学生面对如此就业形势，对个人发展前景感到迷惘，不知如何选择后续的个人出路，甚至对就业产生恐惧和焦虑的心理。因此，如今许多高职院校学生会将大学最后一年的时间用于寻找工作。但是，高职院校的学制只有三年，一年用于外出寻找实习和就业单位，这就可能会出现教学质量无法得到保证的情况。每个学生的实际情况不同，他们自身会做出不同的选择。有些学生已经找到了相对稳定的工作；另一些学生则不想工作，他们希望继续深造，追求更高层次的学历教育；此外，还有一部分学生既没有继续深造的意愿，又没有找到适合自己的工作，整天兼职打杂，甚至到处游山玩水，逃避面临的就业压力。通过上述分析，可以明显观察到高职院校毕业生的分散状态，这无疑给高职院校学生管理带来了更大的挑战。同时，毕业生就业困难，无法达到自己的就业预期，毕业即失业等情况，逐渐成为部分学生厌学或者做出违纪违法行为的原因。

四、心理问题相对高发

不同于普通本科院校，高职院校主要招收的对象是高考成绩相对较低，或者对自身成绩不满的学生，这类学生的学习能力和水平相较于本科院校学生而言较为有限，由于自身学习能力和学习水平的不足，对自我的认知也会产生一定偏差。有些学生在进入高职院校后，由于课程安排没有高中那么紧密，又不懂得自我管理和自我约束，就可能出现放任自我的情况。另外，在高职院校中，许多学生在高中时学习成绩不好，便自我认定为差生，这种错误的自我评价导致学生失去了原有的自信，并在高职阶段的专业学习中无法形成准确的自我认知。很多学生会错误地认为高职院校的专业与本科院校的专业无法相提并论，并且对自己所学专业的就业前景存有疑虑。这种错误的认知在很大程度上是受学生心理认知影响，这也表明了大多数高职院校学生对高职院校和高职专业的理解存在着一定的偏见，并且自身也缺乏自信。再加上部分学校对学生管理不到位，就会导致学生群体中存在许多素质相对较低的学生。而部分自制力不强、自我认知不清晰的学生受这类同学的影响，可能会走上错误的道路。这不仅会影响学生的身心发展，还会对学生的专业学习和整体素质提升产生负面影响。

五、团队精神相对缺失

团队精神已成为新时期高职院校学生素质培养的重要组成部分，主要培养学生的大局意识，是学生协作精神、服务精神的体现，要求学生明白为人处世的道理。随着社会的进步和人与人之间交流的增加，用人单位在招聘人才时不仅需要考虑学生个人素养，而且更加注重学生是否具有团队合作的能力。由于大部分高职院校学生都是独生子女，他们在团队合作方面有所欠缺，更倾向于独自行动和远离群体的校园生活方式。

团队以追求集体成功为共同目标，各成员相互依存、相互影响、良好合作。然而，在现实管理中，高职院校教学过于注重理论知识传授，忽略了对学生协作精神的培养。因此，提升学生团队协作精神成为高职教育亟须解决的问题。

对高职院校学生的团队精神的培养，既能满足新时代的要求，又能有效提升学生思想政治教育效果，主要表现在以下几个方面：第一，有助于加强高职院校学生之间的团结合作精神。第二，能促使高职院校学生形成民主意识和平等参与的公民精神。第三，能够有效培养高职院校学生的规范意识和纪律观念。第四，有助于高职院校学生顺利融入社会并规划人生。第五，能有效提升高职院校学生的心理承受能力和心理健康状况。

第三节　学生管理的改进措施

一、健全管理制度

1. 建立全员育人制度

人的成长受遗传、环境和教育等因素的影响，在学校中，育人不仅是知识传授和行为引导的过程，还包括感化、熏陶和养成，学生的成长与课堂学习、社会实践、宿舍生活、学习环境等密切相关。在传统观念中，任课教师仅负责授课，而思想政治教育的责任被赋予班主任或辅导员。中共中央、国务院在2017年印发的《关于加强和改进新形势下高校思想政治工作的意见》中提出，要坚持全员全过程全方位育人（简称"三全育人"）。高职院校应将立德树人作为根本任务，将其纳入思想道德教育、文化知识教育和社会实践教育等方面，贯穿教育教学全过程。高职院校要转变教育模式，并树立"三全育人"的意识，要认识到"教书"和"育人"是不可割裂的两部分。学校教育不仅限于任课教师、辅导员和班主任的工作，而要把思想政治工作贯穿教育教学全过程，把思想价值引领贯穿教育教学全过程和各环节，形成教书育人、科研育人、实践育人、管理育人、服务育人、文化育人、组织育人的长效机制。学校的教职员工和各职能部门成员、行政管理人员共同致力于育人这一总体目标，在履行各自职责的过程中，直接或间接地对学生进行教育影响，以潜移默化的方式塑造学生在日常学习和生活中的行为习惯和价值观，将外在的教育影响内化于心。

2．推进学校依法治校

在对学生进行日常管理的过程中，高职院校需要根据相关法律制定并实施各种规章制度，完善或清理现有的不适应当前形势的规章制度。法治校园的氛围营造对培育和形成法治思维至关重要，高职院校学生全面健康发展的第一步是使他们的行为和思想符合社会道德和法律要求。因此，在高职院校学生管理工作中，应构建法治和文明的管理环境，这有助于学生成才，让他们可以对自身的发展有较为明确的规划，同时也具备独立思考的能力和自主意识。培养法治思维的第一步是改善校园环境。优化校园环境、改善校园风气，让学生在校园中摒弃不良思想，树立良好榜样。同时，学校需要营造一个和谐、法治、文明的校园文化氛围。需要特别强调的是，校园法治氛围的营造并非一蹴而就，而是一个渐进的过程，需要长久的学习和积累。要营造法治校园氛围，必须从每位学生、每位教师的日常生活、工作、学习着手，重点加强学生管理这一最基础、最关键的环节，集中资源、集中精力，营造出一个良好的和谐、法治的校园氛围。

高职院校学生管理是推进依法治校进程的切入点，承担着重要的法治教育职责，具有重要和紧迫的现实意义。高职院校学生管理依照法律、法规、部门规章和学校内部规章制度进行。依据法治原则，高等教育机构应从法律的角度来进行学生管理，以确保学生管理活动合法进行。积极推行依法治校是高职院校学生管理现代化的要求，也是建设社会主义政治文明的必然要求，更是现代高职院校培养学生必不可少的途径。

高职院校是高等教育学校的一种重要类型，也是职业教育的重要组成部分，承担着培养满足生产、建设、服务、管理一线需求的高技能、应用型专

高职院校教育教学管理研究

业人才的重要使命,在促进我国经济和社会进步方面具有巨大作用。这些人才所具有的法律意识和法制观念对于他们在未来社会生活中遵守法律规范至关重要。因此,高职院校需要不断提高学生的综合素质,培养他们遵纪守法的良好习惯。

二、提升教育质量

当前教育部门和管理部门都各自承担自己的职责,无法形成教育合力,导致教育管理工作效果不佳,未能完全达到培养高素质、技能型人才的教育目标。而高职院校教育质量建设是一项极其复杂的综合工程,整合教育资源,形成教育合力,需要优化与高职院校学生特点相符合的管理制度,明确不同级别的学生管理相关部门的职责、权限关系,实现岗位、职责、责任与人员的紧密结合,以统一管理者的责任和权利。学生的教育管理具有宏观和微观两个层面,既包括精神层面,又包括实践层面。比如,思想政治教育、法纪安全教育、心理健康教育、就业创业教育、综合素质教育、教学管理、公寓管理、社团管理、资助管理和档案管理等众多方面。只有确立正确的、与时俱进的人才观、知识观、质量观、教学观、教师观、学生观、交往观等教学理念,才能真正改变过时的教学目标和教学内容、落后的教学方式方法和僵化的师生关系,才能使高职院校的教育改革取得更大的效果,实现教育质量的提升,履行学校培养高水平人才的使命和责任。高职院校需要整合教育资源,不同的职能部门应该形成一种精诚团结、有效合作的工作状态,获得教育协同效应。这样可以使教育管理工作更具高效性和实践性。

三、创新管理模式

1. 引导自我管理

长期以来,我国高职院校学生管理工作一直采用以管理者为主导,而学生为被管理对象的管理模式,忽视了学生的主体性。现行的管理规则相对僵化,处理方式多以刚性指令为主,片面强调了学生的义务,却忽视了学生实现自我价值的需求。管理者过于强调学生的服从和理解,从而忽视了对学生的服务和辅助。这种做法与学生渴望得到理解和信任的心态矛盾,导致管理者认为学生偏激、难以管理,而学生则感觉与管理者无法进行有效沟通,且管理者缺少为学生服务的精神。高职院校校园自主管理文化的培育是一种创新的管理方式。文化是塑造人们行为的基石,潜移默化地影响着我们。为了促进我国高职院校学生的管理模式创新发展，学校应采用多样化手段进行教育，如典型案例和文化宣传等，营造浓厚的自主管理文化氛围，让全体学生和教职员工都能积极参与学生管理活动，倡导以学生为中心的管理模式，引导学生实现全面自我管理。

目前，我国高职院校学生的素质也在不断提高，校内的学生组织逐渐壮大，学生的主体地位也得到了前所未有的提升，高职院校的制度建设也在加快推进，这使得高职院校学生能够参与到学生管理工作中，同时，这也是学生自主管理的延伸。学生介入学生管理工作，直接或间接地参与学生管理工作，在校内拥有学生管理的权力，包括学校学生管理及与相关政策制定有关的工作等。只有通过参与学生管理的实践，高职院校学生才能形成独立思考、冷静处理问题、果断行动以及合作共赢的工作风格，从而提升自身的综合能力。需要注意的是，高职院校的专职学生管理者必须清楚地认识到，虽然学生具备一定的管理能力，但他们仍处在发展阶段，必须在实践中加强引导，使其树立正确的价值观念，从而使知识、情感、意识和行为协同发展，共同促进高职院校学生能力的提高。

2．推动学生管理工作的标准化

标准化是现代高职院校学生管理工作的特色之一，要求学生管理工作必须做到系统化和精细化。在高职院校学生管理工作整体系统中要有成熟的标准，围绕统一的管理标准和人才培养目标，使高职院校学生管理工作具备节奏感和活力感。现代高职院校学生管理工作的标准化主要体现在学生的入学教育、在校期间以及毕业就业之后的一系列工作内容上。例如，新生入学后，负责高职院校学业咨询的部门会根据学生入学成绩的差异，开展个性化的指导和教育，并专门对学业有困难的学生提供相应的帮助。高职院校的学生管理工作部门和教务部门应该联系更加紧密，把学生的学习管理、生活管理等各项学生相关的事务内容组织得更加丰富。比如，心理咨询部门在新生入学和毕业这两个阶段，应对学生进行相应的心理测试，关注学生的心理动态，可以通过学校的管理平台和学生进行思想交流与沟通，打破时间和空间的限制，避免面对面交流的尴尬，从而实现工作的精细化。

3．稳态和动态管理相结合

高职院校肩负着人才培养、科学研究、社会服务、文化传承和创新的重要使命，学校的定位决定了它是一个包容性强、充满活力的大社会，而不是一个自成体系的封闭的小型社群。目前，高职院校的社会化和开放程度越来越高,而高职院校的管理工作也变得更加复杂。在这样的背景下,高职院校学生管理作为学校管理的一个重要组成部分,根据国家、社会对人才培养的相关要求,应该采取开放包容的管理理念,摒弃闭门造车的做法,同时在管理模式上实行动态管理。因此,各个高职院校在实施新的学生管理模式时,需要根据学校的培养特点和人才培养目标,重点关注管理模式内外环境和条件的变化,并实现稳定的静态管理与灵活的动态管理的有机结合。既要在稳定中追求灵活性,又要在动态中保持稳定。高职院校学生管理新模式需要突破封闭模式,实现开放管理,同时注重稳定发展和不断创新,以适应社会需求和高职院校教育发展。

四、丰富学生考核方式

高职教育是中国高等教育的重要组成部分,其人才培养目标与普通本科院校不同。由于高职教育的特殊性,它有自己独特的评价体系。当前,高职院校学生生源的多样性和生源质量的差异性决定了高职院校需要针对不同类型的学生,采用适合他们发展特点的评价方式进行考核,以适应当前的形势变化。目前,很多高职院校仍在进行不同学生相同模式、相同要求的教学评价,这导致很多学生无法达到规定的学分要求。因此,部分学生失去了学习的动力,丧失了对知识的热情和对未来的规划,对自我没有约束力,这给学生管理工作带来很大困扰。因此,针对高职院校学生的实际情况和职业教育的特点,对传统的考核方式进行改革已迫在眉睫。根据生源特点,高职教育应以高职人才培养目标为引导,运用多样化的评估方式评价学生对课程和技能的掌握情况。同时,强调职业教育的特点,注重实践评估,多角度培养学生的实际操作能力,增加系统性的实训课程,为培养高级技能型人才打下坚实的基础。具体来说,各学校可以根据学校的实际情况、培养方向、所处地区的产业需求以及学生的自身特点进行设置。最终成绩的评定可以主要由实践、实训环节的成绩和期末考试成绩进行综合,根据实际情况,也可降低评分标准,如调整课程考试分数与平时表现分数的比例,以提高学生日常学习的积极性和考试通过率。这样不仅优化了学生成绩考核标准,还激发了学生在课堂上的积极性和学习过程中的主动性。

五、优化教育管理队伍

1．选拔合适人才进入学生管理队伍

学生管理中的教师（包括辅导员和班主任）是与学生接触最密切、对学生影响最深远的人员之一，也是高职院校开展学生管理工作的核心力量，承担着思政教育和管理工作，是学生管理工作的重要组织者和实践者。因此，建立一支素质好、能力强且相对稳定的学生管理队伍变得非常关键。高职院校应该制定和规范学生管理队伍的准入机制，要挑选政治能力强、业务精通、纪律严明、作风过硬、心理素质良好的人员加入学生管理队伍。同时，结合学生管理工作的特点，还应该评估选用人员的表达能力、沟通能力、创新思维能力等。

2．学生管理队伍持续自我提升

学生管理工作有着层次多样、目标复杂、环境多变等特点。学生管理过程中面临各种新环境、新情况、新问题，所以学生管理队伍也必须不断提升和充实自身。高职院校应该制订合理的培训计划，建立多层次、多主题、多形式的校内外培训机制。首先，培训可以使新进人员快速了解学生管理工作并熟悉业务。其次，培训可以使学生管理队伍掌握教育原则、方法以及教育艺术。再次，培训可以增强学生管理队伍的职业认同感和责任感，引导他们以身作则，细心且耐心地开展工作。最后，培训还能提高学生管理队伍的心理咨询、就业指导和帮助困难学生的能力。通过定期的培训，可以提高学生管理工作者的工作效率和工作积极性。

3．学生参与管理，实现自我教育

自我教育作为学生管理的一种途径，要求教育者根据受教育者身心发展阶段的不同给予恰当的引导，充分发挥受教育者思想品德的自觉性和积极性，使其将教育者的要求转化为自身努力的目标。管理的至高境界是"无为而治"。《道德经》中提到："太上者，不知有之；其次者，亲而誉之；其次者，畏之；其次者，侮之。信不足焉，有不信焉。悠兮，其贵言。功成事遂，百姓皆谓：我自然。"要达到这种良好状态，除了教育管理人员自身要具备高素质和管理艺术外，还需培养学生的教育管理能力，包括自我教育、自我服务和自我管理能力。增强学生的"三自"能力，不仅可以提高教育管理效率，也符合素质教育的基本要求，以学生为主体，发挥其主体作用。

高职院校教育教学管理研究

第四节 学生教育管理创新措施

一、学生法治安全教育管理

高等教育机构有着为国家培养合格的社会主义建设者和接班人的重要责任,特别是在当前新形势下,国家安全教育对学生尤为迫切,也是高职院校义不容辞的教育使命。因此,我们必须加强对学生的法治安全教育,使他们始终保持高度警觉,自觉承担维护国家安全的责任和义务。我国高职教育快速发展,规模不断扩大,校园社会化现象愈发明显,在校学生与社会接触频繁,校园不良现象时有发生,比如,出现了危害学生人身财产安全、引诱学生违法犯罪等情况。要加强对学生的安全教育和法治教育,让他们自觉树立个人的安全意识和法律意识,这是目前高职院校学生管理的重要任务之一。目前高职院校学生存在三个问题:一是缺乏社会经验,二是缺乏防范安全教育风险的意识,三是缺乏对不良社会因素的抵抗能力。有些学生对是非、美丑、善恶辨别的能力较差,对道德、法律的观念比较薄弱;有一部分学生对安全基本知识和基本规范不了解,缺乏生存自救的能力,尤其是在突发事件发生时,没有充分的心理准备和自我保护意识,应对能力较差。

高职院校必须切实加强学生安全教育,帮助在校学生增强法律法制观念,提高自我安全防范意识和抵御违法犯罪的能力。安全教育不只是学校保卫部门的职责,学校各相关部门应联合起来共同加强对学生的安全教育,形成齐抓共管的局面。

1. 安全教育与安全制度相融合

第一,对高职院校学生进行安全教育是一个循序渐进的过程,在此期间,对学生进行制度化管理是非常必要的。学校的各项规章制度是经过多年实践经验总结而制定的,是维护学校秩序和保障安全的基本且必要的手段。尤其是对新入学的学生而言,他们对学校周边的治安情况、学校的校园环境、行政管理部门的管理方法等了解得还不透彻,遵守学校的规章制度才能更好地保障自身正常的学习与生活。尽管学生在校期间已经接受了一定的安全教育,但安全管理仍然具有重要意义。安全教育的最大优势在于提升学生的安全意识,通过提升他们的自觉、自愿和自主能力,确保他们的安全。当然，完全依赖学生的自主和自觉是不行的，学生在安全问题上，不仅需要受到教育和引导，同时也需要受到管理和约束。可以说，安全问题也是一个需要进行管理的问题。

第二，安全管理亦可视为一种教育。安全教育旨在改变学生行为，而管理也具有相同目的。从教育角度来看，管理是教育的一种方式；而从管理角度来看，教育则是管理的一种手段。这两种观点具备一定的一致性。各个高职院校都制定了一系列与学生安全相关的规章制度，如果不对这些规章制度进行教育和宣传，让学生理解其重要性，那么这些规章制度就很难被有效地执行，教育管理的效果也无法得到保证。所以，高职院校应该加大教育力度，运用各种形式和渠道，例如，安全教育课程、校园网提示、校内海报、消防演练等，将各种安全知识和规章制度转化为学生内在的安全意识。对于学生离校外出期间，如寒暑假、实习期间等，学生管理部门和相关职能部门应坚持"谁管理，谁负责"的原则，落实一系列管理制度。比如，离校申请制度、外出备案制度、宿舍安全管理制度、校园24小时值班制度等。相关的管理制度可以弥补安全教育方面的不足。只有将安全管理与高职院校的安全教育相结合，才能达到令人满意的效果。

2. 安全教育与日常教育相融合

与一般的社会教育相比，高职院校的安全教育具有明显的优势，即组织性和系统性。由于高职院校学生学习、生活的特点以及高等教育在学生成长中的重要性尤为突出，所以高职院校有责任和义务以有组织、系统化的方式对学生进行安全教育。为了规范学生的安全教育，高职院校应当开设专门的安全教育课程，并建立和完善相应的运行机制。

首先，为了确保学生的安全教育受到充分关注并得到充分实施，高职院校应该成立一个专门的领导机构或领导小组，聘请专职或兼职教师主要负责对学生进行安全教育。随着我国社会的进步和教育事业的发展，一些曾经被忽视的教育内容，如身心健康教育、防诈骗教育等，现在越来越受到重视。为了确保这些安全教育内容的实施，高职院校必须投入适当人力、物力。其次，高职院校应对安全教育运行机制进行整理，将学生的安全教育纳入学校整个教学计划，确保足够的授课时间。安全教育不仅仅局限于新生入学时，而应根据具体情况的变化，每年适当安排一定的教学时间，确保安全教育贯穿于学生在校学习和生活的全过程。再次，高职院校需要建立和完善一系列配套制度和教材，以保证学生的安全教育能够顺利进行。这些制度包括课堂教育、各类安全主题讲座和安全教育活动的相互结合,从而使学生的安全教育全面落实。有条件的院校可以根据学生安全教育的特点,编写具有综合知识、趣味性和实用性相结合的安全教育教材,提高教学的系统性、条理性和逻辑性,教材的主要内容可以涵盖防火、防盗、防骗等安全教育典型案例。最后,结合学生的特点,定期举办专题讲座和演练,帮助学生掌握安全防范技巧。同时,将安全教育与其他校内、校外活动相结合,组织法律安全知识咨询、主题演讲、文艺汇演等,普及安全防范知识。也可以让学生直接参与学校安全管理,让他们更加深入地了解安全的重要性,从而提高他们对安全教育的参与度。

二、学生心理健康教育管理

心理健康教育是学校教育管理工作的关键组成部分,它对学生德智体美等方面都起到了至关重要的作用。可以说,没有心理健康教育的教育是不完整的,缺乏心理健康教育的管理则是不全面的。心理健康教育应协助、指导学生了解心理健康知识,掌握自我心理调节方法,并妥善应对学习、生活、人际关系等方面的困惑。及早解决学生心理问题,可以防止心理问题逐渐积累形成心理疾病,对学生的身心健康造成负面影响。

当前高职院校学生普遍压力较大,一系列前所未有的问题,如就业压力、升学压力等困扰着他们,学生无法应对这些压力,心理问题凸显。相对本科院校学生而言,高职院校学生综合能力偏低,素质水平也存在着差异。高职院校的毕业生在就业实习的过程中,经常处于弱势地位,这就使他们在日常生活中面临更大的心理负担。这种压力并非孤立存在,而是与社会现状和个人家庭情况密切相关的。因此,为解决高职学生面临的问题与挑战,积极有效地开展学生心理健康活动已成高职院校的教育重点之一。高职院校学生的心理健康状况受到多种因素的共同影响,不能忽视任何一个因素的作用。为了提高高职院校学生心理健康教育的效果,社会、教师、家长和学生需要共同努力。

1. 改进心理健康教育的社会大环境

高职院校并非独立存在,而是社会大环境中的一部分,校园环境会受到社会环境的影响。随着社会竞争压力日益增大,学生期望通过多样化的活动彰显个人价值,他们的表现欲与参与意识正处于极度活跃的阶段。对高职院校学生而言,考试不及格、找工作无果、评奖评优失败等情况都可能会导致他们出现消极的思想，进而产生自我怀疑。高职院校学生在心理上仍然不够成熟。社会上个人主义至上、金钱至上、享乐至上的价值取向对那些缺乏辨别能力的学生会产生不利影响，表现为一些学生对政治活动不太关心，对马列主义、共产主义理想和信念等态度冷漠，不赞同艰苦奋斗和节俭思想，更倾向于追求享乐和功利。因此，高职院校学生心理健康教育的社会环境必须不断改进和优化，这具有重要的实际意义。

2．家庭对心理健康教育的重要作用

人的心理状态受多种因素制约，其中家庭起到重要作用。进入高职院校前，家庭环境和父母的言行对学生的影响较大，学校教育与家庭教育密不可分，二者相互依存。如果缺乏家庭教育的支持，即使学校教育质量上乘，也难以获得显著成果。此外，家庭是学生在求学阶段的主要经济支持和精神寄托，对于个人的价值观、世界观及人生观的形成起着重要作用。高职院校学生的就业观念和创业观念也会在一定程度上受到家庭的影响。个人的家庭背景会对其自身的发展产生一定的影响，而父母对待孩子的态度也会影响教育行为的效果。因此，学校需积极与学生家长联系，特别是鼓励家长在学生就业、创业等方面提供精神支持和物质帮助，使学生对未来的生活充满希望和热情，并有信心应对各种挑战。

家庭心理氛围并非孤立存在，而是在家庭环境中，由父母情绪的表达方式、家庭成员之间的人际关系、物质条件、生活习惯和文化氛围等多方面综合而成。在家庭中，家长和谐相处，相互理解，经常沟通，孩子可以得到更多真挚和理智的关爱。家长的情绪状态对于家庭氛围的营造起着重要的作用。孩子可以察觉到父母消极或积极的状态，逐渐产生相似的心情。同样，孩子的心情也会影响父母，这种相互作用进一步促进了家庭心理氛围和网络结构的形成。如果家长能够保持情绪的一致，孩子的心理调适就会变得比较简单。在家庭生活中，营造出愉快而温馨的氛围，可以在很大程度上减轻孩子对外部事务的紧张和压力，让他们能够充分体会到生活的美好，从而提升他们的精神愉悦度。只要家长坚持平等、尊重、正面的教育原则，就能让孩子感受到温暖，从而促进他们的心理健康发展。

心理健康教育不仅仅是学校的职责，还需要家长和整个社会的参与，要建立社会、学校、家庭相结合的心理健康网络系统，让全社会都关注和支持心理健康教育。要充分认识家长和社会的重要作用，保持学校、家长和社会之间的有效沟通，为学生提供一个健康的成长环境，共同推动高职院校学生的心理健康教育工作。

3. 建立心理健康自助机制

高职院校可以充分发挥学生个人的主观能动性，建立学生心理自助机制进行心理健康教育，达到学生自我帮助和相互帮助的效果。建立自助机制，可以提高学生对心理健康问题的关注度，加强学生对心理知识的了解，使学生形成正确的思想观念，积极应对可能产生的心理健康问题。建立学生心理健康自助机制，首先要在学校的学生工作部下设学生心理咨询中心或心理健康教研室，指导成立学生心理健康教育组织，组织开展全校的心理健康教育活动。其次，各院（系）的学生组织设立心理部或中心，协助学校对学生进行心理健康教育活动。根据各院（系）的专业特点，还可以开展心理类的相关活动。最后，以班级为单位，通过学生自愿报名和班主任、辅导员的选拔，选出具有良好心理素质的学生来组成班级心理成长小组，加强对同学们的关怀，及时了解同学们的心理动态，并将有心理障碍的学生信息告知班主任、辅导员以及学校的心理咨询中心，以便早发现问题、早进行干预，及时帮助学生健康成长。

4. 建设专兼职心理健康队伍

高职院校要根据自身情况，建立专门的学生心理咨询和指导机构，按一定比例配备心理咨询人员，建设一支高水平的专兼职心理健康工作队伍，定期开展心理咨询或指导，保证全校心理健康教育工作有序开展。为了建立学生心理档案，高职院校需要分类对学生进行心理研究，对于那些已经出现心理问题的学生，应该及时进行谈话和治疗，尽量避免产生后续问题；而对于其他学生，应该定期举行心理知识讲座，让他们了解自己的心理状况，并正确评价自己的心理状态。

高职院校的心理健康教育是一项需要教师具备高水平心理健康教育专业素养的专项工作。因此，加强心理教师队伍建设是保证高职院校学生心理健康教育工作优质完成的关键。首先，需要建立一支专职为主、专兼结合的心理健康教育师资队伍。当前我国从事高职院校学生心理健康教育的人员数量不足且素质良莠不齐，专职人员稀缺，兼职人员较多，这对高职院校心理健康教育的有效开展有一定的影响，因此，要将原本主要以兼职教师为主的模式转变为以专职教师为主、专兼结合的模式，才有利于工作的开展。其次，应加强对心理健康教育师资的培训。心理健康教育是一项非常专业化的工作，必须通过各种各样的培训使教师具备开展心理健康教育所需的知识和能力。所以，高职院校要积极进行专业教师和兼职教师的心理健康教育工作培训，提高他们的理论水平、专业知识、工作技能，同时还要注重对班主任、辅导员以及其他从事一线教学的教师进行心理健康方面的培训，提高全体教师对心理健康工作的重视程度，让心理健康教育渗透到课堂、教室、宿舍等学校的每个角落、每个环节，创造一个良好的教育环境。最后，要注意高职院校教师自身的心理健康状态，教师拥有积极、乐观、向上、健康的身心状态，才能更好地投入学校的教学和管理工作。

三、学生创新创业教育

创新创业教育是一种面向全体学生的教育，旨在提高学生创新创业核心素质，它既追求培养一部分学生成为拔尖的创新人才，又追求培养一部分学生成为成功的创业者。不同于普通本科高校要求的培养从事理论研究、决策、设计的学术型、理论型人才，高职院校需要培养与我国现代化建设相适应的、掌握本专业必备基础理论和专业知识、具有从事本专业实际工作能力的高级技术应用型人才。高等职业教育的目标是培养"技能性"、"技术性"和"应用实践性"强的人才，以满足企业、行业乃至整个社会对高职教育的期望。创新创业教育的核心在于提升学生的社会责任感，培养他们的创新意识、创业精神和创业能力。高职院校应该整合校内外的创业资源，从氛围营造、课程完善、师资配备和平台搭建等方面全力推动学生的创新创业教育和实践。

1．营造创新创业氛围

教育理念在行动中起着关键作用，没有理念，学生的创新创业教育就无法顺利实施。首先，学校要加强师生的创新创业意识培养，提高师生对创新创业的关注度。要注重传播企业文化精神，积极邀请科技专家、知名学者、企业精英、创业先锋等来学校做讲座；还要充分利用网络、校园广播、校园新闻、海报等宣传工具，设立专栏、专刊进行推广。通过宣讲探讨创新创业态势、传授创新创业知识、分享创业经验等方式，激发学生的创新创业意识，引导他们积极投身创新创业，并开拓更多创业就业途径。其次，要提供创新创业的场所，为学生创新创业提供指导及服务，利用校内外资源，对参与创新创业的学生进行项目孵化，给予优惠条件，提供场地、技术、政策、资金等多方面的支持，促使项目落地，让梦想变为现实。

2. 完善创新创业课程

在创新创业教育课程建设方面，应当充分利用高职院校自身的学科专业特长，与现有学科相融合，有针对性地开展创新创业教育。要构建一个连贯的课程体系，不同阶段设定不同的教育目标，并根据学生的群体和年级的不同，重点关注不同的课程内容。比如：设置普及课程和核心课程两大分类课程，普及课程是指适用于全体学生的必修公共课程，而核心课程则是为有创业意向和潜力的学生提供的进阶课程。在设计创新创业教育课程时，需要将课程与学科教育和专业教育相结合，并且要紧跟国际化发展的趋势，与时代和社会的发展相融合。课程设置可以划分为三个阶段，第一阶段是基础阶段，以推广性课程为主进行传授，主要是培养学生的创新思维和创业意识。第二阶段是进阶阶段，针对第一阶段表现出色且愿意继续学习的学生进行核心课程的授课，对学生的创新能力进行提升。第三阶段是实践阶段，对已通过第二阶段学习并有意创业的学生进行实践导向方面的学习，让学生把所学知识应用到实践中去。整个教育教学过程应注重培养学生在多视角下运用创新性思维的能力，鼓励他们在现实或模拟情境中积极沟通、发现问题和解决问题。通过这样的教育，学生可以认识到创业不仅仅是依靠知识，更多的是在于个人和团队的努力，所以自我管理和自我完善体系是至关重要的。

3. 配备创新创业师资

创新创业教育是一种全新的教育模式，它具有高度的综合性，教师不仅需要拥有扎实的理论知识和教学技巧，还需要有创新创业的实践经历。目前，高职院校的创业教师主要来自辅导员、创业就业中心、部分职能部门的行政人员以及管理或商科类的教师。但是，这些教师的理论知识体系不够完善，而且缺乏实际创业经验。因此，加强创新创业师资队伍建设就变得尤为重要。首先，应加强对教师的理论知识培训，邀请来自外校的著名教师、专家和企业管理人员进行理论素养的培训。其次，可以利用各种平台和机构的资源，参加各类创新创业研讨会，以促进教师的学习、加强交流，从而获取最新的创新创业知识和内容。最后，可以积极策划安排教师到企业挂职，亲身经历创新创业和管理实践的过程，提高他们的实践能力，丰富教学内容，增强教学效果与说服力。

4. 搭建创新创业平台

创新创业教育是一种注重实践的教育活动，旨在培养学生的创新思维、创业意识和创业能力。仅仅通过课堂教学是不够的，还需要结合一系列实践活动才能达到目标。创新创业教育的实践活动是课程体系的有益补充,是帮助学生步入创业之路的关键环节,也是创新创业教育中不可或缺的一部分。学校和社会应该共同创造更多的创业实践机会,为学生提供切身的创业体验。学校可以利用自身的优势,设立相关的机构,目前许多高职院校已经设立了自己的创业园,可以为学生提供创业实践的场所和环境。在创业园中孵化教师或学生的项目,并派专业的教师进行指导,使学生真正在项目中成长。积极组织高职院校学生参加各类创新创业大赛。创新创业大赛是一种迅速有效的教育方式,通过编写创业计划书,学生的思维能力、团队意识、竞争意识和综合运用各种手段获取信息的能力能够得到充分的培养。此外,创新创业大赛还可以构建校友信息网络、建立校企合作网络,让学生能够与企业家近距离接触,让学生更加了解创业所需要具备的各项要求。

第四章

高职院校学生思想政治教育

第一节 思想政治教育的概念与特点

一、思想政治教育的概念

1. 思想政治教育的基本概念

思想政治教育活动是从阶级社会产生以来就一直存在的，它是人类社会实践和阶级斗争的重要组成部分。不同类型的思想政治教育在政治方向、内容和方法上有所差别。中国共产党成立后，思想政治教育的重点也随着社会的发展，在不停地改进和变化。把握思想政治教育的内涵要根据"思想""政治""教育"这三个核心词来分析。思想是思维活动的结果，属于理性认识，政治的论述是对思想政治教育的界定，而教育是一种过程，思想政治教育是思想政治工作的主要部分。基于以上认知，在《思想政治教育学原理》中，陈万柏、张耀灿将思想政治教育定义为"社会或社会群体用一定的思想观念、政治观点、道德规范对其成员施加有目的、有计划、有组织的影响，使他们形成符合一定社会、一定阶级所需要的思想品德的社会实践活动"。

思想政治教育是一种教育实践活动，通过满足社会需求培养合格的社会成员。思想政治教育有广义和狭义之分，而学校思想政治教育属于狭义的思想政治教育。高职院校的思政教育是按照社会要求，有目标、有计划、有组织地培养学生的思想品德、政治素养和心理素质，从而使他们具备符合社会实践要求的能力。高等职业教育机构的首要任务是培养综合发展的社会主义事业的建设者和接班人，包括道德素质、科学文化素质和健康素质等方面。学生的这些素质状态直接关系到党和国家的前途命运，关系到中国特色社会主义事业的兴衰成败，也关系到全面建成小康社会和中华民族伟大复兴目标的实现。因此，必须高度重视学生的思想政治教育，并将坚守正确的政治方向置于教学工作的首要位置。

高职院校对学生进行思想政治教育是通过学习马克思主义基本原理、毛泽东思想和中国特色社会主义理论、中国近现代史、思想道德修养等，逐渐树立起科学的世界观、人生观和价值观，倡导社会主义道德，弘扬为人民服务的价值观，培养高职院校学生拼搏奋进的精神和对国家强烈的使命感、责任感，自觉遵守法律法规，使自身具备优秀的道德品质和健康的心理素质。高等职业教育的根本任务是立德树人，思想政治教育应置于首要位置，并贯穿整个教育教学过程。教育要以学生为中心，强调学生在教育中的主体地位，使思想政治教育成为学生内心的强烈需求。为实现这一目标，需要将思想政治教育内化于学生心灵深处，紧贴实际、贴近学生，提升思想政治教育的针对性和实效性。

2. 思想政治教育的主要任务

大学生思想政治教育工作是一项重要且紧迫的战略任务。党中央不断加强和改进对大学生思想政治教育工作的指导，各级党委、政府和高校认真贯彻中央要求，加强大学生思想政治教育工作。而作为培养高层次、高技能操作型和应用型人才的高等职业教育，不仅要加强基础教育、扩展专业知识、提升技能水平，还要重视思想政治教育工作。高职院校学生的思想政治状况以积极、健康、向上为主，但也必须明确地认识到高职院校思想政治教育工作也面临严峻挑战，工作中仍存在许多不足之处，需要进一步加强和改善。高职院校要深入贯彻落实《中共中央、国务院关于进一步加强和改进大学生思想政治教育工作的意见》（以下简称《意见》），提高学生思想政治素质，推动学生全面发展，从而培养他们成为中国特色社会主义事业的合格建设者和接班人。这对于全面实施科教兴国和人才强国战略，确保我国在激烈的国际竞争中处于优势地位，确保实现全面建成小康社会宏伟目标，加速推进社会主义现代化进程，确保中国特色社会主义事业繁荣昌盛、世代相传都具有极其重要且深远的战略意义。

高职院校以人才培养为主要职能。《意见》阐明了学生思想政治教育的四项主要任务，解决了我国社会主义教育事业发展中必须解决的根本问题，即"培养什么人"和"怎样培养人"。同时,该文件也对大学生提出了"做什么人"和"怎样做人"的基本要求,对大学生思想政治教育工作明确了"开展什么教育"和"怎样教育"的根本要求。《意见》从战略和全局的高度对这一重要问题进行了系统、科学、全面的回答。全面加强高职院校思想政治教育的理论研究,是实施思想政治教育工作的重要基础;思想政治理论课,是学生接受思想政治教育的主要渠道;如何对学生关心的问题给予科学的解答,是高职院校思政教育面临的新课题、新使命、新任务。

(1)以理想信念为核心,培养正确的世界观、人生观和价值观

理想信念是思想政治素质的核心。它是执政党治理国家的方针,是国家发展的指引,也是学生进取的动力。世界观、人生观和价值观教育在高职院校学生思想政治教育中至关重要,它对于学生正确看待自己、人生和社会具有重要意义。所以,在高职教育阶段,提高学生思想政治素质至关重要。而理想信念作为其基石,更是思想政治素质的精髓。学生的理想信念教育涉及党和国家长治久安、中华民族前途命运,只有通过不断教育引导,高职院校学生才能确立坚定的理想信念,树立正确的世界观、人生观和价值观,从而培养出良好的思想政治素质。

理想信念教育的目标是引导学生自觉将个人的人生追求与祖国的前途命运紧密联系起来。教育引导高职院校学生珍惜年华、勤奋学习,努力通过汲取优秀文明成果来武装自己,掌握为祖国、为人民服务的真才实学;要深入群众、投身实践,切实感受时代脉搏,谦虚地向他人学习,克服自身的弱点和不足,加快自身成长;要磨砺意志、锤炼品格,树立信念,用自身的劳动成果创造美好的生活。

理想信念是共产党人的信仰之基、精神之"钙",加强理想信念教育一直是我们党坚持的思想方针和优良传统。习近平总书记强调:"青年人有理想、敢担当、能吃苦、肯奋斗,中国青年才会有力量,党和国家事业发展才能充满希望。要加强对广大青年的理想信念教育,引导广大青年树立共产主义远大理想,坚定中国特色社会主义共同理想,坚定听党话、跟党走的政治信念,在强国建设、民族复兴的历史潮流中确立正确的人生目标,为一生的

奋斗奠定基石。"① 青年兴则国家兴，青年强则国家强。青年的理想信念是国家未来的关键所在。年轻人拥有远大的理想和坚定的信念，是国家和民族发展无坚不摧的动力。新时代大学生是青年的重要群体，加强大学生的理想信念教育对于推动中国特色社会主义事业的发展和实现中华民族伟大复兴具有重要意义。

（2）以爱国主义教育为重点，弘扬和培育民族精神

中共中央、国务院于2019年发布了《新时代爱国主义教育实施纲要》，该文件强调了"新时代爱国主义教育要面向全体人民，聚焦青少年……要把青少年作为爱国主义教育的重中之重，将爱国主义精神贯穿于学校教育全过程……"。因此，高校必须重视爱国主义教育的开展，引导当代大学生科学践行爱国主义精神，促进中华民族伟大复兴。爱国主义是中华民族的优良传统，是中华民族生生不息、自立于世界民族之林的强大精神动力。作为高职院校学生，牢固树立爱国主义思想，这是坚定不移地为祖国、为人民贡献智慧和力量的思想基础。高职院校是传承和培育民族精神的重要场所，全体教师应深入挖掘各类课程中的民族精神和时代精神教育资源，将弘扬和培养民族精神、时代精神融入知识传授之中，渗透于校园文化之中。高职院校学生应遵循"以热爱祖国为荣，以危害祖国为耻"的基本准则，成为一名忠诚的爱国主义者，这是对当代高职院校学生的基本要求。

为了有效实施中华民族优秀传统和中国革命传统教育，高职院校学生应全面了解中国共产党在引领中国人民建立和发展新中国的艰苦奋斗中所展示的革命品质，深入了解中国悠久的历史文化、优秀的传统以及基本国情，认清祖国美好的未来和自己所承担的社会责任。通过培养爱国主义情怀，懂得中国共产党是民族精神的继承者和创造者。要将民族精神教育与时代精神教育相结合，指导高职院校学生在中国特色社会主义实践中，不仅要积极传承民族优秀传统，还要积极传承井冈山精神、长征精神、延安精神、大庆精神、"两弹一星"精神、雷锋精神、抗洪精神等革命传统和时代精神，努力使中华民族优良传统、中国革命传统以及时代精神深入人心。高职院校学生通过了解历史，懂得只有社会主义才能救中国，才能发展中国的真理，积极

---

① 习近平在同团中央新一届领导班子成员集体谈话时强调，切实肩负起新时代新征程党赋予的使命任务 充分激发广大青年在中国式现代化建设中挺膺担当［N］. 人民日报，2023-06-27（01）.

(3) 以基本道德规范为基础,进行公民道德教育

基本道德规范是引导大学生成为"四有"新人的重要标准和方向,培养良好的道德情操和道德修养,自觉遵守道德规范、进行道德自律,是成为合格的人才和公民所必须具备的基本素质。在大学时期,个人的道德意识得以形成、发展和成熟,所以这个阶段形成的道德观念会对学生产生深远的影响。加强并改进大学生思想政治教育工作的关键,是把培养大学生良好的道德情操和道德修养放在首要位置。高职院校应该引导和帮助学生明确"做什么人"和"怎样做人"这两个基本原则。教育高职院校学生了解道德及其历史演变,以为人民服务为核心,以集体主义为原则,树立社会主义的荣辱观,学习社会公德、职业道德和家庭美德,自觉遵守基本道德规范,努力提升思想道德素养。另外,对高职院校学生也要进行针对性的诚信教育,诚信是大学生外在表现中最为核心的品质,也是他们进入社会时个人品质的体现。道德教育应当强调知行合一的原则,引导学生从身边具体的事情开始培养诚信品质,并通过多种方式丰富、生动、有效地进行道德教育。

(4) 以实现学生全面发展为目标,进行综合素质教育

习近平总书记在全国教育大会上提出"要努力构建德智体美劳全面培养的教育体系"[1],目的是培养具备良好综合素质、德才兼备且全面发展的人才。良好的综合素质是青年成长成才的时代要求。为了提升青年的综合素质,我们需要引导他们在学习上更加积极,热爱学习、勤于学习。除此之外,还要培养他们成为全面发展的社会主义建设者和接班人,在培养综合能力、激发创新思维、提升文明素养等方面下功夫。只有全面发展,才能使青年一代心灵更加丰富,精神更加充沛,人格更为完善,才能更好地展现自己的才能。学校应该提供高质量的综合教育,培养出更多身体健康、精神饱满且关注人文、具有文化修养的青年。只有紧紧抓住提高人才综合素质的关键,才能切实贯彻党的教育方针,使学生成为全面发展的社会主义建设者和接班人。

高职院校学生的全面发展不只是在知识和技能上的提升,还包括思想道德素质、科学文化素质和健康素质等多个方面的提升。学生的思想政治教育

---

[1] 习近平:坚持中国特色社会主义教育发展道路 培养德智体美劳全面发展的社会主义建设和接班人[N].人民日报,2018-09-11(01).

涵盖政治教育、思想教育、道德教育、法治教育和心理教育等课程，各类课程构成了一个相互关联、相互渗透的整体。同时，实现高职院校学生思想政治教育任务需要遵循科学性、时代性和规范性原则。此外，学校必须以人为核心，以学生全面发展为目标，加强社会主义民主法治教育，加强人文素质和科学精神教育，加强集体主义和团结合作精神的教育，推动学生的品德、科学文化素养和健康素质协调发展，引导学生在获取科学文化知识的过程中提升思想政治素养，实现知行合一、德才兼备，促进高职院校学生成长成才。

二、思想政治教育的特点

1．教育工作的政治性

随着全球化进程的加快，我国高职院校不断受到西方文化的快速渗透和冲击。例如，高职院校学生对西方的情人节、圣诞节等节日兴趣浓厚，而对我国传统的端午节、重阳节等节日缺乏相应的热情和关注。同时，由于思想政治课在高职院校中的地位日益下降，不少学生对其意义和价值产生疑虑，而一些教师也往往忽视了该课程政治性和党性教育的本质特点。实际上，思想政治教育属于意识形态范畴，假如社会主义、马克思主义、毛泽东思想等受到削弱，资产阶级思想必然得到加强。因此，高职院校思想政治教育工作必须具有一定的政治性。

思想政治教育脱离实际将毫无价值和生命力，学生需明确其意义，首先应了解其在实际生活中的作用。高职院校进行思想政治教育时，需结合学生的实际学习与生活，将教育工作融入学生的专业课教学和社会实践，促使学生自觉接受和履行思想政治教育。高职院校思想政治教育的目标是帮助学生树立正确的世界观、人生观和价值观，致力于培养有理想、有道德、有文化、有纪律的新一代。思想政治教育是高职院校教育的重要组成部分，在贯彻党的教育方针、培养杰出人才和实现党的领导等方面具有重要作用。

2．教育周期的简短性

高职院校思想政治教育周期的简短性主要体现在理论课程方面，表现为课程设置和课时安排上的简短性。相比高职院校，普通本科学校的思政理论课程非常丰富，有专门的思政部门具体安排课程和课时；理论教育课程系统也非常完整，其中包含了马克思主义基本原理、毛泽东思想、邓小平理论和"三个代表"重要思想以及法律相关课程等内容，通常在两到三年内完成。

高职院校教育教学管理研究

高职院校由于在校时间只有三年,且大部分学生在第三年已经进入企业实习,所以很多学校在一年左右的时间内就完成了这些课程的教学任务。一旦学生进入企业实习,就无法继续进行这些理论课的集中教学。在校外实践期间,学生将接受社会道德教育,特别是在实习过程中需接受企业法律法规和劳动者权责方面的教育,很多企业往往为了降低培训成本将精力主要放在专业技能的培训上,忽视思想政治方面的教育,使学生接受思想政治教育的周期更加简短。

3. 教育内容的职业性

高职教育的目的是培养同时具有理论知识与专业技能的应用型人才,与普通本科高校不同的是,高职院校更加侧重于职业技能的教育,培养具备职业能力且与企业用人要求一致的毕业生。所培养的毕业生不但要具备基本的理论知识,还需要有较强的职业技术能力和较好的职业道德素养。高等职业教育更加关注学生与市场需求的契合度,侧重于实际操作能力的培养,与普通本科高校培养综合性研究型人才有所区别。如果高职院校思想政治教育回避职业性和实际应用性,那么思想政治教育就会出现"假、大、空"的情况,对学生未来的社会发展没有太多帮助。因此,高职院校应该遵循理论与实践相结合的原则,着手设计思想政治教育内容,以使其符合未来职业的实际需要。

第二节 学生思想政治教育内容

思想政治教育内容的确定,必须基于思想政治教育的目的和任务,同时也必须考虑受教育者的思想品德现状。思想政治教育的基本内容可以概括为使用共产主义思想体系来教育人民和武装人民。具体来说,思想政治教育主要涵盖世界观、人生观、政治观、道德观、法治观等五个方面。其中,道德观的教育是基础,政治观和法制观的教育起到了主导作用,而世界观和人生观的教育则是根本。

一、世界观教育

世界观是人们对整个世界的综合看法和根本观点。当人们通过改造客观世界的实践活动逐渐加深对客观世界的认识时,随着认识的增长和知识的积累，人们会形成对世界的总体看法，并形成一定的世界观。一旦形成世界观，它就会指导人们的认识和行动。然而，人们在日常生活实践中自发形成的世界观通常是杂乱无章、缺乏系统性，且没有经过理论论证的。世界观可以被划分为正确的和错误的两种类型。正确的世界观有助于正确引导人们的实践活动，从而对社会发展起到积极的推动作用；相反，错误的世界观则会导致人们错误的行动，从而对社会发展产生阻碍作用。因此，思想政治教育的一个重要任务就是要用科学而系统的世界观武装人们的思想，使人们可以更好地改造世界。马克思主义世界观是思想政治教育的核心内容。马克思主义世界观教育主要包括辩证唯物主义教育、马克思主义认识论教育和历史唯物主义教育。在当前社会主义市场经济条件下，以马克思主义世界观来教育我国公民已成为思想政治教育的重要任务之一。

二、人生观教育

人生观是指人们在实践过程中形成的对于人生目标和意义的根本看法。它决定了人们实践活动的目标和人生道路的方向，同时也决定着人们对待生活的态度和行为选择的价值取向。人生观包含的主要要素有人生目标、人生态度和人生价值。这些要素相互关联、相互支持，构成一个完整的有机整体。人生观教育是指对于人生目标、价值和态度等根本观点的教育，也就是对个人对待生死、苦乐、荣辱等重要人生问题的观点和行为倾向的培养。人生观教育的目标是在社会发展和个体成长需求的基础上，促进人们实现整体和谐发展。通过引导人们确立正确的人生目标和科学的人生态度，实现个体的人生价值。

三、政治观教育

政治观是指人们对以国家为中心的政治关系和政治问题的根本看法与态度。就我国现阶段而言，政治观是指人们对党和国家的路线、方针、政策的根本立场、根本态度与根本看法。高职院校进行正确的政治观教育，不仅有助于学生更好地理解和掌握党的路线、方针和政策，而且有助于学生保持坚定正确的政治方向。政治观教育主要包含基本国情教育、党的基本路线教育、形势政策教育和爱国主义教育等。

四、道德观教育

道德观是一定社会条件下人们关于道德问题的基本认识和观点。道德作为一种社会意识形态，是一定历史条件的产物，是一定社会存在的反映。道德教育是指通过学校、家庭、社会等渠道，对学生进行道德方面的教育，培养学生的道德素质和道德意识，使其具备正确的价值观和道德观念，能够在社会生活中遵守规则、尊重他人、行为符合道德规范。道德观教育是当前进行思想政治教育的基本内容之一。道德观教育主要包括集体主义教育、职业道德教育、社会公德教育和家庭美德教育等。思想道德教育的目标是培养学生正确的价值观和道德观，进一步提高学生的道德品质和道德法律意识，使他们自觉遵守当今社会的道德规范，养成良好的行为习惯，对个人负责，对家庭负责，对当今社会负责，对国家负责。

五、法治观教育

法治观是人们对于社会法律制度和社会秩序的根本看法与态度。法治观教育是指通过教育手段，培养人们正确的法律意识和法治观念，增强公民的法律素养和法律意识，提高全社会的法治素质。在当前社会中，加强法治观教育已经成了一项非常重要的任务。法治观教育包括社会主义民主教育、社会主义法治教育和社会主义纪律教育等。通过法治观教育可以推进国家治理体系和治理能力现代化、维护社会稳定和提高公民素质，所以加强法治观教育是非常重要的。

第三节　学生思想政治教育的研究现状

截止到 2023 年 7 月 31 日，在中国知网以"思想政治教育"作为篇名进行搜索，可以找到相关的研究文献 127 766 篇，其中学术期刊 97 500 篇、学位论文 10 900 篇、会议论文 1 497 篇。从图 4-1 可以看出，在 2003 年之后，每年有超过 1 000 篇的研究文献发表在各类学术刊物上，研究人员在思想政治教育领域开展了大量的工作，也取得了很多成果。目前关于高职院校学生思政教育的研究主要集中在思想政治教育的问题分析、优秀精神和文化与思想政治教育的融入、思想政治教育的路径探索、数字化技术赋能思想政治教育等方向。

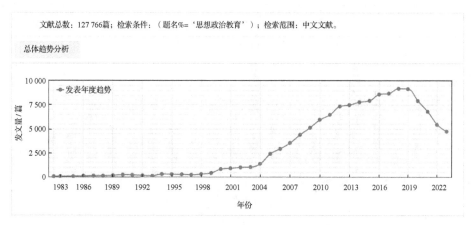

图 4-1　思想政治教育文献的发表年度趋势

从学科分布来看，思想政治教育的研究几乎分布在教育的各个阶段，从中等教育一直延伸到职业教育、高等教育甚至是成人教育。其中高等教育相关文献 83 420 篇，占比 66.44%；职业教育 9 444 篇，占比 7.52%，如图 4-2 所示。

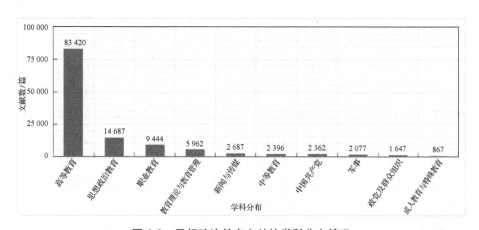

图 4-2　思想政治教育文献的学科分布情况

从作者分布情况来看，思想政治教育研究的作者主要来自从事一线教育教学的教师团队。其中，河海大学的孙其昂发表思想政治教育主题论文达 105 篇，明显领先于其他作者，如图 4-3 所示。可以发现，一线教师团队近几年围绕思想政治教育开展了大量的研究，取得了丰硕的成果。

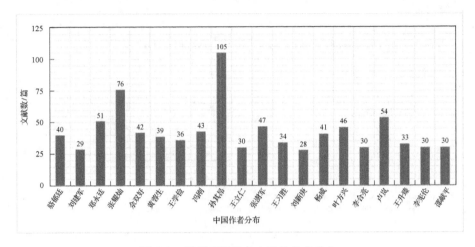

图 4-3　思想政治教育文献的作者分布

一、思想政治教育遇到的问题

最近几年,随着信息技术的快速进步,各种新的媒体形式出现,这些新媒体开始在人们的日常生活、工作等方面扮演着非常重要的角色。在新形势下,位于时代前沿的大学生必然会受到信息传播革命的影响,这给高职院校的思想政治教育带来了全新的机遇和挑战。陈幸可认为互联网中的信息质量不一,会对一些缺乏辨别能力的学生产生消极影响。随着网络环境的快速变化,大学生思想政治教育工作的开展必然会受到影响。一些思想政治教育工作者媒介素养不足,无法及时获取网络最新热点信息,难以将这些热点信息转化为教学内容,并迅速应用于自己的教学过程中,导致他们的教学内容陈旧且缺乏吸引力,无法达到预期的思政教学目标。

赵国平认为在信息飞速发展的时代背景下,高职院校学生所接触到的信息琳琅满目,其中包含一些消极和负面的内容,这些信息很容易对高职院校学生的价值观和思维方式产生错误引导。当前高职思政教育体系存在内容不科学的问题,并且教学方法亟须改进。教学内容和教学方法没有符合时代要求,也没有与现代科技相结合。

杜恬恬认为社会主义市场经济的发展提高了我们的物质生活水平,推动了社会的繁荣。然而,与此同时,它也孕育了一些与传统价值观不相符的新思潮。当前思想政治教育的内容与大学生的需求存在差异。教育的内容无法满足学生的需求,从而无法达到对学生进行思想政治教育的目标,并且还容易导致学生出现学习不积极的情况。

二、优秀元素与思想政治教育的融合

将优秀元素如中华优秀传统文化、红色基因、工匠精神等融入高职院校的思想政治教育，在促进文化传承与弘扬、推动思想政治教育发展与创新、提升高职院校学生思想与素质等方面具有重要意义。贺德辉认为中华传统文化历经千年承袭相传，已成中华民族的珍贵财富。国家政策不断强调加强文化软实力，培养文化自信。建设高职院校校园人文环境、引领学生阅读经典作品、举办中华传统文化讲座等方式，使得中华优秀传统文化在高职院校思想政治教育中发挥了重要作用，推动了高职院校思想政治教育的发展。

曾俊研究了将红色基因融入高职院校思想政治教育的路径。他认为红色基因是中国共产党在革命实践中培育的精神财富，是党员为了理想信念不断奋斗的力量源泉，其内涵广泛而深厚，具有巨大的教育作用。将红色基因渗入高职院校的思想政治教育，是实现思想引领的重要途径，也是传承红色精神的具体表现。

李珍连认为工匠精神是一种严谨认真、精益求精、追求完美的精神，是中华民族实现伟大复兴的重要精神动力之一。高职院校可以将工匠精神引入专业文化建设中，特别是将行业发展的新趋势、科学精神、人文情怀以及国际视野融入思想政治教育课程。同时，也要将工匠精神融入各专业课程的教学内容，以实现专业教育和工匠精神教育的有机结合，从而打造一系列内涵丰富的精品课程。

三、思想政治教育的路径探索

数字技术的进步使得新时期的思想政治教育工作可以利用先进的信息技术来提高效率。在融媒体背景下，高职院校必须紧跟时代的步伐，切实实施思想政治教育工作，抓住全媒体时代网络平台的巨大变革和网络技术的快速发展所带来的机遇，加强网络思想政治教育工作。

崔佳认为高职院校可以充分利用信息传播平台和丰富的内容资源，加强对网站、微博、微信、抖音、B站、视频号、学习强国等各类网络平台的建设和管理，逐步形成"官网+新媒体"的融媒体平台矩阵，采用线上、线下联动的方式开展思想政治教育。同时，职业院校应提升思政教育队伍的综合素质，改进人才选拔制度，建立完善评估机制，加强能力培训。思政教育从业人员应不断适应新形势，充实新知识，与时俱进，提升自身的思想政治素养。

郭阳和董杨认为在新时代，网络思政作为高校思政工作者传播意识形态和理想信念的重要途径，网络平台也成了有效的网络教育教学载体。网络平台是大学生接受新事物和新思想的重要媒介，因此，我们迫切需要加强和完善网络平台建设。在应用"三全育人"理念构建网络思政队伍时，要求所有成员都参与进来，并确保全程参与，实施全方位协同育人。

四、数字化技术赋能思想政治教育

人类社会发展的趋势是数字化和智能化，教育数字化转型已成为教育改革发展的重要战略主题。随着数字化场景的不断扩展，思想政治教育需要尽快适应这一发展趋势。教育与数字技术以及应用场景相结合，已经成为学术界讨论的一个热门话题。盖逸馨认为通过应用数字化工具，加深思政教育实践教学的创新，将课堂与实践、线上与线下融合起来，进一步扩充思想政治教育的教学资源，通过理论引领和实践感悟的双向互动，达到实现教学目标和培养人才的效果。将数字化教育优势转化为思想政治教育改革发展的巨大动力，建立强大的思政教育格局，推动思想政治教育现代化进程。数字技术与思政教学深度融合，广泛构建思政教育平台。

张星认为在数字化时代，高校思政教育亟需借助大数据技术进行创新。目前，数字化技术对思政教育的重要性不容忽视，但高校之间在数字化应用程度上存在着不平衡的现象，导致思政教育主体和客体之间出现了新的冲突。职业院校应积极抓住机遇，充分利用大数据在思政教育领域的潜力，来提升思政教育工作的实际效果和前瞻性。

徐稳和葛世林指出，数字化技术迅猛发展，并广泛应用于教育领域，已经成为影响教育要素重组、教育形态变革、教育方法创新的重要因素。数字素养的水平对于实现数字化技术赋能思想政治教育至关重要。高职院校应该加强教师对数字化教育的认知，并树立数字育人的理念。思政教师也应该改变传统的教育教学理念，积极运用数字资源，主动学习和掌握数字技术的使用方法。

第四节 加强学生思想政治教育的有效措施

当前高职院校学生思想政治教育面临众多问题,高职院校应从实际出发,积极研究思想政治教育的改进路径,包括强化思政教师队伍建设、改进思政教育教学理念、创建更为良好的校园氛围、加强课程思政实践教学和强化学风建设等措施,通过这些措施来提高思想政治教育的效果,培养更多高素质的技能型人才,为国家和社会做出贡献。

一、强化思政教师队伍建设

要强化思政教师队伍建设,首先要提高教师对思政教育的重视程度。增强教师对思政教育的重视程度并践行学校对思政教育的要求,需要认真建设思政教育课堂。教师应改变仅关注分数的教育理念,不断转变教学思维,在理论、实践和认知等各方面加强对思想政治教育的关注,明确培养社会主义新人的责任和重要性,同时还要加深对思政教育内容的理解。教师需要与时俱进,更新知识体系,将思政知识与现实生活紧密结合。在上课前,教师应熟悉课本内容,并对时事政治和思想观念进行全面深入的了解,能结合实际问题进行分析和讲解。此外,思政教师还要提高综合素质。学校应要求相关教师注重个人素养,承担起为人师表的道德使命。教师应规范自己的言行举止,重视时间观念,始终遵守承诺,并尊重学生的个人尊严。高职院校应主动组织相关思政教育工作者进行培训,获取最新的政治信息,以提升他们的职业素养。

二、改进思政教育教学理念

为了达到良好的课堂效果,思政教师应当进行教学方法的创新,避免单一的讲解模式。在当前新媒体背景下,教学模式的改革是教育发展的必然趋势。因此,在进行思政教育工作时,高职院校教师应该从多个角度进行创新,深入发掘新媒体技术的优势,整合现有资源,完善教育模式,为学生打造高质量的学习环境,提升整体教学质量。为了对学生加强思政教育,可以向学生展示与思政相关的新闻,借此引发他们的思考。高职院校也可以建立思政教育相关的公众号等,通过推文和在线答疑为学生提供即时帮助和教育。教师还可以组织学生观看思政教育类影片,浅析对影片的感悟和思想上的认识,以激发学生思政学习的积极性。在教学方面,高职院校教师可以采用以学生为主的思政教学方法,如分组讨论法、项目汇报法等多种方式,让学生通过分组的方式,共同探讨课程思政的某个主题,自主探究其中包含的深层思想。学校也可以通过举办各种课堂活动,给予学生充分展示的机会和自主学习的空间,把教学变为学生主动学习的形式,从而全面提高思政教育的质量。

三、创建更为良好的校园氛围

高职院校的校园文化是推动学校持续发展的力量,也是学校精神文化和学风建设的体现。学生的思想政治教育不应该只局限于课堂教学,还应该充分发挥校园文化的熏陶作用,校园文化也是加强学生思政教育的有效手段。校园文化是学校在长期教育实践中形成的校园精神和文化氛围,具有一定的渗透力。高职院校可以举办学术、文化、艺术、体育等多样化的活动,培养学生的文化修养,使他们受到教育和启发,并将其转化为自觉的行为。同时,校园软、硬件设施建设应该结合思想政治教育。在整体规划和楼宇布局等方面,也需要将优美校园环境建设与思政工作相结合,加强对思政元素的宣传和教育。这样,师生们就能够沉浸在思政教育和校园文化的氛围中,不断提升自己的修养和素质,提高对思想政治的认识和理解。

四、加强课程思政实践教学

思想政治理论课的社会实践教学是思想政治课教学的重要组成部分,其根本目的和任务是引导高职院校学生将理论与实际相结合,提升学生对社会、现实的关注度和实践,让他们深入了解国家的实际情况、社会的发展趋势以及人民的状况。通过参与社会实践活动,高职院校学生还能更好地了解我国自改革开放以来在经济、政治、文化和社会建设方面取得的巨大变化和伟大成就,旨在培养学生的社会服务意识,增强他们的社会责任感。比如,学生通过社会调查的形式,可以更好地了解社会、认识国情,从而加深对课程的理解,深化对党的路线方针政策的认识,同时增强历史使命感和社会责任感。借助社会调查,学生还能培养毅力、塑造品格,回报社会、服务社会,培育并培养创新意识。通过参与社会实践,学生可以深入理解课堂教学中所学的理论知识,并能够运用这些知识来思考和分析实际问题。这将有助于提高学生的政治思想素质，以及观察和分析社会现象的能力。同时，也能促进学生全面发展，坚定学生为社会主义现代化事业服务的信念。

五、强化学生学风建设

高职院校要始终将思想政治教育与专业学习有机结合，积极推进学风建设，不断强化学风建设的持久机制。将学风建设置于学生工作的核心位置，采取切实措施，针对不同专业和年级的特点，有针对性地开展思想政治教育和技能培养。对于思想政治教育工作来说，将学风建设作为切入点是至关重要且关乎成效的。学风建设在高职院校学生思想政治教育中扮演着重要角色，是学生思想政治教育的重要抓手。一方面，良好的学风为高职院校学生思想政治教育提供了有利环境，保证并推动了教育工作有序开展。另一方面，学风建设作为有效载体，使思想政治教育效果能够通过实践活动更加有效地呈现，并提高学生的主体作用，从而解决学生在思想政治学习中遇到的困难。

第五章

高职院校的劳动教育研究

第一节 劳动教育概述

一、劳动教育的内涵

劳动教育是中国特色社会主义教育体制的重要组成部分，体现了社会主义建设者和接班人的劳动意识、劳动价值和技能水平。中共中央、国务院于2020年3月20日发布的《关于全面加强新时代大中小学劳动教育的意见》对劳动育人实践工作的常态化开展提出了新要求、新思路和新方向。全国大中小学都在寻找方法进一步巩固劳动教育的实施效果，以提高其劳动教育质量和水平，构建高职院校劳动教育体系也得到了社会各界的广泛重视。通过全面、高效、高水平地开展劳动教育，高职院校能够提升学生的工作态度和为人品质，提高学生的整体素质。马克思认为，教育与生产劳动相结合是实现人的全面发展的唯一办法。劳动教育旨在培养学生的劳动技能和劳动价值观，同时也注重使学生在劳动教育中获得自我存在的价值感。新时代的劳动教育将着眼于学生的全面发展，因此劳动教育是计划性的教育活动，其目的是培养学生优秀的劳动品质和正确的劳动价值观，以实现学生的全面发展。

高职院校学生劳动教育是针对高职学生这一研究对象进行的教育，以高职学生为主体进行。高职院校劳动教育既要满足学生群体的特殊需求，又要体现与其他教育形式的差异。如何深入开展劳动教育，可以参考以下三个阶段。第一阶段：做好学校劳动教育顶层设计。习近平总书记在全国教育大会上明确指出，把劳动教育纳入社会主义建设者和接班人的总体要求之中，构建德智体美劳全面培养的教育体系。学校要贯彻全国教育大会精神，解决学生劳动教育的淡化和弱化问题，对新时代高职院校的劳动教育制度进行系统设计。现阶段，有关部门已经制定了一系列文件，包括《关于加强新时代大中小学劳动教育的意见》和《大中小学劳动教育指导纲要（试行）》等。各地政府、教育部门和学校需结合上级的文件，合理制定详细的教育内容。第二阶段：深入探索劳动教育实践。为了实现立德树人的核心任务，培养学生的社会责任感、创新精神和实践能力，要积极组织学生参与校内外的劳动活动，并结合学校实际，建设一批劳动教育实践基地，推动学校劳动教育的深入开展。第三阶段：提高对校内劳动教育的重视度。为提升对劳动教育的认识，教师可以开展专题培训和研讨活动，同时组织学生参加劳动实践，提高学生的劳动素养。学校要在现有工作的基础上加强力度，规定劳动时间，明确劳动内容，丰富劳动形式，加强劳动教育。有条件的学校可以制作教师劳动教育指导手册或学生劳动实践手册，方便提供具体的指导。

二、高职院校劳动教育的特征

1．职业特征

高职院校要充分利用职业教育的优势，将劳动教育与专业人才培养相结合，设计和改进劳动教育的课程，构建具有特色的课程体系，促进劳动教育与专业课程、实训课程相结合，从而形成高职院校的德育、智育、体育、美育和劳育协同发展的模式。要加快劳动教育与产业的融合发展，根据不同专业的特点，开展与专业相关的劳动教育，激发学生潜在的劳动能力，培养学生在职业劳动方面的技能，使学生尊重职业劳动。现阶段，高职院校越来越注重提升学生的职业劳动技能水平。在我国经济社会发展过程中，大部分一线生产管理及服务人员都为职业院校毕业的学生，因此，职业院校已成为培养能工巧匠的主要阵地。在新一轮科技革命与产业转型升级的背景下，新的技术、工艺和业态不断涌现，这对劳动者的技能水平提出了更高的要求，并对职业教育的人才培养目标提出了更高的要求。在职业院校中，劳动教育的重点在于提供职业性劳动教育。这种职业教育应该超越学生自身专业或职业特点，是一种系统化的劳动教育，要在综合技术教育内容和劳动实践的基础上提出新的素质教育要求。高职院校应充分发挥其师资、专业和平台的优势，加强技术技能教育，注重培养学生的职业技能和职业素质，促进其未来职业发展，推动经济社会的进步。

2. 时代特征

劳动教育是动态发展的，随着社会的进步，劳动教育的内涵也在随之变化，不同时代的劳动教育有不同的特质。在农业文明时期，劳动主要依靠经验和技术；在工业文明时期，劳动主要依靠科学技术；在现阶段的信息时代，劳动主要依靠科学技术和人才。根据时代任务，新时代高职院校劳动教育被赋予了两项光荣使命：其一，它是实施立德树人根本任务的重要渠道；其二，它是推动职业教育改革、提高职业教育质量的必要环节。另外，从时代价值的角度来看，新时代背景下，高职院校的劳动教育对于优化高职院校人才培养目标、培养高水平劳动者和技术技能型人才起着重要的作用。

3. 育人特征

高职院校学生的劳动价值判断和职业选择是由学生的劳动价值观决定的。人类历史上，自从统治阶级出现以来，脑力劳动就从体力劳动中分离出来。统治者群体接受以脑力劳动为核心的教育，而被统治者则接受以体力劳动为主的教育，脑力劳动与体力劳动也成为划分不同阶层的重要标志。而在应试教育的影响下，唯考试论、唯分数论等评价方式使劳动教育被忽视，学生不珍惜劳动成果、劳动能力弱等现象普遍发生，劳动教育的育人功能被淡化。因此，在东方和西方的社会历史发展过程中，都出现了重视脑力劳动、轻视体力劳动的现象，这种劳动者等级的划分直接导致了不同职业之间的不平等。职业教育源于劳动实践，其职业性和技能性使得公众认为职业教育只是为了培养简单的体力劳动者，因此，人们对职业教育有所轻视。公众对劳动价值的认识错误和对职业教育的认知偏差，要求职业教育必须更加重视劳动价值观教育，打破学生对脑力劳动和体力劳动的认知隔阂，让学生确立正确的劳动心态和劳动品质，以实现个人全面发展。

第二节 劳动教育的主要内容

中国特色社会主义进入了新时代，高职院校学生劳动教育也进入了新时代。目前高职院校学生群体以"00后"为主。在这个时代背景下，成长成才、为社会奉献、为国家效力的学生们肩负着时代赋予的责任和使命，同时展示着自我独有的个性特征。他们的能力素养、精神品质、习惯养成以及对劳动的认识都与过去有明显差异。

新时代的高职院校学生面临着世界百年未有之大变局，这既是机遇也是挑战。高职院校学生需要转变自己的劳动观念，以适应新时代的要求。当今世界各国之间紧密联系、相互影响，因此，我们面临着文化冲突和利益冲突等现实问题。在高职院校学生的生活中，各种社会思潮不断涌现，各种价值观念也随之出现。其中，拜金主义和享乐主义等社会思潮很容易让高职院校学生迷失，导致他们盲目消费、金钱至上；好逸恶劳、不劳而获的观念也严重阻碍了他们的发展。因此，高职院校学生需要拓宽视野，改变劳动观念，充分理解劳动的意义，确立理性消费的观念，并明确劳动、消费以及美好生活之间的内在联系，要坚定只有通过劳动才能创造财富、产生价值和塑造未来的信念，热爱劳动，积极进取，努力开创未来，这样才能形成劳动最光荣、最伟大、最美丽、最崇高的价值观念。

一、劳动观念教育

劳动观念指的是人们对于劳动的认识和态度，涉及人们对劳动的态度和价值观，涵盖了劳动社会属性、劳动价值、劳动作用、劳动目的以及劳动范畴的划分，在"三观"中扮演着重要角色。劳动观念会对价值判断和行为选择产生影响。劳动观念教育的目标在于帮助学生形成正确的劳动态度，从而树立起马克思主义的劳动观。

首先，要培养高职院校学生的劳动观念。劳动是人类社会发展的基础和源泉，没有劳动就没有生产和进步。同时，劳动也是人类实现自我价值的重要途径，只有通过劳动才能获得成就感和自豪感。应该让学生认识到劳动的价值和意义，从而树立起正确的劳动观念。通过劳动观念教育，学生能够明白，劳动是一种创造财富、推动社会发展的力量，是一种值得尊重和肯定的行为。这样一来，他们就会树立起正确的人生观和价值观，不再盲目追求虚荣和功利。

其次，要引导高职院校学生正确看待体力劳动与脑力劳动的关系。现代社会，体力劳动与脑力劳动是相互融合、相互作用的。它们相互推动、相互促进，共同推动社会的进步。与此同时，现代社会对劳动的要求日益提高。随着科技的进步，劳动对智力的需求不断增加，脑力劳动的创新能力也越来越强。然而，这并不意味着体力劳动会消亡。我们仍然要鼓励高职院校的学生将体力劳动与脑力劳动相结合，不仅要坚持体力劳动，还要提高劳动能力，把科技运用在劳动过程中，提高劳动效率。

再次，要教育高职院校学生注重实践。学生只有在实践中才能真正理解和掌握劳动技能，从而形成正确的劳动习惯和态度。因此，我们应该通过课堂教学和各类实践活动，让学生充分体会到劳动的意义，逐步改变学生的思想观念。比如，开展农业种植、家政服务、社区义工、校园环境维护等，让学生亲身体验到劳动的意义和乐趣，尊重自身和他人的劳动成果，并在实践中不断提高自己的技能水平。

最后，要培养高职院校学生劳动奉献的意识。奉献意识是热爱祖国、热爱社会、乐于帮助他人的体现，奉献精神融入了社会主义核心价值观。高职院校要组织学生参与公益类的劳动活动，以主人翁的态度为社会做贡献，建立丰功伟业。马克思主义劳动观旨在洗涤陈腐的劳动观念，倡导科学的劳动观，促进学生树立正确的劳动观念，增强劳动意识。同时，要教育学生发扬积极向上的奋斗精神，将自己的劳动力量投入社会主义现代化建设中，为国家的繁荣贡献自己的力量。

二、劳动习惯养成

劳动习惯是个体在马克思主义劳动观指引下，通过参与经常性的实际劳动活动，逐渐形成的一种自觉、稳定的劳动行为模式。劳动习惯教育的目的是通过定期组织学生参与劳动活动，让他们在劳动中获得满足感，从而使劳动成为他们生活中不可或缺的一部分。

高职院校学生在获取知识的同时需培养劳动习惯，这是国家教育方针的总体要求，也是高职院校学生自我生存和学习提升的内在需求。然而，随着生活条件的提高，一些高职院校学生在进入高职院校之前忙于学业，生活大多由父母照顾，几乎没有参与过劳动，他们缺乏劳动意识和劳动机会。而进入高职院校后，面对更自主的大学生活，部分学生开始盲目攀比，过着奢靡的生活，轻视劳动，无法养成良好的劳动习惯。所以，需要加强对这些学生的劳动习惯教育，改变他们的现状。政府和社会组织应积极支持高职院校，与高职院校合作，共同推动高职院校学生劳动习惯养成教育。

高职院校应在学生劳动习惯教育中发挥主导作用。学生的大部分时间都是在学校度过的，在劳动习惯教育中高职院校应当承担起主体责任。高职院校需要定期组织学生参与校内外的志愿服务和义务劳动，并将劳动素养融入高职院校学生的综合素质测评体系，有条件的学校可以单独设置劳动教育的学分。此外，结合学生所学的学科和专业，高职院校可以开展日常的生活劳动、生产劳动以及服务性劳动等相关主题活动。通过这些劳动活动，学生能丰富劳动知识、增强劳动意识，从而养成良好的劳动习惯。学生家长也应转变教育理念，父母的责任并非为子女安排好一切，而是引导他们形成独立自主、自觉劳动的生活方式，培养个人劳动习惯。在家庭教育中，劳动教育有着重要地位，父母应该注重培养孩子的劳动意识，激发他们的劳动潜能，可以放手让孩子参与各种社会劳动活动，这将有助于培养他们的基本劳动技能，使他们养成热爱劳动的良好习惯。此外，社会也应积极参与，加强对高职院校学生劳动习惯养成教育的支持，营造良好的劳动氛围，帮助学生形成劳动光荣、劳动伟大的价值观，尊重劳动模范，培养劳动精神。各类企事业单位应主动与高职院校合作，积极提供劳动机会和劳动场所。各级政府和群团组织应协调资源，为高职院校学生参与生产和非生产劳动提供必要的保障，并完善劳动模范奖励制度，构建多元化的劳动习惯养成教育活动平台。

三、劳动精神认知

开展劳动教育的必要前提是学生具有正确的劳动认知和劳动意识，它能激发学生产生积极的劳动行为，并主动选择通过劳动创造幸福。正确的劳动认知，不仅需要外界的教育引导，更需要自觉的自我教育。自我认知是个人发展的基石和适应社会的关键，准确的自我认知是进行正确自我教育的前提。只有正确认识自己，才能制订恰当的行动计划，从而进行有效的自我教育；只有形成正确的劳动观念，才能进行恰当的自我劳动教育。因此，我们需要深入剖析和反思个人的劳动观念，以反省的方式进行自我检验。高职院校学生自我教育的关键在于自我践行。对于他们来说，形成正确的劳动观念并不是最终的目标，还需要将其与现实生活相结合，端正劳动态度，培养劳动情怀，并自觉抵制错误的劳动价值观。同时，还需防止出现眼高手低、好逸恶劳的错误倾向。

劳动精神是在工作过程中所体现的人文精神，表达了一个民族对劳动的崇尚、尊重和热爱。自人类社会发展以来，人们通过劳动改变自然环境，将自然资源加工成更适合人类生存的物品，从而推动社会进步。劳动精神有着深远的历史，人类的劳动始终没有停息。随着社会的发展和物质生产工具的增加，劳动类型也从体力劳动逐渐转向脑力劳动。不论是体力劳动还是脑力劳动，都是人类社会不可或缺的一部分，同样都能促进社会发展并推动社会进步。

新时代劳动精神的意义非常深刻，表达了一种热爱劳动、辛勤劳动和诚实劳动的精神，形成了一种"劳动最光荣、劳动最崇高、劳动最伟大、劳动最美丽"的劳动观。劳动精神教育的目的是大力弘扬新时代的劳动精神，引导学生以劳模为榜样，将劳动精神化为具体的劳动故事。在新时代，全国人民团结一心、精益求精，在各个领域创造了许许多多令人振奋的劳动事迹。

为了发扬高职院校学生的劳动精神，我们需要注重培养他们尊重劳动的态度、克服困难的勇气以及坚韧不拔的意志力。也正是这种劳动精神的鼓舞，使我们取得了一个又一个的胜利。作为国家的希望，学生应该将这种精神传承下去并发扬光大。但是在现实生活中，我们发现部分学生的劳动精神往往不够充沛，所以加强学生对劳动精神的认知十分必要，社会、高职院校和家庭应该相互合作，共同营造一个风清气正的氛围。

四、劳动技能创新

在相当长的一段时间里，中国经济的快速增长主要依赖于制造业的发展。然而，随着计算机和信息技术的进步，人类劳动正在迈向智能化时代。智能劳动通过应用物联网、大数据、云计算以及移动互联等新一代信息技术和智能装备，对劳动要素进行全面、广泛且持久的改造与提升，推动了产品和设备生产方式、管理和服务的智能化，这表明劳动将随着科技含量的增加而不断转变形态。而在新时期，劳动教育将因劳动科技含量增加而具备新的功能。

目前在劳动分工方面，与发达国家相比，我国在高端技术研发方面仍存在差距。我国要实现由制造业大国向制造业强国的转变，关键在于提升核心技术的自主研发能力。这意味着现代中国的劳动教育不仅要培养个体的劳动观念、劳动习惯、劳动精神、劳动能力，还要承担劳动创新的重要使命。因此，新时期的劳动教育不再局限于过去的简单做法，而是需要积极认识到劳动创新对中国社会的影响。为了充分发挥当代劳动教育在技术创新方面的作用，当代劳动教育的重点必须放在培养学生的创意创新意识和能力上，并且必须在学生深入学习和领会基础知识的前提下进行培养。因此，只有当代劳动教育紧密结合德智体美等各方面的教育引导，才能真正推动劳动创新并为科技进步提供必要的知识前提。

五、劳动法规学习

劳动法规教育是新时代高职院校学生劳动教育的重要组成部分，但是在现实中却经常被忽视。现有的高职院校相关教材只对《中华人民共和国劳动法》进行了简单介绍，并没有深入分析，导致高职院校学生对劳动法律法规不熟悉，维权意识不强。他们在签订就业劳动合同时经常遇到各种挫折，甚至上当受骗，合法劳动权益受到侵害。也有一些学生缺少契约精神，随意跳槽更换工作，这也是缺少法律意识的体现。

高职院校的教育应注重增加《中华人民共和国劳动合同法》的教育教学，引导学生学习劳动法律法规知识，建立《中华人民共和国劳动法》的相关知识结构，帮助高职院校学生维护自身权益，增强法律意识。具体可以从以下两个方面进行：一方面，学校教师在教育的过程中应当向学生解释《中华人民共和国劳动合同法》的相关内容，让学生明确自身的合法权益和权利义务，签订正规的劳动合同；另一方面，要引导学生正确解决劳动争议。在毕业求职时，学生经常会面临劳动争议，并且不知道该如何处理。因此，教育者需要帮助学生正确认识劳动争议，向他们介绍解决劳动争议的方法，包括调解、仲裁和诉讼等。

第三节 劳动教育的研究现状

截止到2023年7月31日，在中国知网以"劳动教育"作为篇名进行搜索，可以找到以"劳动教育"作为主要主题的相关研究文献8 896篇，其中学术期刊4 118篇、学位论文526篇、会议论文341篇。从图5-1可以看出，在2018年之前，关于劳动教育的研究文献相对较少。2018年习近平总书记在全国教育大会上的讲话使得学术界对劳动教育的研究热情高涨。2018年发表劳动教育主题相关文献77篇、2019年399篇、2020年1 308篇、2021年2 497篇、2022年2 697篇，预计2023年发表3 597篇。

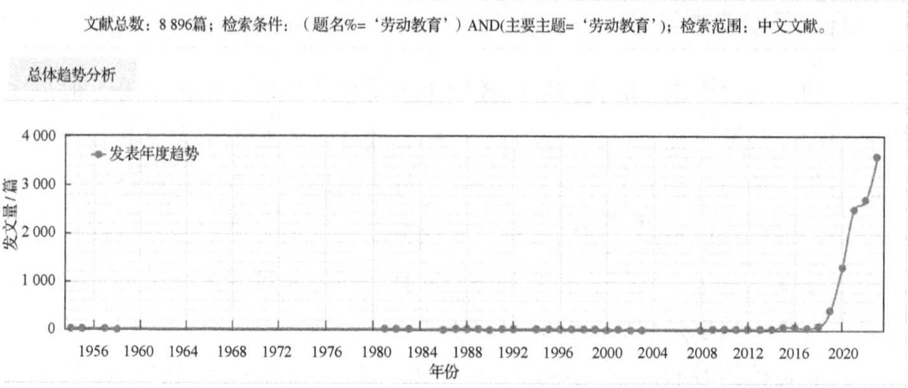

文献总数：8 896篇；检索条件：（题名%='劳动教育'）AND(主要主题='劳动教育')；检索范围：中文文献。

总体趋势分析

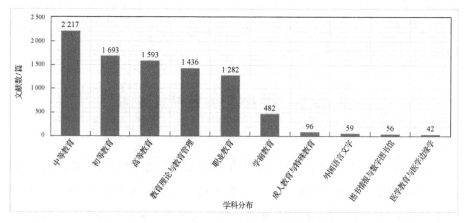

图5-1　劳动教育主题文献的发表年度趋势

从学科分布来看，劳动教育的研究分布在教育的各个阶段，从学前教育、初等教育一直延伸到职业教育、高等教育甚至是成人教育。其中高等教育1 593篇，占比17.79%；职业教育1 282篇，占比14.31%，如图5-2所示。

图5-2　劳动教育主题文献的学科分布情况

从作者分布情况来看，劳动教育的研究者主要来自一线的教育教学的教师团队。其中中国劳动关系学院的刘向兵发表劳动教育主题论文18篇。如图5-3所示，一线教师团队近几年围绕劳动教育开展了大量的研究。

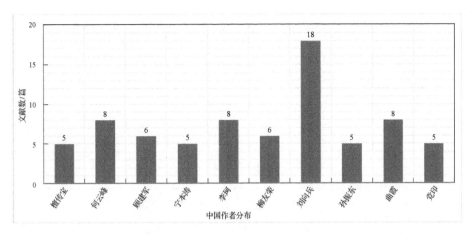

图 5-3　劳动教育主题文献的作者分布

从对这些文献的研究中可以发现，劳动教育目前主要的研究方向在劳动教育的内涵、劳动教育的价值、劳动教育的问题和劳动教育的实施路径。

一、劳动教育的内涵研究

截止到 2023 年 7 月 31 日，在中国知网以"劳动教育"+"内涵"作为篇名进行搜索，可以找到相关研究文献 215 篇，主要集中在 2019 年以后发表，如图 5-4 所示。通过对这些文献进行分析，我们发现不同的学者对劳动教育的理解略有不同。檀传宝认为劳动教育是促进学生全面发展的教育活动，主要是提高学生的劳动素养。考虑到劳动价值观是劳动素养的核心内涵，我们可以将劳动教育重新定义为旨在帮助学生形成正确的劳动观点、积极的劳动态度，对劳动和劳动人民保持热爱，以及培养良好的劳动素养，包括养成劳动习惯、具备一定的劳动知识与技能、有能力进行创造性劳动等目标的教育活动。赵楠分析了劳动教育的内涵。从劳动价值观教育层面，赵楠认为教师应采用多种方式，使学生建立起马克思主义劳动观，加深他们对劳动重要性和价值的认识，通过劳动来体验快乐与实现梦想。从劳动精神教育层面，赵楠认为在劳动教育中，我们应当充分发挥劳动的育人作用，并且通过一系列的活动来培养学生对劳动的热爱以及对劳动人民的敬重。我们需要加强学生的劳动观念，同时传承勤俭、奋斗、创新以及奉献的劳动精神。

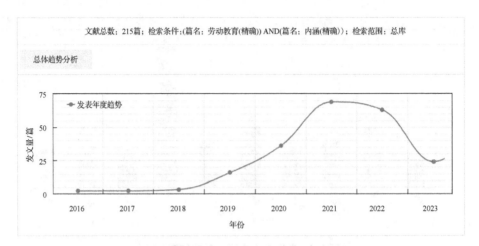

图 5-4　劳动教育内涵文献的发表年度趋势

二、劳动教育的价值研究

截止到 2023 年 7 月 31 日，在中国知网以"劳动教育"+"价值"作为篇名进行搜索，可以找到相关研究文献 767 篇，其中学术期刊 517 篇、学位论文 24 篇，如图 5-5 所示。学者们主要从劳动教育促进学生个人发展的角度进行了探讨。成玉梅认为在"三全育人"视域下，劳动教育可以促进学生的德智体美劳全面发展。同时，高职院校通过宣传劳模精神，号召学生追逐梦想、积极进取，真正践行社会主义核心价值观。宋丽认为高职院校加强学生劳动教育的重要价值既满足教育发展需求，又符合时代潮流。强化劳动教育有助于学生个人的成长和发展，提升他们的动手能力和独立思考能力，培养他们的使命感，促使他们成为有价值的人才。加强劳动教育对于实现立德树人的根本任务具有积极作用。对于高职院校而言，开展劳动教育能够帮助学生在校园中提升劳动获得感，提高他们的劳动素养，这具有重要意义。李姝仪和马君认为人才培养是高职院校的基石，而劳动教育则成为培养具备全面技术技能的高素质人才的主要途径。通过劳动教育，可以提高高职院校学生对劳动价值的认识，培养他们积极的劳动思维和习惯，同时提升他们的劳动能力。

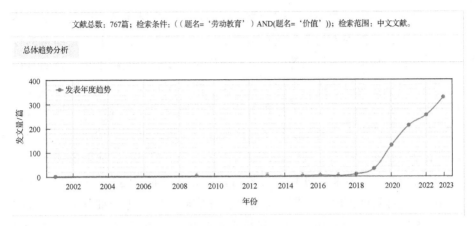

图 5-5　劳动教育价值文献的发表年度趋势

三、劳动教育存在的问题

截止到 2023 年 7 月 31 日，在中国知网以"劳动教育"+"问题"作为篇名进行搜索，可以找到相关研究文献 382 篇，其中学术期刊 175 篇、学位论文 78 篇，如图 5-6 所示。随着职业教育改革的不断深入，高职院校越来越重视劳动教育，对劳动教育的理论研究和实践探索也日益深化。然而，高职院校的劳动教育虽取得了一定成效，但仍存在着劳动教育理念滞后、劳动教育标准缺失以及劳动教育保障不足等问题。贾凌云认为学生对正确的劳动观念缺乏坚定信念，劳动教育的开展存在肤浅现象，部分学生对劳动教育参与不积极。高职院校只满足于设立课程和规定课时，导致劳动教育呈现出"表面化"的现象。教师在引导学生进行劳动教育方面存在不充分的问题，他们对劳动精神、劳模精神、工匠精神等的讲解还只限于理论和事例的讲解。

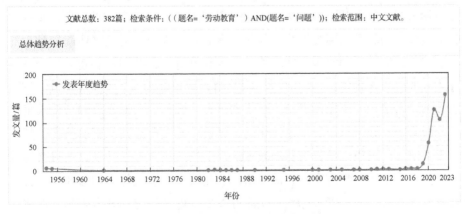

图 5-6　劳动教育问题文献的发表年度趋势

陈曼认为学生对劳动教育的价值认识不足，不少学生认为劳动就是干体力活。另外，学校提供的劳动教育形式单一，内容不足，一般都是简单的校园义务劳动、宿舍卫生打扫等，大部分学生对劳动教育兴趣不足。孙明月认为一些学生对劳动教育缺乏正确认知。在一些高职院校中，劳动教育教师并不能受到足够的重视，往往由行政人员等来承担劳动教育的任务，这导致劳动教育的专业性缺失。高职院校又往往仅以单一形式进行劳动教育，这种劳动的重复性较强，技术含量较低，难以让学生产生成就感。何国清和朱平认为高职院校在制订专业人才培养计划时，对劳动教育只进行了一般性说明，未明确规定计划的课时、学期、学分等具体实施方案，也未细分劳动教育的理论和实践教学课程。相当大一部分高职院校仍未开设相关的劳动教育课程，只注重学生的劳动实践，而忽视了劳动教育的重要性。另外，一些高职院校及教师对劳动教育的认识还不够深入，导致劳动教育与其他课程教育的融合程度较低。在专业课、专业基础课和专业实训课程中，缺乏必要的劳动教育内容的渗透，没有实现劳育课程和课程劳育的有机融合。徐旦认为高职院校师生对劳动教育的认知和理解不足，很多学生存在不重视劳动教育、缺乏参与劳动的自发性和积极性等问题。劳动教育标准缺失的主要表现是劳动教育课程教学标准的不明确。许多高职院校尚未深入研究和实践探索劳动教育与专业教学的融合、课程模式、课程结构和考核评价方法等方面的理论。所以，课程实际效果与设定目标之间存在很大偏差。

四、劳动教育的实施路径

截止到 2023 年 7 月 31 日，在中国知网以"劳动教育"+"路径"作为篇名进行搜索，可以找到相关研究文献 1 733 篇，其中学术期刊 1 111 篇，学位论文 52 篇，如图 5-7 所示。针对高职院校劳动教育存在的问题，不少学校对实施劳动教育的路径进行了优化。袁义邦认为为了适应高职院校学生的成长规律，满足不同年级人才培养的要求和侧重点，我们需要建立一个分层递进式的劳育课程体系。同时，高职劳动教育也需要与时俱进，与新产业、新技术紧密结合，不断创新教学形式和内容。教师的劳动素养和劳育水平对劳动教育的实施效果起着决定性作用，建设一支专业、高水平的劳育教师队伍至关重要。王旭红认为将劳动教育纳入学校的正常教学计划，通过必修课和选修课、定期的教育实践、课外活动、假期社会实践等多种形式实施劳动教育。建立劳动教育管理标准，从而可以更好地进行劳动教育管理，以实现对劳动教育的统一考核和评估。

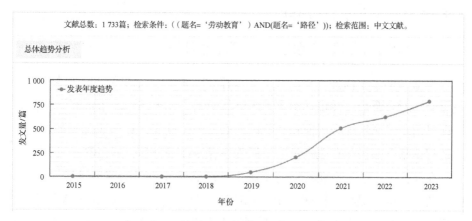

图 5-7　劳动教育问题文献的发表年度趋势

第四节　加强劳动教育的对策分析

当前劳动教育面临众多问题，高职院校应从实际出发，积极研究劳动教育的改进路径，包括认识观念、实践活动、课程设置和管理机制等方面，以期提高劳动教育的效果，培养更多高素质的技能型人才，为国家和社会做出贡献。

一、提高对劳动教育重要性的认识

学生对劳动的认识普遍欠缺，对劳动的本质与内涵缺乏充分的了解和准确的认知。此外，学生对于劳动的态度也相对消极。他们对于劳动知识中涉及的劳动本质、意义和价值等方面的了解非常有限。高职院校是学生劳动教育的重要实践场所，需要整合多方资源，创造良好的劳动环境，充分发挥学校劳动教育的功能，真正提高新时代高职院校学生对劳动的价值认知。

学生在劳动教育中扮演着重要的角色，因此在构建劳动教育的实施体系时，应充分考虑学生的劳动观念和习惯。为了实现劳动教育的目标，我们应以学生为中心，促进实施体系在多个层面立体化发展，这对于实现劳动教育目标有着至关重要的作用。为了加强学生对劳动教育理念的正确认知，学生应该在实践中树立主体意识，并积极参与劳动知识的学习。他们还应该积极探索劳动教育的内涵，正确地认识到劳动教育在提高自身劳动技能和树立正确的劳动价值观方面的重要作用。

二、构建具有高职特色的劳动教育课程体系

根据《关于全面加强新时代大中小学劳动教育的意见》，职业院校需要设立劳动教育课程，并将其纳入人才培养计划。人才培养计划要求至少有16个课时用于工匠精神和劳模精神等内容的培养。然而，在高职院校的劳动教育课程体系方面仍然存在不足，如课程内容设计不合理、不完整。

在充分考虑学校专业特征的基础上，高职院校可以借鉴劳动教育理论，将思政元素融入课程，构建一个目标明确、科学合理的劳动教育课程体系。课程以"课程育人"为核心，旨在确保育人成效。为了实现全过程育人的目标，学校可以根据不同年级的专业特点合理规划劳动教育课程。此外，高职院校可以将劳动教育与思政课结合，把马克思主义劳动观渗透到思政课中，并增加习近平总书记关于劳动的重要论述。

三、建立完善的劳动教育管理机制

为了更好地进行劳动教育管理，高职院校需要建立劳动教育管理标准，并实施相应的规章制度。此外，还应完善评价体系并配备相应的保障机制。为了强化高职院校劳动教育，应成立专门的劳动教育管理机构，该机构由学校领导和教学分管领导直接负责。他们要明确学校劳动教育的目标和任务，并制定相关规章制度。另外，还应加强对经费的投入，设立劳动教育专项经费，用于改善劳动教育实验实训条件、拓展校外实训基地以及开展劳动实践活动等。

四、创新劳动教育内容和方式

当前高职院校劳动教育的课程设置单一，学生参与兴趣不足，学生的创造力得不到有效发挥。高职院校有必要进行多样化课程设置，创新教学形式，提高劳动教育的有效性，培养学生的劳动意识。高职院校应积极拓展实践课程，提高学生对劳动实践的认同度，将劳动教育与学生的日常生活和学习有机融合，利用举办专题班会、组织集体劳动等方式，培养学生的劳动意识。通过在课内外同时努力，营造浓厚的劳动教育氛围，让学生在不知不觉中受到启发，增加对劳动实践的认同感，从而自发地参与其中。

第五节　基于社团建设开展劳动教育的路径探索

一、基于社团建设开展劳动教育的背景

劳动教育不仅具有树立高尚道德、增强智力体力、提高审美等价值，而且是教育教学中不可缺少的重要环节，对于高校提高人才培养质量，提高学生综合素质具有重要意义。近年来，党和国家对劳动教育提出了更高的要求。2020年3月20日，中共中央、国务院印发了《关于全面加强新时代大中小学劳动教育的意见》（以下简称《意见》），旨在统筹规划并落实推进新时代劳动教育，形成更多有效的劳动教育实施方案。同年，为了贯彻落实《意见》，教育部发布了《大中小学劳动教育指导纲要（试行）》（以下简称《纲要》），旨在针对劳动教育的实施提供具体的指导和意见。

近两年来，全国高校认真学习贯彻《意见》和《纲要》，开展劳动教育相关的教学工作，在劳动教育内容和形式等方面进行了广泛而有益的探索。檀传宝认为劳动教育可以促进学生养成良好的劳动习惯和形成劳动价值观。根据刘向兵等学者的研究，劳动教育有助于培养有理想、有本领、有担当的时代新人。赵凌云提出通过开设大学生劳动教育课程来实施劳动教育，实现德智体美劳"五育"的互动与融合。王莹等学者认为将劳动教育与创新创业相结合可以极大地调动大学生的劳动积极性和主动性。吴玉剑等认为要构建多方联动、多方协同的劳动育人体系。基于以上分析，我们可以发现，在劳动教育的实践路径方面，已经有不少切实可行的实施方案，同时也取得了一定的教育效果。

劳动教育在高职院校学生的培养上起着非常重要的作用，但在劳动教育的实施过程中还存在各种各样的问题。孙红军认为，当前许多学校劳动教育实施过程中存在认知单一、目标降级、方式机械的问题。吴全华认为，当前劳动教育存在只说不做、重表轻里的形式主义。王飞和徐继存指出，高校开展的生产劳动多为技术含量较低的手工制作，很难深化学生对劳动的认知，劳动教育表层化。因此，通过研究分析，我们觉得劳动教育目前主要存在以下两个问题。

1. 劳动教育课程重理论轻实践

劳动教育课程体系不完善，课程内容相对单一。学校通过线上或线下课程教学来开展劳动教育，在开展劳动教育时，经常出现重理论轻实践的情况。从课程设计形式来看，许多课程设计单一且枯燥，主要采用的是"教师讲，学生听"的方式，出现了教师一味注重理论知识的传授，而学生被动接受知识的现状。劳动教育的最终效果比较一般，学生未能真正掌握劳动教育的核心内涵。

2. 劳动教育与专业技能培养未充分融合

高校在教育过程中往往比较重视专业知识的传授和专业技能的培养，对劳动教育在专业技能培养中的作用和意义认识不够充分，导致目前的劳动教育难以融入专业技能培养体系。将劳动课程简单地归纳为体力劳动课，只是简单地开展比如"大扫除""整理实训室"等轻便的劳动，致使学生未能从根本上体会到劳动带来的成就感。在开展劳动教育时，没有有效融合专业特点，偏离了专业培养目标，难以发挥劳动育人的作用。因此，将劳动教育与专业技能培养相融合来提升学生的专业实践能力势在必行。

二、专业社团开展劳动教育的实施路径

高职院校人才培养的目标在于培养高素质技术技能型专业人才，这也是高职院校人才培养的根本任务。因此，在人才培养过程中，更应该把培养学生的实践能力作为学生教育的重点工作。高职院校学生形成正确的世界观、人生观和价值观的重要途径是劳动教育，这也是高职院校培养学生实践技能的重要抓手。建议将专业社团建设与学生的劳动教育相融合，构建一个符合高职院校现状的劳动教育实践体系。劳动教育的实施将采用以下流程（图5-8）：

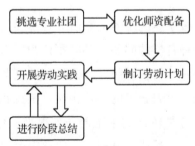

图5-8 劳动教育实施流程

1. 挑选专业社团

结合学校已有的相关专业社团,根据各个社团以往的活动情况,比如,挑选"科技类"社团作为试点社团。社团向信息技术类包括软件技术、云计算技术、计算机网络技术等在内的所有专业的学生招收社员,可以向全校师生和周边社区提供信息技术服务,这对学生的专业能力和沟通能力等都有一定的要求。在社团中选取一名成员作为社长,负责社团内部的协调组织工作。按照劳动任务所涉及的主要专业技能将社团分成若干小组,每个小组设定一名组长,负责具体劳动任务的实施和管理。

2. 优化师资配备

加强社团师资配备,根据社团内各小组的技能和服务对象,为每个任务小组配备一名专业教师。配备的师资为各个专业方向的骨干教师,具有多年的企业实践经验和教学管理经验,这将有助于社团内学生的成长成才。同时邀请企业一线工程师、社区服务工作者担任社团指导教师,定期为社团成员开展专业技能培训、企业服务流程培训、劳动服务培训,提升社团成员的信息技术服务能力和社会服务能力。

3. 制订劳动计划

社团以信息技术服务的方式开展劳动教育,所采取的劳动形式主要有信息技术讲座、信息技术软硬件使用服务、社区信息技术科普、社区信息技术服务等。劳动计划采用项目化的形式,按照各个小组擅长的信息技术类型,安排劳动的活动内容、活动时间和服务对象。例如,软件技术小组开展Python 程序设计讲座和培训,为学校师生、社区居民解决常用软件使用方面的问题。网络技术小组开展网络安全讲座和培训,解决日常杀毒软件的使用等问题。

4. 开展劳动实践

根据制订的劳动计划,各小组进行劳动实践,采用线上和线下的形式,两者相互结合,让实践的方式更加多样和全面。社团向全校师生、社区居民发出活动邀请,对于讲座、培训和科普类的活动,主要采用以线下为主的活动方式。对于信息技术软硬件的使用等问题,社团提供QQ、微信等线上答疑群,安排社团成员随时针对学校师生和社区居民遇到的技术问题和疑问进行解答。

5. 进行阶段总结

每完成一个阶段的劳动实践,由学生社团指导教师和全体社团成员一起进行阶段总结。社团成员总结汇报社团活动的情况，特别是遇到的具体困难，指导教师及时有效地进行评价。这个过程能够激发学生参与活动的积极性，并提高劳动教育的效率。学生在汇报的过程中，也增强了团队意识和语言表达能力。因此，阶段性总结有着十分重要的作用。在评价过程中，教师的评价内容要具有一定的指导性、针对性、鼓励性和全面性。通过阶段性评价，学生可以发现劳动过程中的优势和不足。对于学生在社团活动中遇到的技术难题、服务过程中遇到的各种困难，指导教师安排相对应的培训内容，指导学生解决问题和克服困难，从而不断提升学生的专业技能和服务能力。

课题实施过程中，学生在完成一个阶段的劳动任务之后，会进行一次相应的阶段性总结，分析劳动过程中出现的问题、困难、收获和产生的效应，进一步发现劳动教育过程中存在的不足，积累经验。课题组通过学生的汇报来评估学生的劳动教育成效，及时解决出现的问题，以此来保证学生的劳动教育效果。

三、专业社团开展劳动教育的重要意义

劳动教育作为学生德智体美劳全面发展的主要内容之一，可以促使学生形成劳动观念，塑造学生的职业目标，培养学生的劳动能力和创新素养。

1．通过劳动教育培养学生的专业实践技能

学生社团在劳动教育的过程中可以将掌握的信息技术理论付诸实践，提高主动参与劳动的积极性，有效地发挥自我管理的主体作用。学生通过社团活动来帮助学校师生、社区居民解决信息技术相关的问题，可以体会到劳动带来的快乐，从而激发学生劳动的积极性和主动性，进而提升劳动教育的效果，提高学生的实践技能。

2．通过劳动教育提升学生的综合素养

通过劳动教育，学生在不断反思和感悟中逐步培养热爱劳动的优秀品质。通过对劳动知识的掌握与运用，激发学生自身的创新意识，在实践中进行创造性劳动，更好地用知识解决实际问题，进一步提升综合劳动素养。

四、专业社团开展劳动教育的总结

学生社团建设一直以来都是学校学生管理部门和二级学院学生工作中非常重要的一环。学生的专业社团是以学生的专业兴趣爱好为基础成立的学生团体，学生通过自发参加、自主活动实现自我管理，这些特点对于劳动教育

的开展具有非常大的助力。以学生专业社团建设为劳动教育的实践路径，通过专业社团活动培养学生的专业实践技能，通过社团建设与劳动教育相结合，可以发挥相关专业的优势，打造集劳动技能学习、培训、服务于一体的劳动教育实践体系。

劳动教育是学校教学中必不可少的重要环节，对提升高职院校的人才培养质量和学生的综合素养至关重要。将专业社团建设与学生的劳动教育相融合，可以构建出一个符合高职院校现状的劳动教育实践体系。劳动教育与专业社团的有机结合，有助于学生的专业实践能力的提升和劳动精神的培养。

第六章

高职院校教学管理研究

第一节 教学管理概述

与经济关系最密切的教育类型是职业教育,特别是高等职业教育。如果高等职业教育能尽快积极响应产业结构调整,就能为社会各企业培养出更多动手能力强、多才多艺、素质高的技术技能型人才。因此,高等职业教育成了全国高等教育发展的重要力量,也成了实现我国高等教育大众化的主力军。高职院校在高等职业教育中扮演着重要的角色,为学生提供了一种实践性的教育,使学生能够获得职业技能和知识,成长为社会需要的人才,以便毕业后能够顺利走上工作岗位。高职院校需要确保教学质量,提高学生的学习效果,才能完成高等职业教育的任务和使命。教学管理在高职院校中非常重要,是实现教学效果的基本保障。教学管理有助于确保教学质量,例如通过制订教学计划、监控教学质量、评估学生成绩等手段,确保学生能够获得良好的教育。教学管理有助于提高学生的学习效果,例如通过制订个性化的学习计划、提供学习资源和学习指导等手段,帮助学生更好地掌握所学知识。教学管理有助于促进教师的专业发展,例如通过提供培训机会、鼓励教师参与教学研究等手段,提高教师的教学水平和能力。

一、高职院校教学管理的意义

教学管理是高职院校管理中的重要环节,是学校正常运行的重要前提,是学校工作中最大量、最经常和最基本的工作。教学管理就是对教学工作的管理,历来是学校管理的重要组成部分,也是学校领导的基本活动。教学管理不仅是学校教学工作正常运转的基础和保障，而且在教师成长、教育改革等诸多方面也发挥着重要作用，对学校具有重要意义。

现代学校的教学活动是以一系列的教学管理活动为基础的。教学场地的安排、教学设施的提供、教学人员的组织、学生班级的组织、课程的安排等都是教学工作不可缺少的条件，也是教学管理的内容。没有教学管理的基础，就无法保障正常的教学秩序，也就达不到预期的教学效果。

教学质量的好坏与教师专业素质和教学技能、教学内容和教学方法、教学环境、学生素质、教学评估等都有重要关系，其中教师的专业素质和教学技能、教学方法等占了比较大的比重。只有加强教学管理，促进教师专业素质和教学技能的发展与提高，才能更有效地提高教学质量。此外，学校教学的质量不仅关系到教师的个人素质，更关系到整个教师集体所付出的精力。每个教师的精力只有在合理的组合下才能得到充分利用，教师人员的安排和组合是教学管理的内容之一。而且，通过教学管理方法推广成功的教学经验和科学的教学方法，也可以促进教学质量的提高。

教学管理能促进教师不断发展提高。教师专业素质和教学水平有赖于在教学工作中提高。高职院校教学管理可以通过提供培训机会、鼓励教师参与教学研究等手段，提高教师的教学水平和能力，促进教师的专业发展。在学校，教师的主要活动是教学，科学合理的教学管理可以保证教师在教学活动中得到有益的锻炼，促进教师专业素质和教学水平的发展与提高。

教学管理有助于学校其他各项工作的开展。在学校的各项工作中，教学是重心。教学管理是落实好各项工作的重要保证，是培养人才的基石。高职院校教学管理可以通过制订教学计划、监控教学质量、评估学生成绩等手段使教师得到锻炼和提高，从而提高教学质量，确保学生能够获得良好的教育。

教学管理能够促进教学改革。高职院校教学管理可以通过不断完善教学管理制度、规范化和标准化教学过程、推广先进的教学方法、鼓励教学创新等手段来促进教学改革，从而提高教学质量和教学效果。

教学管理可以促进学生职业发展。高职院校教学管理可以通过提供职业技能培训、实践机会、职业素养培养等手段，提高学生的职业素养，推动学生的职业发展，提高学生的就业竞争力，使学生能够更好地适应社会和就业市场。

教学管理有助于提高学校竞争力。高职院校教学管理可以通过提高教学质量、培养优秀的职业人才、推广先进的教学方法等手段提高学校的竞争力，更好地服务于社会和就业市场。

教学过程不是单向传授知识的过程，而是在教师的指导下，学生沿着正确的道路前进，不断地向更高目标攀登的过程，是学习做人、做事，德智体美劳等方面全面发展的过程。良好的教学管理有助于引导教师全面了解并开展教学工作，正确处理教与学的关系，确保教育目标的实现。教学管理一直是教育管理的重要组成部分。教育行政人员和学校行政人员都要认清这一点，把教学管理作为教育管理的主要内容来抓，充分发挥教学管理职能，采取有效的措施和方法，对教学工作实行科学管理。

二、高职院校教学管理的主要内容

教学管理是一项重要的教育发展规划，涉及整个教育环境中的教学方法、教学理念、教学设计和教学指导等。教学管理被认为是学校管理中最重要的任务之一，因为它不仅可以改善教学环境，还可以提高教师的专业能力。教学管理是运用管理科学和教学论的原理与方法，充分发挥计划、组织、协调、控制等管理职能，对教学过程各要素加以统筹，使之有序运行，提高效能的过程。教育行政部门和学校共同承担教学管理工作。教学管理需要有一套完整的管理系统和流程，涉及教学计划的制订和实施、教学资源的管理和优化、教学质量的评价和反馈等。教学管理的质量和效果直接影响着教学质量和教学成果，因此，教学管理对于学校和教育机构来说非常重要。

1. 教学计划管理

教学计划管理是教学管理的一个重要组成部分，是指对教学计划的制订、实施、调整和评价等方面进行管理与优化的一种管理方式。教学计划管理旨在通过设计教学工作与活动，对教学全过程进行控制与引导，使教学活动和教学效果达到最佳的一种活动。教学计划管理的具体内容包括：

（1）教学计划的制订

根据学校的教学目标和教学要求，详细制订每学期、每学年教学计划，明确教学内容、教学方法、教学资源等，确保教学的连贯性和系统性，并提供适当的评估和反馈机制。

（2）教学计划的实施

根据教学计划，组织和实施教学活动，保证教学内容、教学方法、教学资源的有效利用。

（3）教学计划的调整

根据教学实际情况和学生的反馈，对教学计划进行调整和优化，合理安排教学内容和时间，确保课程顺利进行，从而确保教学目标和教学内容的有效实现。

（4）教学计划的评价

对教学计划的实施效果进行评价和反馈，及时发现和纠正教学中存在的问题，及时调整和改进教学策略与方法，以适应不同群体特征学生的需求和学习特点，提高教学质量和教学效率。

教学计划管理是教育工作中不可忽视的重要环节，对教学质量的提高和学生成绩的提升具有至关重要的作用。只有科学合理地进行教学计划管理，才能更好地满足学生的学习需求，促进他们全面发展。因此，我们应该重视教学计划管理，不断探索和实践有效的管理方法，为优质教育的实现做出更大的贡献。

2. 教学内容管理

制订好详细的教学计划，在执行计划的过程中，教学内容也是非常重要的，它是构建教学系统的重要组成部分。教学内容管理是指对教学内容的选择、组织、设计和评价等方面进行管理与优化的一种管理方式。教学内容管理的目的是确保教学目标和教学要求的有效实现。教学内容管理的具体内容包括：

（1）教学内容的选择

根据学校的教学目标和教学要求，选择适合的教学内容，包括教材、教案、教学资源等。合适的教学内容可以帮助学生更加全面地掌握所学知识和技能，同时能激发学生的学习兴趣，提高学习的积极性和学习效果。

（2）教学内容的组织

对教学内容进行组织和安排，制订教学计划和课程表，明确教学内容、教学方法、教学资源等。

（3）教学内容的设计

对教学内容进行设计和开发，包括教学目标、教学策略、教学过程、教学方法、教学资源等。

（4）教学内容的评价

对教学内容的实施效果进行评价和反馈，及时发现和纠正教学中存在的问题，提高教学质量和教学效果。

教学内容管理需要有一套完整的管理系统和流程,包括教学内容的选择、组织、设计和评价等。教学内容管理的质量和效果直接影响着教学质量和教学成果,因此,教学内容管理对于学校来说非常重要。

3.教学方法管理

教学方法管理是指对教学方法进行规划、设计、组织、实施和评价的过程,包括教学方法的选用、教学方法的设计、教学方法的实施和教学方法的评价等方面。在教学过程中,教师需要根据不同的教学目标和学生的特点,选择合适的教学方法,设计合理的教学方案,并在实践中不断总结经验,提高自己的教学水平。教学方法管理的具体内容包括:

(1)教学方法的选择

根据学生的学习需求和教学要求,选择适合的教学方法,包括讲授、讨论、案例分析、实践教学等。

(2)教学方法的应用

对教学方法进行应用和实施,根据教学目标和教学内容,选择合适的教学方法,提高教学效果和教学质量。

(3)教学方法的评价

对教学方法的实施效果进行评价和反馈,根据学生的学习成果和教学目标,评估教学方法的应用效果,不断完善和优化教学方法。

高职院校教学方法具有一定的针对性,教师要想取得更好的教学效果,就要在清醒地认识教学对象(专科层次高职院校学生)和教学目标的前提下,选择符合教学对象特点的教学方法,进而开展教学活动,达到教学的目的。

4.教学资源管理

教学资源管理是指对教学过程中支持教与学的所有资源进行有序管理的过程。这些资源包括各种学习材料、媒体设备、教学环境以及人力资源等。教学资源管理是指对教学资源的选择、应用和评价等方面进行管理与优化的一种管理方式。教学资源管理的目的是提高教学效果和教学质量,为学生提供丰富的教学资源和学习环境。教学资源管理包括硬件资源的管理和软件资源的管理。教学资源管理的具体内容包括:

(1)教学资源的选择

根据教学要求和学生的学习需求,选择适合的教学资源,包括教材、教具、教学软件等。

(2) 教学资源的应用

对教学资源进行应用和实施，根据教学目标和教学内容，选择合适的教学资源，提高教学效果和教学质量。

(3) 教学资源的评价

对教学资源的实施效果进行评价和反馈，根据学生的学习成果和教学目标，评估教学资源的应用效果，不断完善和优化教学资源。

教学资源管理要求具有一整套管理系统与流程，包括对教学资源的筛选、运用与评估。教学资源管理工作的成效直接关系到教学质量与教学效果，所以教学资源管理至关重要。

5．教学评价管理

教学评价管理是指对教学过程中的教师、学生、教学内容、教学方法手段、教学环境、教学管理等因素进行的价值判断。信息技术的不断发展，促使教学评价手段更加丰富、教学评价过程更加科学、教学评价结果也更加准确，探究信息技术推动下的教育教学评价策略，能够更好地指导基于技术的教学评价创新实践。教学评价管理的具体内容包括：

(1) 教学质量的评价

对教学质量进行评价和评估，根据教学目标和教学内容，评估教学质量的达成度和学生的学习效果。

(2) 教学质量的监控

对教学质量进行监控和反馈，根据教学质量的评估结果，及时发现和解决问题，保证教学质量稳定并提高。

(3) 教学质量的改进

根据教学质量的评估结果，对教学计划、教学内容、教学方法、教学资源等进行改进和优化，通过教学改革和教学创新，提高教学质量和教学效果。

教学评价管理需要有一套完整的管理系统和流程，包括教学质量的评价、监控和改进等。教学评价管理的质量和效果直接影响着教学质量和教学效果，因此，教学评价管理非常重要。

第二节 常用教学方法

一、高职院校教学方法概述

在明确高职高专层次学生的特点和教学目标的基础上,为了取得更好的教学效果,实现教学目标,教师选用的教学方法必须充分符合教学对象的特点。权威的教学方法概念,有日本学者藏院三雪的"教学方法是教师为了完成教学目的,使学生得到良好的成长,指导他们工作和学习的方法和方式",还有我国学者王策三认为的"为达到教学目的,实现教学内容,运用教学手段而进行的,有教学原则指导的,一整套方式组成的,师生互相作用的活动"。

职业教育教学方法的特点是实践性强、针对性强、灵活性强。在职业教育中,学生需要掌握一定的理论知识,但更重要的是要掌握实践技能。因此,职业学校教学法不但要注重知识讲解,更要注重实践操作,让学生在实践中更好地掌握知识的运用方法,从而更好地掌握技能。在具体实施过程中,要考虑不同专业不同学生的需求和特点,有针对性地选择不同的教学方法和手段,并且根据不同的教学目标和教学环境进行调整与改进。在职业教育中,为了达到更好的教学效果,教师通常不会只采用一种教学方法,而是会采用多种教学方法融合的方式来进行授课。常用的教学方法有讲授式教学法、启发式教学法、案例式教学法、研讨式教学法、情境式教学法、项目驱动式教学法、头脑风暴式教学法、校企协作教学法、四步教学法、六步教学法等。

二、高职院校常用教学方法

1. 讲授式教学法

讲授式教学法是一种传统的教学方法,是教师通过口头语言向学生传授知识、进行教育的一种方法。它一直被广泛应用于课堂中,但随着新课程的实施,许多人开始批评讲授式教学法,认为它只是灌输知识,而不是促进学生的自主学习、合作学习和探究学习。然而,讲授式教学法仍然有其优点。这种以语言传播为重点的教学方法仍然是应用最为广泛的,其他的教学方法往往需要与该教学方法相结合。

讲授式教学法的主要内容：

（1）认真备课，熟练掌握教材内容

对所教知识的关键点、系统、结构、联系及其他方面要有信心，熟能生巧。教师只有在熟练掌握要讲的内容的基础上，才能有富余的精力重视学生的反馈，及时规范教学活动。

（2）教学语言准确、科学、精练、清晰、生动、合乎逻辑

教学语言用词简洁，能提纲挈领和简明扼要地表达出意思。教师要口齿清晰，语调适中，语速适宜。教师的表达要生动有感染力，注意情感投入。

（3）讲课内容必须是课本上的重点、难点

能够让学生根据教师的讲解或叙述动脑思考问题。教师在讲课过程中进行指导和练习，突出学生作为主体的作用，教学方法生动活泼，以使学生表现出学习和思考的意愿。

（4）讲课内容要具体生动

将旧知识与抽象的概念原理联系起来，并尽可能结合其他方法，使讲课内容直观易懂。讲课时需要组织内容，逻辑清晰，并注意优先级和重难点。

（5）将板书与视觉辅助相结合

板书提示教学点，展示教学进度，视觉辅助使教学内容形象化、具体化，直观的教具可以加深学生对教学内容的理解。

讲授式教学法的优点：

（1）有利于大幅度提高课堂教学的效率和效果

教师的讲授能使深奥、抽象的课本知识变得具体、形象、浅显通俗，从而消除知识的神秘感和学生的畏难情绪，使学习真正成为快乐的事情。

（2）有利于帮助学生全面、深刻、准确地掌握教材

教师能够比较全面、准确地领会教材编写意图，吃透教材、挖掘教材的深邃内涵。所以，正是借助教师的系统讲授和透彻分析，学生才得以比较深刻准确地掌握教材，从而不仅学到了学科的系统知识，而且领会和掌握了蕴含在学科知识体系中的思想观点、思维方法和思想感情。

（3）有利于充分发挥教师自身的主导作用

教师在讲授过程中不仅仅讲授知识，还融入了自己的认知、情感、修养。所以，讲授式教学过程对教师来说，不仅是知识方法的输出，也是世界观、价值观的体现，它潜移默化地影响、感染、熏陶着学生的心灵。

（4）讲授式教学法是其他教学方法的基础

从教学理论来说，任何方法都离不开教师的讲授，其他各种方法在运用时都必须与讲授相结合，在讲授式教学法的基础上，其他各种方法才能充分发挥其价值。

虽然讲授式教学法有一定的局限性，但它仍然是一种有用的教学方法，特别是在传授知识方面具有无法取代的简洁和高效两大优点。在实际应用中，教师可以根据不同情况选择不同的教学方法，以最大程度地提高教学效果。讲授式教学法可以使学生在比较短的时间内获得大量的系统的知识，该方法便于教师把握教学进度，有利于发挥教师的主导作用。当然我们也应该认识到它的不足，如容易束缚学生、不容易发挥学生的主观能动性、不利于培养学生自主学习的习惯等。

2．案例式教学法

案例式教学法也是一种常用的教学方法，是20世纪初由哈佛大学的学者提出的，这种教学方法在当今世界的教育和培训中受到重视，并受到广泛的欢迎。案例式教学法是围绕一定培养目的把真实的情境加以典型化处理，形成供学生思考分析和决断的案例（通常为书面形式）。通过对案例的独立研究和相互讨论，提高学生分析问题和解决问题的能力，以达到为今后的职业做准备的目的。案例式教学法属于行为导向教学方法的一种，案例分析和研究案例教学的目的不是传授终极真理，而是通过对具体案例的讨论和思考，激发学生的创造潜能。在分析过程中，学生自己提出问题，并且自己找出解决问题的方法和途径，从而达到培养学生独立分析问题和处理问题的能力。该方法不是很关注学生是否能想出正确的答案，而是看重学生得到答案的思考过程。教学中可以分析、比较、研究各种各样的成功或失败的案例，从中抽取出某些一般性的结论或原理。在课堂上，每个人都需要贡献自己的智慧，没有旁观者，只有参与者。一方面，通过教师的指导，学生可以加深对一些问题的理解，提高解决问题的能力；另一方面，通过同学之间的交流和讨论，学生也可以提高对问题的洞察力。

案例式教学法主要包括以下几个步骤：

（1）学生自行准备

通常在正式开始集中讨论前的一到两周，教师先把案例材料发给学生，让学生阅读案例材料、查阅指定的资料和文献、搜集案例需要的信息，并积极地思考案例中的有关问题，分析原因并形成解决方案。在这个阶段，教师可以给学生列出一些思考题,让学生有针对性地开展准备工作。需要注意的是,这个步骤并不是可有可无的,而是非常重要的。在这个阶段,如果学生准备不充分的话,会影响整个学习的效果。

(2) 小组讨论准备

根据学生的年龄、个人特长,再结合学生的个人意愿,教师将学生划分为由 3~7 人组成的多个小组。分组时需要注意的是,小组成员要多样化,这样在各小组准备和讨论时,才有可能出现不同的意见,碰撞出思维的火花,学生对案例的理解也就更深刻。各学习小组应以他们自己有效的方式组织活动,讨论地点也应该彼此分开,而不是只局限于教室,这个阶段教师不应该进行过多干涉。

(3) 小组集中讨论

各个小组在前期组内准备的基础上,已经形成了本小组对于案例的分析和处理意见,此时派代表表明观点即可。发言时间一般应该控制在半小时以内,发言完毕之后要接受其他小组成员的质疑并做出解释,此时本小组的所有成员都可以回答问题。小组集中讨论的环节应是学生充分发挥的过程,此时教师是组织者和主持人的角色,这一阶段的发言和讨论可以深化学生对案例的理解。各组阐述完毕后,教师可以提出几个意见比较集中的问题,并给出建议,然后组织各个小组进行重点讨论。这样做就将学生的注意力吸引到得出合理解决方案上来了。

(4) 总结阶段

在讨论完成之后,应该留出一定的时间让学生自己进行思考和总结。这种总结可以是总结规律和经验,也可以是获取这种知识和经验的方式。最后,教师还可让学生以书面的形式做出总结,这样学生能够对案例以及案例所反映出来的各种问题有一个更加深刻的认识。

案例式教学法的优点:

(1) 能够实现教学相长

教学中,教师不仅是教师而且也是学生。一方面,教师是整个教学的主导者,掌握着教学进程,引导学生思考、组织讨论研究,进行总结、归纳。另一方面,在教学中通过共同研讨,教师也可以发现自己的薄弱点,在这些方面进行更充分的准备,以改进教学过程。

(2) 能够调动学生学习的主动性

由于不断变换教学形式,学生的大脑处于兴奋状态,注意力能够及时调节，有利于使学生的精神始终维持在最佳状态。

（3）生动具体、直观易学

案例教学的最大特点是它的真实性，由于教学内容是具体的实例，加之采用的是形象、直观、生动的形式，给人以身临其境之感，易于学习和理解。

（4）能够集思广益

教师在课堂上不是"独唱"，而是和大家一起讨论思考，学生在课堂上也不是忙于记笔记，而是共同探讨问题。这个过程调动了学生的积极性，使学生开阔了思路，最终取得了良好的效果。

案例式教学法的不足之处：

（1）案例的来源往往不能满足学习的需要

案例式教学法所依赖的案例需要具备一定的特征，如典型性、真实性、复杂性等。为了满足教学的需要，案例式教学法的案例往往需要进行定制，以满足特定需求。这需要教师具备较高的教学水平和丰富的经验，能够根据教学目标和学生的特点，设计出符合要求的案例。

（2）案例式教学法的要求更高

相比其他教学方法，案例式教学法往往需要较多的时间，对教师和学生的综合素质要求也比较高。

运用案例式教学法应注意的问题：

（1）案例讨论中尽量摒弃主观臆想的成分，要从事实出发，教师要掌控整个过程，引导讨论方向，并且要注重培养能力。

（2）案例教学耗时较多，因而案例要精练，开始时组织案例教学要适度，做好每个阶段的准备工作，并准备好应对突发情况的措施。

（3）在安排案例教学时，学生一般都具有了理论基础，但是缺乏实践经验，教师可以事先准备一些讨论话题作为课堂导入，从理论知识引出实践问题。

3．启发式教学法

我国最早提出启发式教学的是孔子，在国外，启发式教学始于古希腊的苏格拉底，可见启发式教学法并不是一种新颖的教学方法。启发式教学法，顾名思义就是根据教学目的和内容，结合学生的知识水平和认知规律，运用各种教学手段，采用启发诱导的办法传授知识，使学生积极主动地学习，以培养学生综合能力，促进学生身心健康发展。启发式教学法旨在通过引导学生自主思考、探索和发现知识，从而促进他们的发展。启发式教学法与传统的讲授式教学法不同，它更注重学生的主动性和自主性，鼓励他们通过自己的努力和思考来学习知识。

启发式教学法要想用得好，对教师有比较高的要求。教师需要在教学工作中依据教材的内在联系和学生的认识规律，由浅入深、由近及远、由表及里、由易到难地逐步提出问题、解决问题，引导学生主动、积极、自觉地掌握知识。启发式教学法的核心理念是"启发"，即通过提供适宜的问题情境和指导，引导学生主动思考、探索和发现知识，让学生能够自己思考问题的答案及解决问题的方法。这种教学方法强调学生的自主性和创造性，鼓励他们在学习过程中积极思考、探索和创新，从而激发他们的学习兴趣，提高学习能力。启发式教学法的主要步骤如图 6-1 所示。

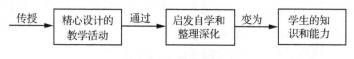

图 6-1　启发式教学法

启发式教学法可以采用多种形式，例如问题情境、小组讨论、案例分析、实验探究等。这些形式都旨在提供适宜的学习环境和指导，帮助学生自主掌握知识和技能。

启发式教学法的特点：

（1）教学主体

在教学上，强调学生是学习的主体。课堂教学不仅仅是教师教、学生学，更是通过教师的启发引导，加上学生自身的活动来实现教学目标。启发式教学强调教师要调动学生的积极性，实现教师主导作用与学生积极性的结合，师生共同活动、民主相处、教学相长。

（2）教学过程

在教学过程中，要充分发展学生的智力，发挥学生的能动作用。学生不是消极地接受知识，而要靠自己手脑并用来获取知识，增强创造能力，实现系统知识学习与智力充分发展的结合。

（3）教学手段

在教学手段上，注重激发学生内在的学习动力，使之与学习的责任感相结合。通过创造良好的学习氛围来激发学生的学习热情和内在潜能，不断提高教学效果和学生的学习能力，而不是靠死记硬背、题海战术等办法来提高学生的成绩。

(4) 教学目标

在教学目标上,重视学生的全面发展,将知识与能力并重,学习与创造并重,智力因素与非智力因素并重,强调理论与实践结合,实现书本知识与直接经验相结合,把学生培养成全面发展的有创造力的人才。

启发式教学法的优点在于它能够激发学生的学习兴趣和主动性,提高他们的学习能力,达到预期的学习效果。此外,启发式教学法也注重培养学生的独立思考能力和创新能力,使他们以后能更好地适应社会发展。

4. 情境式教学法

情境式教学法是一种常用的教学方法,它通过创建具有情感色彩、贴近学生实际生活的情境,激发学生的学习热情,引导学生在情境中积极思考、探究和体验,把认知活动和情感活动结合起来,从而达到预定的教学目标。情境式教学法强调情感、体验和实际应用,使学生在学习过程中更容易产生兴趣和共鸣。情境式教学法通常包括以下几个步骤:

(1) 创设情境

教师根据教学内容和学生的实际需求,创设具有一定情感色彩的情境。情境可以是故事、案例、游戏、活动等形式,要能够引起学生的兴趣和关注。情境案例要与学生所学内容相近,力求简洁,使学生能在课堂上基本完成。另外,情境案例应当是不完整的,缺少最终的结果,这样可以使学生提出自己的见解,锻炼他们的分析能力和问题解决能力,还有利于学生间的互相学习。

(2) 情境体验

教师引导学生在情境中积极参与、体验和探究,事先进行分组准备和练习,安排本组活动的各个步骤,使学生能够在实际情境中理解知识、掌握技能。

(3) 反思总结

在情境体验结束后,教师引导学生对所学内容进行反思和总结,尤其是对本小组的情境案例演练进行总结。然后教师对各小组的方案和内容进行总评,帮助学生整理所学知识和技能,并内化到自身的认知结构中。

(4) 应用实践

教师鼓励学生在实际生活和工作中运用所学的知识和技能,在实践中不断巩固知识和提高学习成果。

情境教学中的特定情境，提供了调动人的原有认知结构的某些线索，经过思维的整合，人就会顿悟或产生新的认知结构。情境所提供的线索起到一种唤醒或启迪智慧的作用。正处于某种问题情境中的人，会因为某句提醒或某些事物而受到启发，从而顺利地解决问题。情境式教学法的优点在于它能够激发学生的学习兴趣和主动性，提高教学效果。同时，情境式教学法也能够培养学生的实际操作能力和创新能力，使学生能够更好地适应社会发展的需要。总的来说，情境式教学法是一种注重情感体验和实际应用的教学方法，能够有效地提高学生的学习兴趣和能力，培养他们的实际操作和创新能力。

5．研讨式教学法

研讨式教学法是在研究法和讨论法两种教学方法的基础上，融合发展得到的。它是一种以问题为导向、以学生为主体的教学方法，突出了学生在学习过程中的主动性、积极性和创造性。研讨式教学法通常以小组讨论和交流的形式进行，鼓励学生分享自己的观点、思考和研究成果，从而提高学生的思维能力、沟通能力和团队协作能力，有利于培养学生的综合素质。

研讨式教学法主要包括以下几个步骤：

（1）选定课题

教师根据教学内容和学生的实际需求，选定一个具有探究性和开放性的课题。课题可以是一个实际问题、一个理论观点或者是一个研究主题。

（2）分组讨论

教师将学生分成若干小组，并告知学生查找资料的方法和要求，每个小组围绕选定的课题进行深入的讨论和交流。在讨论过程中，学生可以分享自己的观点、思考和研究成果，并互相启发、质疑和评价。

（3）汇总成果

在讨论结束后，每个小组整理出本组的研究成果，并提交给教师。教师对各小组的成果进行汇总、归纳和评价，形成一个整体的研究成果。

（4）总结反思

教师引导学生对整个研讨过程进行总结和反思，帮助学生整理所学知识和技能，使学生把这些知识和技能内化到自身的认知结构中，教师也对整个过程进行经验总结，改进教学过程。

研讨式教学法的特点：

（1）综合性

研讨式教学法不是专注于上好一堂课的具体方法，而是贯穿于全部教学过程的根本方法。研讨式教学法是一种综合方法，是将研究法、讨论法和其他一些教学方法结合起来并加以创新应用的结果。把各种教学方法从彼此孤立发展到互相结合、取长补短，这是当代教学方法改革的发展趋势，研讨式教学法符合这一发展趋势。

（2）全面性

研讨式教学法的宗旨是在实践中通过多种教学方法的结合，培养学生多方面的能力，从而提高学生的综合素质。我们常说的"讨论法""研究法"及其他一些教学方法，主要目的是培养学生的思维能力，这些具体的教学方法对学生能力的培养相对比较单一，虽然对学生综合素质的提高能够起到一定的作用，但作用有限。而研讨式教学法是对学生多方面能力的全面培养。研讨式教学法在实施过程中，不仅能够培养学生的思维能力，而且还可以培养学生的自学能力、口头表达能力、研究与创新能力等。研讨式教学法正是通过对学生能力的全面培养，从而达到真正提高学生综合素质的目的。

研讨式教学法的优点在于它能够激发学生的学习兴趣和主动性，提高学生的思维能力、沟通能力和团队协作能力。同时，研讨式教学法也能够培养学生独立思考和创新能力，使学生能够更好地适应社会发展的需要。总结起来，研讨式教学法是一种以问题为导向、以学生为主体的教学方法，能够有效地提高学生的学习效果和能力，培养他们的独立思考和创新能力。

6．项目驱动式教学法

项目驱动式教学法是一种建立在构建主义理论基础上的教学方法，是以项目为中心、以学生为主体的教学方法，强调学生在学习过程中的主动性、积极性和创造性，体现的是以解决问题、完成任务为主的多维互动式的教学理念，使学生处于积极的学习状态，能根据自己对当前问题的理解，运用共有的知识和自己特有的经验提出方案、解决问题。具体来说，是通过实施一个完整的项目而进行的教学活动，通常以小组合作的形式进行，采取小组讨论、协作学习等多种方式，在教师的指导下共同完成项目任务，通过完成任务学习知识和技能。

项目驱动式教学法是以学生为中心、教师为指导、项目任务为基础的新型教学模式。在教学实践中，以问题为导向、任务为驱动，利用事先构建的课程教学资源，鼓励学生课前自学，激发学生主动学习的兴趣，以整体项目为实例（前期精心设计好的任务，并把教学知识点恰当地融入其中），创建基于实例项目的教学资源体系，将知识点分拆、分化，并在教学中用少量的时间以"启发式"方法引导学生主动学习，掌握知识、操作步骤和方法。而课堂中把更多的时间留给学生，让他们专注于项目实践，在项目实施过程中，师生以问题为导向，进行分享交流及协作创新等，通过师生互动与生生互动完成知识吸收与内化，同时培养团队协作能力和沟通能力。

项目驱动式教学法主要包括以下几个步骤：

（1）选定项目

教师根据教学内容和学生的实际需求，选定一个与当前学习主题密切相关的、具有探究性和开放性的项目。项目可以是一个实际问题、一个理论观点或者是一个实践任务，让学生面对一个需立即解决的现实问题。

（2）分组合作

教师将学生分成若干小组，每个小组围绕选定的项目进行深入的探讨和合作。不是由教师直接告诉学生应当如何去解决问题，而是由教师向学生提供解决该问题的有关线索。在合作过程中，倡导学生之间的讨论和交流。学生可以分享自己的观点，互相启发，通过不同观点的交锋、质疑和评价，补充当前的研究成果，通过不断修正完善最终形成解决方案。

（3）指导支持

教师在项目实施过程中对学生进行指导和支持，以确保项目的持续进行，帮助学生解决遇到的问题和困难，引导学生深入探究和思考。学生通过亲身实践，提高分析问题和解决问题的能力。

（4）总结反思

在项目完成后，教师引导学生对整个项目实施过程进行总结和反思，并对项目实施过程做出评价。一方面是对学生获得解决方案的过程和结果进行评价，即对所学知识的意义建构的评价，而更重要的一方面是对学生自主学习及协作学习能力的评价。最后帮助学生整理所学知识和技能，并内化到自身的认知结构中。

项目驱动式教学法的优点在于它能够激发学生的学习兴趣和主动性，提高学生的思维能力、沟通能力和团队协作能力。同时，项目驱动式教学法也能够培养学生的独立思考和创新能力，使学生能够更好地适应社会发展的需要。总的来说，项目驱动式教学法是一种以项目为中心、以学生为主体的教学方法,能够有效地提高学生的学习效果和能力,培养他们的独立思考和创新能力。

7. 头脑风暴式教学法

头脑风暴式教学法,也被称为思维导图法,是一种常用的创意思维训练方法,通过创造性的组合、集体讨论和思维碰撞,充分利用大脑中的信息来激发学生的思维、培养创新能力。它强调学生主动参与、自由思考和互相合作,鼓励学生在轻松、愉快的氛围中发现问题、探索解决方案。头脑风暴式教学法通过联想反应、热情感染、竞争意识、个人欲望等可以提高学生的思维创造力和创新能力,在很多教学领域中都得到了广泛的应用。

头脑风暴式教学法有其自身独有的优越性,这种教学模式能够很好地培养与深化学生的自主学习能力。头脑风暴式教学法注重学生独立自主探究,鼓励学生在分析与解决问题时,能够更大程度地发挥主观能动性,借助自己的思维与创造力为一个问题提供有效的解决思路或者意见。这种方法不仅是对学生思维积极性的一种鼓励,而且能够很好地发扬学生独立探究的精神。

头脑风暴式教学法通常包括以下几个步骤:

(1) 准备阶段

先对所议问题进行一定的研究,弄清问题的实质,找到问题的关键。设定解决问题所要达到的目标,合适的主题是头脑风暴式教学法成功的关键。教师向学生介绍头脑风暴的基本概念和操作方法,同时选定参加人员,一般以 5~10 人为宜,不宜太多。

(2) 热身阶段

这个阶段的目的是让学生放松,进入一种无拘无束的状态。教师宣布上课后,先说明规则,然后随便谈点有趣的话题或问题,让学生的思维处于轻松和活跃的状态,目的是轻松自然地导入本课主题。

(3) 明确问题

教师简明扼要地介绍有待解决的问题,抛出主题。介绍时须掌握分寸,简洁明了即可,不可过分周全,否则,过多的信息会干扰学生的思维,限制其想象力。

(4) 重新表述问题

经过一段时间的激烈讨论后,大家接收到了不同的思路,对问题已经有了较深的理解。这时,为了使大家对问题的表述更全面、角度更新颖,负责人记录大家的发言,并对发言纪录进行整理和归纳,找出富有创意的见解,以及具有启发性的意见，供下一步畅谈时参考。

（5）畅谈阶段

畅谈是头脑风暴式教学法的创意阶段，为了使大家能够畅所欲言，需要制订一些规则。例如：第一，不要私下交谈，以免分散注意力。第二，不妨碍他人发言，不评论他人发言，每人只谈自己的想法。第三，发表见解时要简单明了，一次发言只谈一种见解。规则发布后，负责人引导大家自由想象，自由发言，使彼此相互启发，相互补充，真正做到知无不言，言无不尽，然后将会议发言记录进行整理。

（6）筛选阶段

头脑风暴结束后短时间内，负责人应向学生了解新想法和新思路，并引导学生对收集到的观点和想法进行整理、归类和分析，经过反复比较和优中择优，形成一个整体的解决方案或结论。教师帮助学生总结头脑风暴的过程和方法，培养他们的创新思维能力。

头脑风暴式教学法的优点在于它能够激发学生的创造力和创新精神，提高学生的思维能力和团队协作能力。同时，头脑风暴式教学法也能够培养学生的独立思考能力和解决问题的能力，从而提高学生的综合素质，使学生能够更好地适应社会发展。总的来说，头脑风暴式教学法是一种通过集体讨论和思维碰撞激发学生思维、培养创新能力的教学方法，能够有效地提高学生的学习效果和能力，培养他们的创新思维和解决问题的能力，能够更好地应对日益复杂的社会问题。

8．校企协作教学法

校企协作教学法是一种学校与企业合作开展教学的方法，通过学校与企业的密切合作，提高学生的实践能力和职业素养，更好地适应社会和就业市场。近些年来，职业教育一直倡导协作教学，"校企合作，协同育人"的教学模式使教学更具有针对性，企业需要什么样的人，学校就培养什么样的人，这样大大缩短了学生进入社会的实习期，为社会创造更多的价值。这种教学方法既能发挥企业和学校各自的优势，又能更好地培养出满足社会和市场需求的人才。

校企协作教学法的具体实施步骤如下：

（1）确定合作目标和内容

学校与企业应共同确定合作目标和内容，致力于实现协同创新，提高学校教学质量，提升企业市场竞争力，有效推动学校和企业之间的合作。合作内容主要包括人才培养方案、教学计划、课程设置、实践项目、科技成果转化、资源共享、实习就业、社会责任等。

(2) 建立合作机制

学校和企业应在校企互利原则的基础上建立稳定的合作机制,包括合作协议、沟通渠道、人员交流等,不断探索新的交流模式,确保双方共同目标得以实现。

(3) 制定实践方案

学校和企业应共同制定实践方案,明确实践目标、时间、地点、指导教师、保障措施等,以确保双方都能达到预期的结果。

(4) 开展实践教学

学校和企业应共同开展实践教学,明确角色和责任,做好任务分工,确保每个人都知道他们需要做什么,从而提高实践方案的成功率。循序渐进,指导学生完成实践项目,并提供必要的技术支持和实践指导。

(5) 评估教学效果

学校和企业应共同评估教学效果,包括学生的实践能力、职业素养等方面,以确定实践活动的效果和影响。评估方案可以包括调查问卷、反馈形式和成果展示等。通过评估实践活动,学校和企业可以了解各自的优点和不足之处,并做出改进。

校企协作教学法的优点在于它能够有效地提高学生的实践能力和职业素养,更好地适应社会和就业市场的需要。同时,校企协作教学法也能够加强学校与企业的联系,促进教育与产业紧密结合,提高教育质量和企业竞争力。

9. 四步教学法

四步教学法是以对某具体知识和技能的掌握作为主要教学目的的一种教学方法。它由四个教学环节或步骤组成:

(1) 引导

教师通过启发式问题、情境设置等方式,根据学生的情况有效地展开教学活动,生动、有趣地引入教学的主题,激发学生的学习兴趣和动机,进一步引导学生自主思考、探究问题。

(2) 自学

学生在教师的引导下,明确学习的目标,确定在教学活动结束以后应该掌握的知识和技能,并从做什么、怎么做、为什么这样做等三个方面来规划。通过自主阅读教材、思考问题、尝试解决问题，提高自主学习能力。

（3）讨论

学生在自学的基础上，与其他学生讨论问题、交流思考、分享观点，教师适时点拨、引导。所谓"点"，就是点要害，抓重点。所谓"拨"，就是拨疑难，排障碍，从而帮助学生寻找解决问题的途径和方法，以达到掌握知识、发展能力的目的。

（4）评价

教师对学生的学习情况进行评价，及时做出反馈，鼓励学生在学习中取得进步。评价是教学过程中不可或缺的一环，教师应根据不同的教学目标和教学内容，设计针对性强、丰富多样、客观准确、及时有效的评价方案，并根据评价结果调整教学策略，以提高教学效果，促进学生的全面发展。

四步教学法强调学生的主体地位，注重培养学生的自主学习能力和合作精神，同时教师也需要在教学中起到引导、指导和促进作用。这种教学方法适用于多种学科和年级，能够提高学生的学习兴趣和效果，减轻学生的学习负担，同时也能够提高教师的教学质量和效率。

10．六步教学法

六步教学法是为了更有效地传授知识而研究出来的，是教师通过六个环节来完成一个完整的教学过程的一种教学方法。教师实行多因素教学，有效地激发学生的学习兴趣，提高学习效率，提升学习效果。六步教学法的基本步骤：

（1）确定教学目标和重难点

教师根据学科知识和学生实际，确定每节课的教学重难点，并将其写在黑板上，以便学生能够明确学习目标和重难点。

（2）自学

学生根据教师制定的自学目标和教材，自主阅读、思考，找出学习重点和难点，并自主探索答案。

（3）讨论

学生根据自学中发现的问题，进行小组讨论、互相交流、启发，尝试解决难题，教师适时指导、点拨，帮助学生理解并掌握知识。

（4）讲解

教师在学生自学、讨论的基础上，对教学内容中的重点、难点以及学生讨论时未解决的问题进行讲解，引导学生积极思考，将所学知识融会贯通。

(5) 自测

学生根据学习重点自拟一组习题，进行自我测试、自我评价，及时复习巩固所学知识，学会灵活运用所学知识。

(6) 评价

教师根据教学要求及学生的自学目标，对学生进行简短的考查并评价，及时做出反馈，鼓励学生在学习中取得进步，并根据评价结果调整教学策略。

六步教学法的特点：第一，每节课定向，师生都明确教学目标，从而可以从教与学两个方面提高效率。第二，突出自学，显示了学生学习的主体地位。自学遇到疑难时，可以通过教师指导下的集体讨论解决，把个体的学习与集体的讨论统一起来，就能产生相互学习、相得益彰的效应。第三，自测、自结，使学生当堂能获得自学的反馈信息，并在总结中提高认识、把握规律，有利于以后的学习与实践。

六步教学法强调学生的主体地位，注重培养学生的自主学习能力和合作精神，同时教师也需要在教学中起到引导、指导和促进作用。这种教学方法适用于多种学科和年级，能够提高学生的学习效果和兴趣，减轻学生的学习负担，同时也能够提高教师的教学质量和效率。

第三节 常用教学设计

一、高职院校教学设计概述

教学设计理论是在其他相关学科理论，如学习理论、教学理论、传播理论、系统理论等研究的基础上建立并发展起来的，并且进一步扩展到实践应用领域，用正确的理论指导实践。许多教学设计专家把教学设计的理论应用到实践中，形成一系列教学过程设计模式。这些模式一方面综合了理论与实际操作等各方面的因素，另一方面简化了复杂的教学理论以及教学过程各要素之间的关系。

教学设计在实践上大致经历了四个不同阶段，体现了不同的教学理念。第一阶段，把教学设计看成是应用科学，认为任何学习的结果都是由一系列预先设置的学习目标所导致的。教学设计的主要任务就是把学习分解成各种类型的行为目标,根据这些行为目标选择适当的媒体和方法,为教学提供一种可行的教学序列,其倡导者大多是心理学家,如斯金纳、梅格、加涅等。第二阶段,倾向于用美学的方法对教学进行设计,重视美学形式对学生的影响,强调用美学效果吸引学习者的兴趣,其倡导者是一些富有创造性的媒体制造者。在这一阶段,人们已经认识到教学中学习者的情感尤其是兴趣的重要性。第三阶段,教学设计侧重于解决问题的方法和过程。主张教学设计不应该根据预先确定的目标制定机械的教学步骤,因为学习并不都是像行为主义学习理论描述的那样可以通过简单的刺激-反应过程进行。学习应通过学习者自行探究和解决问题进行,因而强调设计的探究、协作和创造性。这种教学设计过程确立了更为复杂的学习目标,使学习者成为可以解决问题的探究者。第四阶段,教学设计强调学习是一个动态的建构过程。教学设计者和教师们逐渐意识到学习往往是个人的事情,学习是否成功与学习者先前已有的知识和经验有关,而且学生获取知识和经验的范围不断扩展,知识更新和变化的速度也大大加快。教学设计的目的不再是建立一系列学习步骤,而是帮助学生建构自己的知识体系和世界观。

教学设计过程模式总的发展趋势由原来的单一的应用科学形式转为多样性的综合化形式。但不论怎样变化,教学设计过程都必须清楚地解决四个基本问题:一是学习者的特点是什么?二是教学的目标是什么?三是教学资源和教学策略是什么?四是怎样评价和修改?对这四个基本问题的不同处理方式,就形成了不同的教学设计。高职院校的常用教学设计主要包括以下几种:课程设计、教学模式设计、教学策略设计、教学资源设计、教学评价设计。

二、高职院校常用教学设计

1. 课程设计

高职院校课程设计是高职院校教学中的重要环节,是指对高职院校的教学内容、教学方法、教学目标等进行设计和规划的过程。教师根据教学目标和教学内容,设计出一系列的教学活动和任务,以便学生在课程学习中能够更好地掌握知识和技能。高职院校课程设计步骤如图6-2所示。

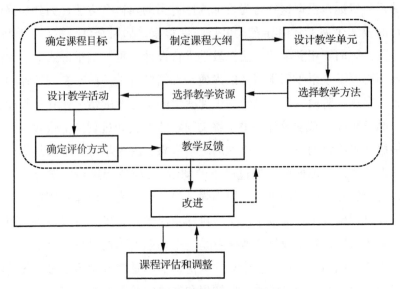

图 6-2　高职院校课程设计步骤

（1）确定课程目标

针对所设专业或学科，明确课程的培养目标和学生应具备的知识、技能和能力，为学生提供明确的学习方向和评估标准。一般步骤为分析需求、制定目标、分解目标、设计评估方式、教学策略、评估和反馈。

（2）制定课程大纲

编写课程大纲，包括课程名称、学时分配、教学内容、教学方法、教材选用等。大纲应结合学校的相关要求和课程特点，确保大纲内容与实际教学相符。大纲应该具备清晰、简洁、易读的特点，让学生和教师都能够清晰了解课程的整体安排和学习要求，体现课程的整体结构和课程目标。

（3）设计教学单元

根据教学目标和教学需求，设计适合高职院校学生的教学内容，包括基础知识、实践技能、职业素养等。具体操作是将课程内容划分为若干教学单元，每个教学单元围绕一个主题或一个学习目标展开。确定每个单元的教学内容、学时分配和教学活动。

（4）选择教学方法

根据教学内容和学生的学习特点，选择合适的教学方法。需要注意的是，在选择教学方法时，需要考虑教学目标、学生特点、教学内容、教学环境、教师能力等因素。因此，教师应根据实际情况，灵活选择和运用教学方法，以提高教学效果。

（5）选择教学资源

根据教学内容和教学方法的要求，选择适合的教材、教具、多媒体资源等教学辅助工具，并确保所选资源的可靠性、有效性和适用性，从而为学生提供多样化的学习材料和工具，丰富他们的学习体验。

（6）设计教学活动

教学活动是促进学生参与和主动学习的关键，根据教学目标和教学内容，设计各种教学活动，如讲授、案例分析、实验和观察、实训、小组讨论、课堂演示等。考虑到学生的不同学习风格和兴趣，组织具有挑战性和互动性的活动，激发学生的学习动力和积极性。同时，注重反馈和评估，及时了解学生的学习进展，并对教学活动进行调整和改进。

（7）确定评价方式

建立科学的课程评价机制，对学生的学习成果进行评估和反馈，不断完善课程设计和教学方法。确定评价学生学习成果的方式和标准，常用的有考试、作业、实验报告、项目作品、实习表现等。

（8）教学反馈和改进

根据社会需求和学生的学习情况及评价结果，及时进行教学反馈，可以帮助教师了解学生的学习情况和需求，然后根据发现的问题，不断更新和改进课程内容和教学方法。教学反馈和改进是一个循环的过程，需要不断倾听学生的声音，积极采纳建议，并进行适度的调整和改进。重要的是教师应保持教学的灵活性和创新性，不断提升自己的教学能力和水平。

（9）课程评估和调整

评估和调整是确保课程质量和效果的重要环节，对课程进行定期评估，分析评价结果和教学效果，根据需要进行课程调整和改进。这是一个不断进行的过程，需要教师持续关注学生的学习情况和反馈，及时调整课程设计和教学方法。

高职院校课程设计注重实践操作和职业能力培养，强调理论与实际的结合，注重培养学生解决实际问题的能力，提高学生的综合素质和就业竞争力。在具体的课程设计中，还需要根据不同学科专业的特点和需求，以及教师的教学风格和创新意识进行灵活调整和创新设计。

2．教学模式设计

教学模式是高职院校教学中常用的一种教学设计，是指教师根据教学目标和教学内容，采用一定的教学方法和手段，以一定的教学顺序和教学方式，组织教学活动和任务，使学生在课程学习中能够更好地掌握知识和技能，提高其就业竞争力。

高职院校常见的教学模式主要包括以下几种：

（1）产学结合模式

产学结合模式是一种将教学与生产实践相结合的教育模式。它主要是将学校与相关行业和企业紧密联系起来，通过合作、交流和共同培养，使教学内容更贴近实际应用，提高学生的就业竞争力和职业能力。主要的模式有校企合作、工学结合、实践导向、弹性学制、"双师型"教师等。产学结合模式有助于解决高职教育与企业需求之间的矛盾，提高学生的就业竞争力。

通过产学结合模式，学生在校期间就能熟悉企业的工作环境，能够更深入地了解行业需求、掌握实践技能和职业素养，为就业和职业发展打下坚实基础。同时，与企业和行业的密切联系也有助于学校及时调整课程设置，保持与行业发展的同步性，为企业输送大量具有实际工作技能的人才，更好地为企业发展服务。这种教学模式在我国高职院校中得到了广泛应用。

（2）订单式培养模式

订单式培养模式是一种以企业需求为导向的职业教育培养模式，旨在培养符合企业需求的高素质技术技能型人才。该模式下，学校和企业密切合作，校企合作共同制订人才培养计划，签订用人订单，通过工学交替的培养方式，在教学、技能培训、研发等方面进行合作，使学生在入校时就已经成为企业人，学习企业的文化和技术，毕业后直接到用人单位就业。订单式培养模式有利于发挥学校和企业的各自优势，共同培养社会与市场需要的人才，也是职业教育办学的显著特征之一。实施订单式培养模式需要有两个主体，一是学校，二是企业，二者缺一不可，离开了企业的职业教育不是真正意义上的职业教育。订单式培养模式有助于加强学校与企业的合作，教学与生产的结合是实现职业教育现代化、促进生产力发展、使教育与生产可持续发展的重要途径。

订单式培养模式的优势在于紧密结合企业实际需求，培养出符合企业要求的专业人才。企业能够获得定制化、有针对性的培训服务，提高员工的技能水平和工作能力。高职院校也能够更好地满足市场需求，提供与企业实际紧密结合的课程。然而，订单式培养模式也面临一些挑战。例如，企业需求变动较快，高职院校需要及时调整课程内容和培养计划。这就要求高职院校与企业之间密切协调和沟通,确保人才培养的质量和有效性。

总之,订单式培养模式是一种灵活、个性化的培训模式,高职院校通过与企业的紧密合作,为企业提供符合需求的人才,提升企业的竞争力和员工的综合素质。

(3)实践教学模式

实践教学模式是指在教学过程中,将理论知识与实践操作相结合,通过实践操作来加深学生对理论知识的理解和掌握,从而提高学生的实践能力和技能水平的教学模式。该模式注重学生的实践操作经验和实践操作能力,通过建设实习基地、实践课程等方式,让学生在实践中掌握专业技能,提高实践能力。实践教学模式的主要步骤:确定教学目标,为后续的教学活动提供指导;设计实践教学内容,让学生通过实践操作加深对理论知识的理解;指导学生进行实践操作,帮助学生掌握实践技能;实践结束后进行反思和总结,进一步改进教学内容和教学方法,提高实践教学的效果。该模式的特点是学生参与度高、知识应用性强、融合理论与实践、培养综合素质、促进自主学习。

总之,实践教学模式有助于提高学生的实践能力和技能水平,促进他们的应用能力和综合素质的发展,有助于提高学生的学习效果和就业竞争力,并使其能够更好地适应实际工作和社会需求。同时,实践教学模式也可以激发学生的学习兴趣和积极性,提高学生的学习效果。

(4)项目化教学模式

项目化教学模式是一种以学生为中心的教学模式,旨在通过让学生完成一个相对独立的项目,促进他们的学习和发展。在项目化教学中,将教学内容转化为项目,通过组织学生参与真实或模拟的项目活动来推动学生的学习和发展。在实施过程中,学生需要负责项目的各个方面,包括信息的收集、方案的设计、项目的实施及最终评价。这种教学方法鼓励学生积极参与、独立思考、创新和团队合作,同时也能提高他们的实践能力和解决问题的能力。项目化教学模式的一般流程为选择项目、团队合作、项目计划、实施项目、结果展示、评估反馈。项目化教学模式的内容决定了它的特点,具体特点总结为学习导向、跨学科整合、实际应用、创新思维、反思与评估。

通过项目化教学模式,学生能够在实际操作中建立知识与实践的联系,提升综合素质,培养解决问题的能力。这种学习方法能激发学生的学习兴趣,提高学习效果。该模式通过让学生参与项目,实现学生对知识的掌握和应用,提高其综合素质和实践能力。

(5) 信息化教学模式

信息化教学模式是指在现代信息技术环境下,教师利用信息技术手段进行教学、学生利用信息技术进行学习的教学模式。这种模式借助多媒体、网络、互联网等技术手段,改变传统的教学模式,以学生为中心,强调学生的自主学习、协作学习和探究学习。信息化教学模式可以分为多种类型,如在线教学、混合式教学、翻转课堂等。这些类型的教学模式都具有一定的特点和优势,可以提高学生的学习效果和教师的教学质量。同时,信息化教学模式也需要教师具备一定的信息技术能力和教学设计能力,这是应用好信息化教学模式的基础。信息化教学模式的特点为多媒体辅助教学、网络教学平台、远程教学、个性化学习、数据分析与评估、在线资源共享。

信息化教学模式的应用可以提高教学效果和教学质量。让学生在网络环境下学习,可以激发学生的学习兴趣,促进学生的主动参与和合作学习,提高其学习效率和自主学习能力。同时,信息化教学模式也给教师带来了更多的教学工具和资源,提升了教学的灵活性和创新性。

高职院校所用的教学模式,需要根据不同专业、不同学科的特点,以及不同的课程要求和教师的教学风格进行相应调整和创新。教学模式的选择应当充分考虑培养学生综合素质和实践能力的需要,并将学生的主动参与和自主学习作为教学的重要目标。

3. 教学策略设计

教学策略是指教师根据教学目标和教学内容,采用一定的教学方法和手段,针对不同的学生特点和教学环境,制订出一系列的教学活动和任务,以便学生在课程学习中能够更好地掌握知识和技能。教学策略设计的一般步骤:

(1) 确定教学目标

明确想要达到的教学目标,如学生应该掌握的知识、技能或态度等。教学目标应该具体、可衡量,并与教学内容相符。

(2) 分析学生需求

了解学生的背景、先前知识水平、学习风格和兴趣爱好等,以便根据学生的需求和差异性设计合适的教学策略。

(3) 选择教学方法

根据教学目标和学生需求,选择适合的教学方法。常见的教学方法包括讲授、示范、讨论、合作学习、案例分析、角色扮演等。可以根据具体情况灵活运用不同的教学方法。

（4）创设学习环境

创建积极、可互动、有挑战性的学习环境。通过提供真实情境、案例研究、小组合作等方式激发学生的学习兴趣和动力。

（5）设计教学活动

根据教学方法和学习目标，设计具体的教学活动计划，要能够激发学生思考和参与，保证教学活动有序、系统地开展。

（6）提供反馈和评估

及时给予学生反馈，指导他们的学习。教师可以通过口头点评、书面评价、小组讨论等方式进行评估，帮助学生发现自己的不足并改进学习策略。

（7）不断改进和调整

根据学生的反馈和评估结果，及时调整教学策略和方法，不断改进和反思教学过程，以提高教学效果并满足学生需求。

在设计教学策略时，还应考虑以下原则：

（1）学生中心

将学生置于学习的中心地位，关注学生的学习需求和兴趣，激发学生的学习主动性，提高参与度。

（2）多样化和差异化

针对学生的不同特点和学习差异，设计多样化的教学策略和活动，以满足各类学生的需求。

（3）有效性和效率性

确保教学策略和方法有效，能够实现教学目标，并且能够在合理的时间内完成。

（4）可评价性

设计教学策略时要考虑如何对学生的学习进行评估，以便衡量学生的学习效果和教学的有效性。

（5）激发兴趣和动机

教学策略应该能够激发学生的学习兴趣和积极性，使学生主动参与并享受学习过程。

在教学策略设计中，需要注重学生的主体性和自主学习能力的培养，注重教学方法的多样性和灵活性，注重教学过程的互动性和合作性，以实现学生全面、持续、和谐发展。通过合理设计教学策略，可以提高教学的效果和学生的学习成果，同时也能够增强学生对知识的理解和应用能力。

4．教学资源设计

教学资源设计是高职院校教学中常用的一种教学设计，是指为了支持和促进教学活动的进行，教师根据教学目标和教学内容，利用各种教学资源，如文本、图片、音频、视频等，制订出一系列的教学活动计划和任务，以支持教学过程的有效开展，以便学生在课程学习中能够更好地掌握知识和技能。在教学资源设计中，需要考虑以下几个方面：

（1）确定教学需求

分析教学目标和学生需求，确定需要哪些类型的教学资源来支持学习活动。例如，是否需要教科书、幻灯片、工作表、实验器材等。

（2）收集和筛选资源

收集符合教学需求的相关资源，可以通过图书馆、互联网、教育平台等渠道获取，然后根据资源的质量、适用性和可靠性进行筛选。

（3）定制和创作资源

根据特定的教学需求，可以定制和创作学习资源。例如，编写教案、设计课件、录制视频、制作实验演示等。确保资源内容与教学目标相一致，并能满足学生的学习需求。

（4）组织资源和对资源分类

合理组织教学资源并对其进行分类，使其易于访问和使用。可以按照教学单元、主题、难度级别等进行分类，也可以建立数字化的资源库或在线平台来存储和管理资源。

（5）提供多样化的资源

确保教学资源的多样性和丰富性，提供不同形式的资源，如文字、图像、音频、视频等，以满足不同学生的学习需求和偏好。

（6）考虑可访问性和可持续性

教学资源应该具备良好的可访问性，方便学生获取和使用。同时，要考虑资源的可持续性，进行定期更新和维护。

（7）教师指导和支持

教师在教学资源设计中扮演着重要角色，他们可以为学生提供指导和支持，帮助学生有效地利用教学资源，提升学习效果。

教学资源设计的原则包括：

（1）与教学目标一致

教学资源应该与教学目标相一致，能够促进学生对知识、技能和概念的理解与应用。

（2）多样性和差异性

提供多样性的教学资源，以满足不同学生的学习需求和兴趣。考虑学生的差异性，提供适应不同学习风格和能力水平的教学资源。

（3）互动性和参与性

教学资源设计应鼓励学生的互动和参与，例如，通过案例分析、头脑风暴、讨论活动等方式开展。

（4）清晰和易用性

教学资源应该具备清晰的结构和明确的指导，使学生能够方便地理解和使用。

（5）鼓励创新和批判性思维

设计教学资源时鼓励学生的创新和批判性思维，提供挑战性的学习任务和材料。

（6）及时反馈和评估

教学资源应该提供适时的反馈和评估机制，帮助学生了解自己的学习进展和不足之处。

通过合理设计和使用教学资源，可以提高教学效果，激发学生的学习兴趣，并促进他们主动参与和探索。在教学资源设计中，需要注重教学资源的针对性和实用性、多样性和灵活性、互动性和合作性，以实现学生全面、持续、和谐发展。同时，教学资源的设计也需要注重对版权和知识产权的保护。

5. *教学评价设计*

教学评价是高职院校教学中常用的一种系统性教学设计，是指教师根据教学目标和教学内容，采用一定的评价方法和标准，对学生的学习成果以及教师的教学质量进行评价，以便及时发现学生的问题和困难，及时调整教学策略，提高教学质量。教学评价设计的步骤如图6-3所示。

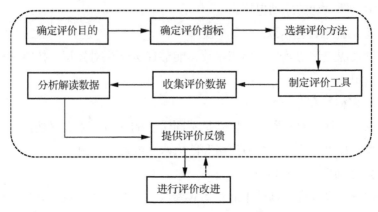

图6-3 教学评价设计的步骤

（1）确定评价目的

明确评价目的和焦点，例如，评估学生的学习进展、检查教学方法的有效性、提供反馈和改进意见等。

（2）确定评价指标

根据评价目的，明确需要评估的指标和标准。主要包括学生的知识掌握程度、思维能力、实践技能、合作与沟通能力等。

（3）选择评价方法

根据评价目的和指标，选择适合的评价方法。常见的评价方法包括考试、作业、项目报告、小组讨论、观察记录、口头演示等。

（4）制定评价工具

设计评价所需的具体工具和表格。例如，为考试设置题目、为作业制定评分标准、为观察记录制定评估指标等。

（5）收集评价数据

根据评估方法和工具，收集相关的评价数据。可以通过考试、作业提交、观察记录、学生自评等方式进行。

（6）分析解读数据

对收集到的评价数据进行分析解读，可以使用统计分析、比较、归纳等方法来处理数据，得出相应的结论和结果。

（7）提供评价反馈

根据评价结果，向学生、教师或教学团队提供评价反馈。反馈的内容有成绩报告、评语、建议和改进措施等。

(8) 进行评价改进

根据评价结果和反馈,对教学活动进行改进和优化,不断反思和调整教学策略,提高教学效果和学生学习成果。

教学评价设计的原则包括:

(1) 全面性

评价应该覆盖教学目标的各个方面,全面了解学生的学习情况和教学效果。

(2) 客观性

评价应该客观、公正地反映学生的实际水平和教学效果,避免主观偏见和歧视。

(3) 可靠性

评价应该具备可靠性,即在不同时间和不同评价者之间能够得出一致的结论。

(4) 有效性

评价应该有效地衡量学生的学习成果和教学质量,提供有用的反馈和指导。

(5) 及时性

评价应该及时进行,及时提供反馈和改进建议,以便学生和教师能够及时调整和改进。

(6) 可持续性

评价应该是一个持续的过程,不断进行并与教学活动相结合,促进教学和学习的持续改进。

综合考虑这些步骤和原则,设计和实施有效的教学评价可以帮助教师提升教学质量,激发学生的积极性,推动教育的持续发展。尤其要注意在教学评价设计中,需要注重教学评价的公正性、客观性和有效性,注重教学评价的多样性和灵活性,注重教学评价的互动性和合作性,以实现学生全面、持续、和谐发展。同时,教学评价的设计也需要注重评价标准的科学性和可行性,以及对评价结果的解释和应用。

高职院校教育教学管理研究

第四节 教学质量管理

一、高职院校教学质量管理概述

高职院校教学质量管理是指对高职院校的教学质量进行管理和监督，以保证教学质量符合国家和行业的标准与要求。教学质量管理包括教学质量评估、教学质量监控、教学质量反馈和教学质量改进等环节。

教学质量评估是指对高职院校的教学质量进行定量或定性评价，以确定教学质量是否达到一定的标准和要求。教学质量评估通常采用多种方法和工具，如教学质量普查、教学质量评估指标体系、学生评教等。

教学质量监控是指对高职院校的教学质量进行实时监控和反馈，以保证教学质量稳定并提高。教学质量监控通常包括教学质量检查、教学质量评估、学生评教、教师教学质量评估等。

教学质量反馈是指将教学质量评估和监控的结果及时反馈给教师和学生，以便他们了解教学质量的情况和问题，并采取相应的改进措施。教学质量反馈通常采用教学质量报告、教学质量评估结果公示等方式。

教学质量改进是指根据教学质量评估和监控的结果，采取相应的措施和方法，改进教学质量和教学效果。教学质量改进通常包括教师培训、教学资源建设、教学方法改革等。

高职院校教学质量管理是保证高职教育质量的关键，需要通过教学质量评估、监控、反馈和改进等环节，不断完善教学质量管理体系，提高教学质量和水平，为学生提供更好的教学服务。

二、高职院校教学质量管理具体步骤

1. 制定教学质量标准

在教学质量管理中，制定教学质量标准是非常重要的一步，也是一个复杂的过程，需要结合教育目标、学生需求、教师能力、教学资源等多个方面进行考虑。教学质量标准是对教学过程和结果的具体表述，可以为教师提供指导和参考，确保教学质量得到有效的评估和提升。高职院校应该结合职业标准和行业需求，制定一套符合自身特点的教学质量标准，明确教学质量的

要求和指标。以下是一些制定教学质量标准的要点：

(1) 明确教学目标

教学质量标准应该从教学目标出发，明确所要达到的教学目标是什么，如知识目标、技能目标和能力目标。依据教学目标，结合课程特点和教学要求进行细化，以便更具体地评估学生的学习成果。

(2) 参考专业要求

教学质量标准应该与专业要求相适应，能反映出学生所应具备的专业知识、技能和素养。可以借鉴相关行业和职业组织的专业标准，结合教学实践经验进行制定。

(3) 综合考虑多方意见

教学质量标准的制定需要综合考虑多方意见，包括学生、教师、行业专家等。可以通过调查问卷、座谈会等方式收集各方的意见和建议，确保制定的标准具有广泛的代表性和可行性。

(4) 量化与定性相结合

教学质量标准可以结合量化和定性指标，既包括能够量化衡量的指标，如学生出席情况、考试成绩、实践项目的完成情况，也包括以观察和评价为主的定性指标，如教师的教学方法、学生的参与度等。这样综合考量可以更全面地评估教学质量。

(5) 分层次评价

教学质量标准可以设置多个层次，从单元、模块、课程到教学活动等不同层次进行评价。各个层次的标准应该相互衔接，体现出教学目标的层层递进关系，确保教学的连贯性和有效性。

(6) 周期性修订

教学质量标准的制定是一个持续改进的过程，需要不断根据实际情况进行调整和改进，以适应不断变化的教育需求和专业要求。可以根据实际的教学效果和学生反馈进行调整，不断提高标准的科学性和实用性。

制定教学质量标准需要充分考虑教育理念、专业特点和教学实践的实际情况等多个方面的因素，确保标准的科学性和可操作性。同时，应该与教师培训和教学评价等机制相结合，形成一个完整的教学质量管理体系，以适应不断变化的教育环境。

2. 建立教学质量保障体系

建立教学质量保障体系是为了确保教学质量的持续改进和提高，高职院校应该引进一些质量管理认证体系,来构建一套完整的适合自己的教学质量保障体系,包括教学质量评估、教学质量监控、教学质量反馈等环节,确保教学质量稳定并提高。具体来说,高职院校建立教学质量保障体系主要有以下内容:

(1) 设立质量保障机构

建立专门的教学质量保障机构,负责教学质量的监控、评估和改进工作。该机构应包括教学质量管理部门、教务处、教学督导团队等相关职能部门。

(2) 制定教学质量政策

制定明确的教学质量政策,确保全校师生对教学质量达成共识。该政策应包括教学目标、评价标准、教师培训和教师发展等内容,为教学质量保障工作提供指导。

(3) 设立教学质量评估体系

建立科学、全面的教学质量评估体系,包括内部评估和外部评估。内部评估可以由学校内部的教学督导团队或教学质量保障机构进行,外部评估可以由行业组织、教育主管部门或第三方评估机构进行。

(4) 实施教师培训和发展计划

制订并实施教师培训和教师发展计划,提高教师的教学水平和专业素质。包括教学方法培训、教学技能提升、教学资源开发等方面的内容,以及教学成果奖励机制的建立。

(5) 推行教学质量改进措施

根据评估结果,制定并推行教学质量改进措施。主要包括改进课程设置、优化教学资源、提升实践教学水平、激励教学创新等方面的举措。

(6) 强化信息化支持

利用信息化手段,建立教学质量管理的信息系统。包括学生评教系统、教学资源管理系统、教学档案管理系统等,实现对教学质量的数据化管理和监控。

(7) 加强学生参与反馈

鼓励学生积极参与教学质量保障工作,收集和反馈学生的意见与建议。可以通过教学调查问卷、学生代表会议、学生满意度调查等方式,了解学生对教学质量的评价和需求。

（8）建立质量保障档案

建立教学质量保障档案，记录教学质量相关的数据和信息。包括教师教学成果、学生评教结果、教学改进措施等信息，为持续的质量改进提供依据。

通过以上措施，高职院校可以建立起一套科学有效的教学质量保障体系，不断提升教学质量，提高学生的综合素质和就业竞争力。

3．加强师资队伍建设

高职院校加强师资队伍建设对于提高教学质量和培养高素质专业人才至关重要，是提高教学质量和培养高素质人才的重要保障。为加强师资队伍建设，高职院校可以采取以下措施：

（1）加强教师招聘工作

高职院校加强教师招聘工作，注重引进具有丰富实践经验和教学经验的优秀师资。可以通过公开招聘、校企合作、境外引进等方式吸引具备较高学术水平和行业经验的优秀教师。

（2）提供良好待遇和发展机会

拥有高水平、高素质的教师之后，如何留住教师也是需要考虑的问题。为吸引和留住人才，高职院校应提供具有竞争力的薪酬待遇和福利条件，建立健全职称晋升和评价制度，为教师提供广阔的发展空间和晋升机会。

（3）注重教师培训和发展

高职院校应建立完善的教师培训体系来加强教师培养。例如，举行或鼓励教师参加教学方法、教育技术、创新能力培养等方面的培训。同时，鼓励教师参加学术交流会议、教学研讨活动、产学研活动、国内外培训等，提升教师的学术水平和专业素养。

（4）实行师德考核和激励机制

立德树人是学校的教育之本，高职院校应设立师德考核制度，加强对教师的师德师风评价和监督，强化职业道德和职业精神。同时，建立激励机制，通过评优奖励、岗位和职称晋升等方式激励教师提高教学质量和教育教学科研水平，树立良好的职业形象，增强学生对教师的信任和尊重。

（5）加强师资交流与合作

鼓励教师参加学术交流和研究合作活动，促进师资之间的沟通、交流和合作。可以组织教师赴企业实习、派遣教师到其他高校访问交流，拓宽他们的视野，丰富经验。

(6) 支持教师科研和创新

高职院校应为教师提供科研项目申报和资金支持，鼓励他们在专业领域开展科研工作和教学创新。同时，建立科研成果转化和应用机制，充分发挥教师在产学研合作中的作用。

(7) 搭建教学团队和平台

高职院校可以组建专业教学团队，由学科带头人和骨干教师组成，共同承担教学任务和教学管理工作。另外，建立教学研究平台和资源共享平台，促进教师之间的合作和资源共享。

通过以上措施，高职院校可以从多个方面入手，加强师资队伍建设，全面提升教师队伍的教学水平和专业素养，为学生提供更优质的教育和培训服务，为学校的发展提供坚实的师资保障。

4．创新教学方法

高职教育的目标是培养学生的实践能力和应用所学知识解决问题的能力，因此创新教学方法非常重要。高职院校应该结合职业特点和学生实际情况，创新教学方法，注重培养学生的实践能力和职业素养，提高教学质量和效果。以下是一些高职院校可以采用的创新教学方法：

(1) 实践教学

高职院校可以通过增加实践教学环节，如实习、实验、项目等，将课堂所学知识应用到实际工作环境中。通过实践锻炼，学生能掌握实际操作技能和解决实际问题的能力，更好地掌握所学知识和技能。

(2) 案例教学

案例教学是一种以实际案例为教学内容的教学方法。高职院校可以通过编写与专业相关的案例，让学生通过分析和解决实际问题来掌握知识和技能。

(3) 合作学习

合作学习是一种让学生合作完成任务的教学方法。高职院校可以通过组建合作学习小组，通过学生之间的合作和互动，促进知识的共同构建和交流。可以采用小组讨论、角色扮演、合作项目等形式，让学生合作完成实践任务或项目，激发学生的学习热情和积极性，从而提高学生的团队合作能力和解决问题的能力。

(4) 信息技术应用

高职院校可以利用信息技术手段，如网络教学平台、在线课程等，开展线上教学，提供更直观、生动的学习方式，提高学生的学习效率和灵活性。

同时,鼓励学生使用技术工具进行自主学习和实践操作。

(5) 课程设计

高职院校可以对课程进行重新设计,通过引入新课程、重新整合课程内容和教学方法,使课程更加贴近实际应用和学生需求。

(6) 教师培训

高职院校可以加强教师的培训和交流,让教师学习新的教学方法和技能,不断提高教学水平和质量。

总之,高职院校需要不断创新教学方法,提高教学质量和效果,让学生更好地适应社会和就业需求。

5. 加强教学资源建设

高职院校可以通过加强教学资源建设,提高教学资源的数量和质量,提升教学质量,改善学生的学习体验。

(1) 建设数字化教学资源库

高职院校可以建设数字化教学资源库,包括课件、视频、实验指导书、习题库等,让师生方便地获取教学资源。

(2) 引进优质教材

高职院校可以引进优质教材,包括国内外优秀的教材和教辅材料,为学生提供丰富的学习资源。

(3) 建立实践教学资源库

高职院校可以建立实践教学资源库,包括实验设备、实践指导书、实践项目等,为学生提供实践教学资源。

(4) 开展教学资源共享

高职院校可以开展教学资源共享,与兄弟院校共享优质教学资源,提高教学质量和效果。

(5) 推进信息化建设

高职院校可以推进信息化建设,包括建设校园网、网络教学平台等,为学生提供良好的学习环境和学习资源。

(6) 加强师资培训

高职院校可以加强师资培训,提高教师的教学水平和能力,为学生提供更好的教学服务。

总的来说,高职院校加强教学资源建设,需要根据实际情况和学生需求,不断创新和改进教学资源,为学生提供更加优质和丰富的学习资源。

6. 建立学生评价机制

建立学生评价机制是提高高职院校教学质量和促进教育教学改革的重要手段，可以帮助高职院校了解学生的学习情况和需求，及时反馈教学质量信息，改进教学方法，提高教学质量和学生满意度。以下是建立学生评价机制的几个关键步骤：

（1）设定评价指标和标准

设定明确的评价指标和标准，包括教师的教学能力、教学内容和方法、学生的学习成果等方面。这些指标和标准应该与教育目标和课程要求相一致，并经过广泛的讨论和专家评估。

（2）选择合适的评价方式

根据评价目的和评价对象的不同，选择合适的评价方式。可以采用问卷调查、面试、观察、学生作品评价等形式，结合定性和定量的评价方法，全面了解学生对教学过程和教师的评价意见。

（3）确定评价程序和时间

确定评价的程序和时间节点。例如，在每学期结束时进行教学评价，或者在特定的教学环节或课程结束后进行评价。评价程序应该简洁明了，方便学生参与和反馈意见。

（4）保障评价的匿名性和公正性

为了确保学生能够真实地表达自己的评价意见，评价过程应该保证学生的匿名性。此外，评价结果应该经过专门的机构或小组进行分析和综合，以确保评价的公正性和客观性。

（5）关注评价结果的反馈和利用

将评价结果及时反馈给教师和相关部门，并且鼓励教师根据评价结果进行自我反思和改进。同时，学校可以根据评价结果进行教师培训和课程改革，提高教师的教学水平和教育教学质量。

（6）引导学生参与评价过程

鼓励学生积极参与评价过程，让他们对教学质量有更深入的了解，提升他们的参与感。可以开设相关课程或举办评价工作坊，培养学生的评价能力和意识。

通过建立学生评价机制，可以收集学生对教学质量和教学环境的反馈意见，为学校提供改进教育教学方法的重要参考，并促进学生、教师和学校之间的良好互动和沟通。

第七章

高职院校在线教学管理

第一节 在线学习理论基础

一、在线学习概述

1. 在线学习的内涵

在线学习是指在由通信技术、微电脑技术、计算机技术、人工智能、网络技术和多媒体技术等构成的电子环境中进行的学习,是基于技术的学习,是通过计算机互联网或通过手机无线网络,在一个网络虚拟教室与教师进行网络学习的方式。它包括各种学习活动,如在线课程、在线培训、远程教学、网络研讨会等,可以是正式的学习,也可以是非正式的学习。在线学习可以通过多种方式进行,如文本、图像、音频、视频等形式,它具有电子化的学习、有效率的学习、探索的学习、经验的学习、拓展的学习、延伸的学习、易使用的学习、增强的学习等特点。在线学习依赖于通信技术、微电脑技术、计算机技术、人工智能、网络技术和多媒体技术等技术支持,可以实现跨地域、实时或异步的学习,为学习者提供了更多的学习机会和灵活的学习方式,使学习者能够根据自己的需求和兴趣选择课程,并以自己的节奏进行学习,推动了教育的普及和个性化发展。

2. 在线学习的特征

在线学习是近些年兴起的一种学习方式,它和传统学习不同。在线学习提供了更加灵活和便捷的学习体验,强调学生的自主学习和互动交流。而传统学习则更注重实时互动、面对面交流和教师的直接指导。在线学习具有以下几个特点：

跨时空跨地域学习：在线学习打破了地域限制，学习者可以随时随地进行学习，不受时间和地点的限制。学习者可以在任何地方进行学习，无需到学校或教室，可以在全球范围内与其他学习者一同学习和交流。

自主学习：在线学习强调学习者的主动性和自主性。学习者可以自由选择感兴趣的课程、学习材料和学习方式，根据自己的学习节奏和习惯进行学习，更好地满足个体化学习需求。

多样化的学习资源：在线学习平台提供了丰富的学习资源，包括教学视频、课件、练习题、案例分析等。学习者可以随时获取这些资源并按需使用，丰富了学习的内容和形式。

互动交流：在线学习通过在线讨论、答疑和辅导等方式促进学习者之间的互动和交流。学习者可以与其他学习者和教师进行讨论、分享学习心得，获得即时的反馈和支持。

反馈及时性：在线学习平台通常会提供自动评估和反馈机制，学习者可以及时了解自己的学习进度和成绩，同时也能快速发现和纠正学习中的问题。

技术支持：在线学习平台提供技术支持，确保学习者能够顺利使用平台进行学习。学习者可以随时获得技术支持，解决遇到的问题。

可持续性：在线学习可以实现可持续性学习，学习者可以通过网络和多媒体技术进行学习和交流，减少了对纸质书籍和材料的需求，有利于环境保护。

二、在线学习相关理论

1. 信息素养

信息素养（Information Literacy）是指人们在信息社会中有效获取、处理、应用信息的能力，以及对信息的评估、组织和创造的能力与技巧。它包括对信息的理解、分析、评价、应用和创造的能力。信息素养不仅仅关注技术层面的操作，更注重个体对信息的认知、个体的批判性思维和解决问题的能力。它是一种综合能力，涉及人文、技术、经济、法律等诸多方面的因素，和许多学科有着紧密的联系。它可以帮助个体更好地适应信息社会，发展自主学习能力，提高解决问题的能力和创新能力。

在线学习中，学生的信息素养很重要，因为它对学生的学习效果和学习动机有着显著的正向影响，起到了引导、保护和提升学生学习能力的作用。学生的信息素养包括信息获取、处理、应用和创新等方面，这些都是在线学习所需要的基本能力。只有具备了一定的信息素养，才能够有效地获取、分析、处理和应用学习资源和信息。信息素养除了能够使学生从海量的信息中获取有价值的知识外，还能够培养学生的批判性思维、合作能力和自主学习能力，提高学习效果和质量。如果学生缺乏信息素养，他们就会在在线学习中遇到困难，无法有效地进行学习。

在线学习时，学生信息素养的重要性体现在以下几个方面。一、信息搜索和获取能力：在线学习需要学生具备信息搜索和获取的能力，能够通过搜索引擎、数据库、网络课程平台等途径获取所需的学习资源和信息。二、信息分析和评估能力：在线学习需要学生具备信息分析和评估的能力，能够对获取的学习资源和信息进行分析与评估，判断其真实性、权威性和适用性。三、信息处理和应用能力：在线学习需要学生具备信息处理和应用的能力，能够对获取的学习资源和信息进行处理与应用，将其转化为自己的知识和技能。四、信息沟通和交流能力：在线学习需要学生具备信息沟通和交流的能力，能够与其他学习者和教师进行交流与合作，分享自己的学习心得和经验。五、信息安全和保护能力：在线学习需要学生具备保障信息安全的能力，能够保护自己的个人信息和学习成果，避免受到网络攻击和欺诈。

2. 自主学习理论

自主学习（Self-directed Learning）是一种能力，是学习者能够独立确定自己的学习目的、学习目标，并采用适当的方法进行学习，最后评估自己学习成效的能力。从本质上说，自主学习是学习者对学习内容、学习过程的心理反应，即一种超越、批判性的思考、决策以及独立行动的能力。在自主学习过程中，学生首先确定自己的学习目的是什么，然后为自己制定学习目标，接下来最重要的就是监视、调节、把控由目标和情境特征引导并约束的行为、动机与认知。确切地说，就是学习者能够自己制定学习目标、确定学习内容，并把控学习进度、选择适合自己的学习方法和技巧、监控整个学习过程，最终进行自我评价。自主学习与自主探究学习联系比较紧密，自主探究学习是指在教师的引导、启发、点拨和帮助下，学生带着一种要积极了解问题、解决问题的强烈愿望与心情，用探索研究的方法，主动参与学习，并自己制定整个过程，从而达到解决疑问、掌握相应的知识与能力的目的。

通过自我激励、自我控制和自我评价的方式进行自主学习，学生可以独立地掌握知识和技能，并具备独立思考和解决问题的能力。自主学习的目标是培养学习者的自主性、独立性和创造性，使其能够在不同的情境中独立地进行学习。自主学习强调学生主动参与学习过程，积极探究和发现知识，培养学生的学习兴趣和自信心。自主学习还强调学习者的主动性和自我管理能力，需要学习者具备一定的学习策略和技能，如时间管理、资源搜索和评估等。

3. 终身学习理论

终身学习（Lifelong Learning）是指个体在整个生命周期中持续不断地追求知识、培养技能和提升自我，不断进行学习、发展和成长的过程，并不仅局限于正规教育阶段，而是一个贯穿生活始终的过程，个体需要不断适应和应对变化的社会环境和职业需求，实现自我发展和个人成长。终身学习的核心理念是个体对自我教育和自我发展负责，并具备自主学习的能力。这种学习方式强调自我激励、自我管理和自我评估，个体需要不断寻找学习机会、参与学习活动，并将所学知识应用于实践中。

终身学习的目标是帮助个人适应社会和职业发展的变化，包括培养持续学习的意识和能力，提高自我认知和自我评价能力，培养自主学习和创新能力，适应不断变化的社会和职业环境，提高个人的职业竞争力和生活品质。终身学习的特点是持续性、自主性、创新性、合作性和适应性。终身学习强调人们需要持续学习和不断成长，具备自主学习和创新能力，能够适应不断变化的社会和职业环境，不断提高自己的职业竞争力和适应能力。终身学习需要个人具备不断学习和更新知识技能的意识与能力，通过不断学习和探索，个体可以不断提升自我，适应职业发展和社会需求的变化，实现个人的持续成长和发展，适应不同的职业和生活场景。

4. 构建主义学习理论

构建主义学习（Constructivist Learning）是一种以学习者为中心的关于知识和学习的理论，强调学习者的主动性，认为学习是一种积极的、建构性的过程。在学习中，学生会根据自己的经验、知识和环境中的资源来有选择性地重建或重构思想、知识和理念，而这一过程常常是在社会文化互动中完成的。构建主义学习理论认为，学习不仅是被动接收和记忆知识，而是个体积极参与、经验交互和知识重构的过程。它强调学习者在学习过程中的主动性和创造性，并追求对知识的深刻理解和能力发展。通过构建主义学习，学习者能够培养批判性思维、自主学习和合作精神，更好地适应复杂多变的社会和职业需求。

构建主义学习理论强调情境、协作、会话和意义建构，这是学习过程中的四个基本要素。情境是有利的学习环境，学习者处于一定的情境中，通过与现实生活、社会文化背景以及学习任务的相互作用，构建自己的知识和理解。情境可以是物理环境、社会环境或者是虚拟环境。协作是指学习者在整个意义建构过程中与他人一起合作、互动、共同探究问题和解决难题，是活跃在整个意义建构过程中的。会话是完成意义建构的重要途径之一，学习者通过与他人进行对话和讨论，引发思维的碰撞和交流，共同构建知识和概念。意义建构是学习者通过认识并深入理解事物的性质、规则以及相关事物之间的内在联系，从而形成有意义的知识体系。

构建主义学习的特点主要有如下五点。一、学习者主导：学习者在学习过程中处于主导地位，积极参与和组织学习活动。二、社会交往：学习者通过与他人的合作、对话和讨论来共同建构知识。三、意义生成：学习者通过将新知识与已有知识联系起来，构建自己的理解。四、反思和评估：学习者通过反思和评估自己的学习过程与成果，促进知识的建构和积淀。五、环境和文化：学习环境应该提供丰富的资源和情境，并尊重和包容不同文化背景的学习者。

第二节　在线学习需求分析

一、在线学习情境分析

在线学习情境是指在计算机技术、网络技术、通信技术、多媒体技术、微电脑技术和人工智能等构成的电子环境中进行学习的场景。它是一种基于技术的学习方式，通过应用信息科技和互联网技术进行内容传播与快速学习。在这种场景下，学生可以通过网络获取更多的学习资源和学习工具，如视频、音频、图片等资源，以及在线课程、电子书籍、讨论论坛、学习管理系统等。此外，学生还可以自主选择学习内容、学习时间和学习地点，灵活安排学习计划，提高学习效率，也可以通过网络与教师和同学进行交流、讨论，以便更好地掌握知识和技能。在线学习情境不仅是一种新兴的学习方式，也是未来教育发展的趋势。然而，在线学习情境也面临一些挑战。例如，学生需要具备较强的自主学习能力和自我管理能力，以保证学习效果。

此外，在线学习情境也需要良好的网络环境和设备支持，以保证学习体验和学习效果。在线学习情境包括以下几种：

远程教育：在远程教育情境下，学生可以通过网络平台接受教育机构提供的在线课程。这种情境适用于那些无法参加传统面对面教学的学生，例如，距离远、时间不方便的学生等。

自主学习：在线学习也适用于个人的自主学习情境。学生可以自己选择感兴趣的课程和学习资源，在自己合适的时间和地点进行学习。这种情境特别适合有自我驱动力的自律的学习者。

继续教育：在线学习为从业人员提供了便捷的继续教育机会。无论是专业知识更新、职业技能提升还是学术研究深造，都可以通过在线学习平台来获得所需的培训和学习。

社群学习：在线学习平台也提供了社群学习的情境。学生可以通过讨论论坛、在线小组或社交媒体等与其他学习者交流和合作，共同学习和解决问题。这种情境提供了互动和合作的机会。

混合学习：混合学习情境结合了在线学习和传统面对面教学的优势。学生可以通过在线学习平台预习课程内容，在课堂上进行更深入的讨论和实践。这种情境可以提高学生的参与度和学习效果。

大规模开放在线课程（Massive Open Online Courses，MOOC）：MOOC是一种开放式的在线课程，可以容纳大量的学生。学生可以通过注册在线平台上的课程，按照自己的节奏和目标进行学习。这种情境提供了广泛而多样化的学习资源。

无论是远程教育、自主学习、继续教育、社群学习、混合学习还是MOOC，在线学习情境都具有灵活性、便利性和个性化的特点，可以满足学习者不同的需求和目标。

二、学习者分析

学习者指的是进行学习活动、获取知识和技能的个体或群体。学习者可以是任何年龄、背景和教育水平的人，包括学生、职场人士、自学者等，是最广泛的可能用户群。

学习者的特点和需求因人而异。每个学习者都有自己的学习风格、兴趣、目标和意愿。因此，教育者和教育机构在设计、提供学习环境及制作学习资源时应考虑到学习者的多样性，为他们提供相应的学习支持和资源。为了确保教学设计的有效性，需要提高学习者的参与度和积极性。满足个性化学习的需求，提高教学效果，需要对学习者进行深入的分析，这是教学设计中非常重要的一环，可以帮助教师更好地了解学习者，为教学设计提供有力的支持。通过对学习者的分析，教育者可以更好地进行个性化教学，根据学习者的特点和需求进行差异化教学，提高教学效果和学习者的满意度。

对学习者的分析主要有以下几个方面：

学习者的特点：包括学习者的性别、年龄、学历、职业、兴趣爱好、学习目标等方面。通过了解学习者的特点，可以全面地了解他们的需求和背景，从而更好地设计教学内容和教学方式。

学习者的学习风格和偏好：学习者的学习风格是指他们所喜欢的学习方式和方法。不同的学习者有不同的学习风格，如有些学习者喜欢听，有些喜欢看，有些喜欢动手实践等。通过了解学习者的学习风格，可以更好地为他们提供适合的学习方式和教学内容。

学习者的学习背景和知识水平：学习者的学习背景包括其过去的学习经历、学习成就、学习障碍等方面。另外，还要了解学习者的知识水平和学习历史，包括其在特定领域或学科中的已有知识和技能。通过了解学习者的学习背景和知识水平，可以把握他们的学习状况和需求，从而更好地设计教学内容和教学方式。

学习者的学习动机和目标：学习者的学习动机是指他们希望通过学习获得的知识和技能。通过分析学习者的学习动机、期望和目标，即他们为什么学习和想要达到什么样的目标，了解学习者的学习需求，可以为他们提供有针对性的教学内容和教学方式，从而更好地满足他们的学习需求。

学习者的学习效果：学习者的学习效果是指他们在学习过程中各阶段所取得的成果和表现。通过了解学习者的阶段性学习效果，可以更准确地评价教学设计和教学实施的效果，从而更好地改进教学方法和提高教学质量。

第三节　在线学习课程资源

在线课程资源是可以在互联网上访问和使用的与课程相关的教学材料和资源，是指通过网络表现的某门学科的教学内容及实施的教学活动的总和，是信息时代课程的新表现形式。它是按一定的教学目标、教学策略组织起来的教学内容和网络教学支撑环境。在线课程资源包括但不限于视频讲座、电子书籍、在线演示文稿、课程练习、实验指南、讨论论坛等。

在线课程资源是学习者在线学习的前提和保障，因为它们提供了学习所需的知识和技能，为学习者提供了更便捷、灵活的学习方式，帮助学习者掌握课程内容并提高学习效果。在线课程资源的质量对学习者的学习效果至关重要，因此教育机构和教师需要重视在线课程资源的设计与开发，确保其内容准确、丰富、有趣，并且易于理解和掌握。此外，教育机构和教师还需要定期更新和完善在线课程资源，以满足学习者的需求，提高学习效果。

一、慕课

大型开放式网络课程（MOOC），中文音译为慕课，是一个大规模的在线开放教育课程平台，2012年由斯坦福大学、哈佛大学和麻省理工学院的几位教授推动成立，被誉为教育史上的"一场数字海啸"。慕课的出现被认为是教育资源、教育方式发生革命性变革的一个信号。

慕课是一种以互联网为基础，大规模开放给广大学习者参与的在线课程，是互联网教育的一种新形式。慕课通过在线平台提供丰富的学习资源和教学内容，包括课程视频、教材、练习题、在线测验等，允许学习者自主学习和参与互动。慕课通常由著名的教育机构或在线教育平台提供，旨在为全球各地的学生提供免费或收费的在线学习机会。慕课课程通常涵盖各学科领域，包括计算机科学、商业管理、人文社会科学、医学和工程学等。

慕课的特点是规模大、开放式、在线学习、多样性及互动性等。慕课可以同时容纳成千上万名学习者参与学习，无地域和时间的限制。慕课对所有人开放，学习者可以根据自己的需求和兴趣选择参与的课程。慕课的学习主要通过在线平台进行，学习者可以在计算机、手机等设备上随时登录平台，自主选择学习时间和地点。慕课覆盖了各个学科领域和主题，从基础知识到高级专业技能都有涉及，学习者可以根据自己的需求选择适合的课程进行学习。慕课还提供了学习者之间的互动机制，如在线讨论区、社交媒体群组等，学习者可以与教师和其他学习者进行交流与合作。另外，一些慕课平台在学习者完成学习后为其颁发相应证书，证明学习者具备了相应的知识和能力。

慕课已经成为一种越来越受欢迎的在线学习方式，它的出现使得学习者能够通过互联网获取高质量的教育资源，灵活安排学习时间，自主选择学习内容。同时，慕课也为教育提供者提供了一个便捷的方式来传播知识和培养人才。目前来看,慕课取得了显著的成效,但是也面临一些挑战。例如,个性化的学习服务、技术应用的创新、课程知识产权、商业模式的应用、学习者自主学习能力的提高、在线学习理论的创新等。这些问题的解决,可以推进慕课的可持续发展,提升慕课的教学质量和学习者的体验,同时增加慕课的被认可度和影响力,将有助于慕课在教育领域的长期发展。

二、微课

微课是"微型视频网络课程"的简称,是一种以微型教学视频为主要载体,针对某个学科知识点,如重点、难点、疑点、考点等,或教学环节而设计开发的一种情境化、支持多种学习方式的在线视频课程资源。微课力求在很短的时间内传递特定的知识点或技能,通常时长在 10~20 分钟,并且具有很强的针对性和实用性。与传统教学相比,微课更加注重简洁、直接和高效的教学方式。微课的核心组成内容是课堂教学视频(课例片段),同时还包含与该教学主题相关的教学设计、素材课件、教学反思、练习测试及学生反馈、教师点评等辅助性教学资源。

微课的雏形最早出现于美国北爱荷华大学的勒罗伊·麦格鲁(LeRoy A. McGrew)教授所提出的 60 秒有机化学课程,及英国纳皮尔大学的基(T. P. Kee)教授提出的 1 分钟演讲。"微课"这一概念则是由美国新墨西哥州胡安学院的高级教学设计师、学院在线服务经理戴维·彭罗斯(David Penrose)于 2008 年提出的。微课在 2011 年开始引入中国,因其"短、小、精、趣"的特征,迎合了时代的要求和大众的心理,在我国教育领域中得到了快速发展。2015 年,微课的建设和发展呈井喷之势,此后,发展速度趋于平缓。到目前为止,在基础教育、高等教育和职业技术教育领域,微课的设计、开发与应用取得了不少成绩。

微课的主要特点是短时高效、高度集中、多媒体呈现、灵活个性化、互动与反馈。微课适合学生自主学习、查缺补漏、强化巩固知识等。微课的内容可以涵盖各个学科领域,形式包括视频、音频、图片、文本等,可以应用于线上教学、线下教学、混合式教学等多种教育场景。微课的好处在于能够给学生提供自主学习的环境,更好地满足学生对不同学科知识点的个性化学习需求。微课内容被永久保存,可供查阅和修正,按需选择学习,既可查漏补缺,又能强化巩固知识。同时它既是学生课外延伸的个性化阅读和学习的最好载体,也是传统课堂学习的一种重要补充和拓展。微课在教育领域的应用越来越广泛，不仅可以作为传统教学的补充，还可以用于职业培训、企业内部培训等领域。微课的特点使其具有很好的适应性和灵活性，方便学习者根据自身需求进行学习，提高学习效率和效果。

微课还处于发展阶段，虽然取得了一定的成果，但是也面临许多亟待解决的困难。例如，微课数量太大，微课的制作质量参差不齐，题目和内容选择范围标准不一，内容不聚焦，重点不突出，缺乏互动和个性化，技术设备和网络条件限制，微课平台功能不够完善等问题。针对这些困难和挑战，教育工作者需要不断进行创新和改进，提供更好的支持和解决方案。个性化学习、智能化技术、互动设计和合作机制等方面的发展，可以帮助克服微课面临的困难，并提高学习者的学习体验和成效。

三、私播课

私播课是英文 Small Private Online Course 的简称，简写为 SPOC，字面意思为"小规模限制性在线课程"。其中，Small 和 Private 是相对于 MOOC 中的 Massive 和 Open 而言的。"Small" 是指学生规模一般在几十人到几百人。"Private" 是指对学生设置限制性准入条件，达到要求的申请者才能被纳入私播课课程。所以私播课是由个人或小团队进行的有偿或免费的在线教学活动，通常通过网络平台进行传播和交流。私播课通常由教师或专家在线授课，学生可以通过在线观看视频课程、互动交流、提问答疑等方式进行学习。与传统的课程教学相比，私播课可以打破地域和时间的限制，让学生随时随地学习，同时也可以为学生提供更多的学习资源和机会，并且私播课更加注重个性化、灵活性和互动性，能够提供更具针对性和实用性的教学内容。私播课的缺点在于，由于课程质量和教学方式的差异，可能存在学习效果不稳定的问题。

私播课的特点包括以下几个方面：

个人或小团队授课：私播课通常由教师个人、专家或小团队进行教学，学生规模一般在几十人到几百人之间，他们可以根据自己的专长和兴趣，在特定领域或主题上进行深入讲解和分享。

灵活的时间和地点：学习者可以根据自身的时间安排，在任何地点通过网络平台参与私播课程。这种灵活性使得私播课更加适应学习者的需求，方便他们按照自己的节奏进行学习。

个性化教学：私播课更加注重学生的个性化需求和教学质量，教师可以更好地针对学习者的需求和水平进行教学安排。私播课程可以提供更加贴近学习者实际需求的内容，满足不同学习者的学习要求。

互动和合作：私播课倡导互动和合作学习，通常采用在线讨论、小组互动等方式，加强学习者与教师和其他学习者之间的交流与合作。这种互动性促进了知识的共享和学习者之间的互助。

实用性强：私播课通常注重实用性，将所学知识与实际应用相结合，通过案例分析、实践项目等方式，为学习者提供实际应用价值较高的内容和技能，帮助学习者更好地理解和应用所学知识，提高学习的实用性和可持续性。

私播课的兴起主要得益于互联网和在线教育的发展。私播课模式相对于传统面对面教学和大规模在线课程，具有更大的灵活性和个性化特点。它允许教师更好地关注每位学生的学习进展，并提供更贴近实际需求的教学内容。同时，私播课也能为学生提供更多主动学习和互动的机会，促进学习效果的提升。私播课为有专业知识和经验的个人提供了一个分享和传授知识的平台，同时也满足了学习者对个性化、实用性和互动性的课程需求。私播课程的丰富多样也为学习者提供了更多选择。

第四节　在线学习实践

当今社会，随着科技的发展和网络的普及，越来越多的高职院校开始采用在线学习模式，以满足学生的多元化学习需求，进一步提高教育质量。在线学习的优势在于它可以随时随地进行，不受时间和地点的限制，为学习者提供了更加灵活、高效、个性化的学习体验。高职院校在线学习的平台有很多，如国家精品在线开放课程、网易云课堂等。这些平台提供了丰富的课程资源，可以帮助学生提升自己的技能和知识水平。在职业教育领域，在线学习还可以为学生提供更多的实践机会，有助于提高学生的职业技能和适应社会需求的能力。

一、高职院校学生在线学习影响因素分析

1．概述

2020年新冠疫情的暴发改变了以往的教学模式，很多学校从线下教学或"线上线下"相结合的教学模式，转变为全面线上教学模式。教学形式的转

变带来了一些新问题。缺少了校园环境的支持、教师有效的监督和学习同伴的影响等外部学习因素的分散式居家学习方式，到底会有怎样的学习效果？这是社会、学校以及学生家长关注的问题，也成为教育工作者亟须解决的问题。

学习的主体是学生，其在线学习的投入度是影响学习效果的关键因素。在长时间的在线教学过程中，在线学习者的有效参与度和积极投入度明显不够，学习适应性不强、在线主动学习能力不足、学习状态不持久、被动参与现象普遍存在。而且随着时间的推移，学生在线学习的投入度进一步降低。为了解决这些问题，帮助高职院校学生适应新的学习环境，养成良好的学习行为，有必要深入探析高职院校学生在线学习投入的特征和影响因素，解决在线学习中存在的一些典型问题，提升在线学习的质量和教学目标达成度。

通过对学习投入度及其影响因素的数据分析，结合居家在线学习的特点、高职院校学生的学习习惯和行为习惯，基于莎菲利（Safari）、李爽、汪雅霜等人的研究结果，设计了在线学习调查问卷。通过大样本的高职院校学生在线学习调查数据和对学习投入情况以及影响因素的分析，得出了高职院校学生的在线学习状态信息，分析了学习投入度与相关要素间的关联度，提出了相应的解决方案。

2．大学生在线学习投入度及其影响因素

（1）在线学习投入度

学习投入相关理论最早是由泰勒（Tyler）、艾斯汀（Astin）、库（Kuh）以及佩斯（Pace）等人提出的。学术界普遍认为，教育质量通常取决于学生从经验中汲取的技能或思维方式，而这些经验的结果取决于学生对体验的投入程度。基于这种普遍认知，可将在线学习投入度概括为学生在网课学习中投入的时间、精力、情感等资源。学习投入的研究通常从三个层面展开，即行为层面、认知层面、情感层面，如图7-1所示。

图7-1　学习投入度三个维度图

学习行为投入是最直观的，表现为学习者在课堂上的学习时长、参与程度、学习频率等。学习行为积极的学生总是参与时间长，参与度高，积极活跃地回答问题，作业完成的质量也比较好。行为投入是学习投入中最浅的参与方式，是线上学习过程中的各种可被观测到的学习行为的一种度量，由于它易于操作，容易观察，也成为经常使用的评估方法。

学习认知投入是指学生采取坚定、积极的态度提出的学习策略，如设计并绘制了思维导图来重组新学习的知识，设计学习道具、学习谱图等，尽可能有效地吸收信息以形成知识，是对学习方式、学习策略、学习风格等进行的测量。学习认知投入通常在对新知识掌握得比较好的情况下才会呈现。

学习情感投入是学生在情感层面上与其他物品、其他人建立联系的合作方式，在情绪上积极投入，在学习中与教师、同学互动，在学习过程中感受到自我价值的实现，并朝着课程目标和人生目标前进。

（2）在线学习投入影响因素

影响学习投入的因素有很多，包括兴趣、学习动机、性别、能力基础、学习层次、信息素养、自我效能感等自身因素，也包括对学习起支持作用的教师魅力、教学方法、同伴、教学数据管理反馈、学习资源环境等外界教育性因素。新冠疫情期间，学校普遍开展居家在线学习，学习投入度高，是取得良好学习效果的基础。但是，缺少了校园环境的支持、教师和学校有效的监督，以及学习同伴的互相影响，这种分散式居家学习形式使得学习过程中受到的影响因素趋于多元化。学术界从不同的角度对此进行了分析。房萌萌等认为，影响学习投入的因素包括课程、教师、学校和学习者四个方面。况珊芸等认为影响在线学习投入的因素主要分为内因和外因两方面。按照是否属于学生自身因素的范畴，可将影响学生在线学习投入的因素分为学生个体因素和外部因素。学生个体因素包括先赋性因素、主动性学习因素、信息技术素养能力和专业知识基础等。外部因素包括教师因素、在线教学活动组织因素、学习环境因素和设备条件因素等。

若将影响因素看作自变量，将学习投入的三个层次（认知投入、行为投入、情感投入）作为因变量，可构造出两大类因素对在线学习投入影响的分析模型，如图7-2所示。

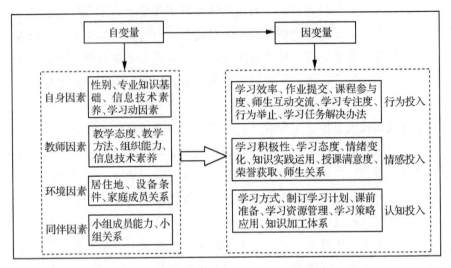

图 7-2　自变量和因变量对在线学习投入影响模型图

3．数据采集与结果分析

（1）数据采集

依据影响学习投入的学生自身因素和外界教育性因素，结合新冠疫情期间高职院校学生居家在线学习的条件和特征，借鉴斯金纳（Skinner）等人完善的学习投入量表和马丁（Martin）编制的标准化评估量表，设计出了调查问卷——高职院校学生在线学习调查问卷，并进行了数据的调查与分析。在设计调查问卷期间，还采用了访谈方式，对问卷题目做了适当修改。问卷由两部分构成：一是学生个体因素和高职在线课程安排管理，采用选择和填空方式获取数据；二是学生的学习行为投入、认知投入、情感投入，通过标准化评估量表方式获取数据。问卷的部分样例见表 7-1。

调查对象是苏州工业园区服务外包职业学院的在校学生，对 2022 年春季课程，以在线学习的学生为调查对象，涵盖了 4 个院系共 15 个专业的学生。苏州工业园区服务外包职业学院是一所综合性的职业学校，面向全国招生，无论是地域还是学生性别等方面，分布都比较平均，具有代表性。

表 7-1　在线调查问卷表（部分）

基础情况	
A1 性别	1. 男　2. 女
A2 年级	A. 一年级　B. 二年级　C. 三年级
A3 所学专业	A. 文科　B. 理科　C. 工科　D. 艺术（体育） E. 医学　F. 其他
A4 新冠疫情期间，我所有的在线课程有几门	A. 0　B. 1～5　C. 6～10　D. 11～15　E. 16 及以上
A5 我在一周内投入的在线课程学习时间（单位：小时）	A. 0　B. 1～5　C. 6～10　D. 11～15　E. 16 及以上
A6 与上学期相比，学习时间投入有所增长	A. 是　B. 否　C. 没有变化
A7 以往课程成绩主要在哪个区间	A. 90～100 分　B. 80～89 分　C. 70～79 分 D. 60～69 分　E. 60 分以下

自身因素							
自身因素评价指标及分数(5＝非常认同,1＝非常不认同)			5	4	3	2	1
自我效能感	1	为了完成在线学习任务，我愿意付出时间和精力					
	2	我能够客观评价自己，并找到合适的学习策略					
认知负荷	3	我能够感知线上课程的相应程度，并付出相应的努力					
技术运用度	4	我能够熟练地使用在线学习平台工具					

教师因素							
教师因素评价指标及分数(5＝非常认同,1＝非常不认同)			5	4	3	2	1
教育理念	5	我认同教师的线上教育教学理念					
信息化技术水平	6	我认为教师具备熟练使用信息化教学工具的能力					
	7	我认为教师能够根据线上教学平台特色创新教学模式					
教学设计与方法	8	我认为教师能够运用线上学习优势选择合适的教学方法					
	9	我认为教师能够合理调控各类教学资源					
师生交互行为	10	我认为教师能够通过弹幕、语音等进行师生互动					
	11	我认为教师能够鼓励学生积极地参加线上协作讨论、学习					

2022年5月23日到6月1日期间，面向4个院系的15个专业全体学生发放了完整的调查问卷，参与调查的学生涉及30个省、自治区、直辖市。调查对象自愿参加，回答问卷中的相关问题，共回收问卷1693份，有效问卷为1495份，有效率约为88.30%。参与问卷调查的学生中，女生占59.83%，男生占40.17%；来自农村的占76.38%，来自城市的占23.62%；来自独生子女家庭的占46.57%，来自非独生子女家庭的占53.43%。

（2）数据分析过程及结果

首先用Python读取数据到DateFrame变量表中，利用Python机器学习库Numpy和Pandas，针对特殊数据进行标准化和归一化处理，然后通过scatter函数绘制散点图，利用corr函数进行不同影响因素与在线学习投入度的相关性判断，筛选出相关性高的影响因子，最后根据得到的相关性进行结果分析。

分析结果表明，在学习投入度方面，投入度高的学生得分也高，有效地反映了投入效应。在适应能力方面，适应能力强的学生得分也高，与实际情形相吻合。

高职院校学生在线学习投入度现状的描述性问题调查问卷的数据处理结果见表7-2。从表7-2可以看出，行为投入、情感投入、认知投入的平均值分别为3.601、3.374、3.259。其中，行为投入数值最高，整体属于中高水平，但仍然低于4，这说明在线学习中学生的行为投入还有上升空间。情感投入和认知投入属于中等水平，最低的是认知投入，说明学生尽管有较多的行为参与了在线学习，但是并没有采取积极、坚定的态度，也没有掌握良好的在线学习策略和学习方法，认知活动方面还需进一步强化。

表7-2 高职院校学生在线学习投入度现状的描述性问题的分析结果

名称	样本量	最小值	最大值	平均值	标准差
行为投入	1 495	1.0	5.0	3.601	0.617
情感投入	1 495	1.0	5.0	3.374	0.758
认知投入	1 495	1.0	5.0	3.259	0.692
总体	—	—	—	3.411	0.689

对高职院校学生在线学习投入度影响因素的描述性问题调查数据处理结果见表7-3。从表7-3可以看出，自身因素的平均值为3.470，属于中等偏上水平，表明在线学习者在自我效能感、认知负荷和技术运用度等方面，均达到了中等偏上的水平。教师因素的平均值为3.617，也为中等偏上水平，表

明在线学习者比较认同教师的教育理念、教学设计与方法和信息化技术水平,以及师生交互行为,但由于标准差偏大,体现出在线学习者在教师因素认同度上存在分歧。同伴因素的平均值为3.305,属于4个因素中的最低值,表明调查对象对学生间的交互满意度相对较低。由于疫情居家线上上课,缺少了以往学习中同伴的交流和帮助,所以来自同伴的影响相对较少。环境因素维度的平均值为3.927,在所列影响因素中的分值最高,但标准差0.593属于中间水平,说明在线学习的高职院校学生对环境因素的认识较为一致,能够很大程度地感受来自网络设备环境、课程环境、资源环境和互动环境的支持。

表7-3 高职院校学生在线学习投入度影响因素的描述性问题的分析结果

名称	样本量	最小值	最大值	平均值	标准差
自身因素	1 495	1.0	5.0	3.470	0.658
教师因素	1 495	1.0	5.0	3.617	0.739
同伴因素	1 495	1.0	5.0	3.305	0.617
环境因素	—	—	—	3.927	0.593

通过对1 693名高职院校学生在线学习投入度和内外影响因素的调查,结合超星平台的学习数据分析,得出了在线学习投入度与各影响因素之间的关联和影响程度。结果表明,学生的学习投入度差别较大,影响在线学习投入的因素比较复杂,其中个人因素影响较大,特别是学习动机的几个核心要素,刺激这些核心要素,激发出学习动机,是提高在线学习质量的重要环节。

高职院校学生在线学习投入度的三个维度中,显性行为投入相对较高,但是调查平台的数据显示,后期行为投入呈下降趋势,说明持续性不强。在情感投入维度方面,针对不同课程的不同教师,学生的投入度有一定差异,尤其是学生在教育活动中的情感体验或反应,如好奇、快乐、厌烦、归属感等方面。认知投入维度相对偏低,表明学生虽然有较多的显性行为投入,但是没有采取适当的学习策略和学习方式,导致降低了学习的有效性,也说明有效的认知投入需要加强。

影响高职院校学生在线学习投入度的因素中,学生个体因素的影响力度较大,外部因素的影响力较小。从学生的个体差异来看,不同地域的学生(城市和农村的学生)存在细微差别。疫情防控期间,国家各部门大力配合线上教学,无论移动、电信还是联通都对线上教学环境进行了提升。独生子女和非独生子女也有一定的差别,非独生子女的投入度要略低于独生子女,这与家庭情况、父母的关心等都有一定的关系。不同性别明显地体现出了不同结果,男生不如女生学习投入度高。通过后期的回访可以发现,男生情感上不如女生细腻,并且男生不轻易对他人展现自己的情感,从而在情感的交互和行为的反馈上相对女生较少。另外,学生自身的信息技术能力素养也有一定的影响,但是影响最大的还是学习主体的学习动机,激发和提升学生的学习动机是解决问题的关键。外部因素中,教师的教学方式、教学活动组织和反馈影响力度相对较大。环境因素在学习初期有影响,但随着网络等技术的发展,这种影响逐渐变小。另外,调查分析显示,在线学习中同伴的影响相对较小。

4. 结论

通过本项研究可得到如下启示:在线重构课程结构,挖掘更多课程案例,丰富教学资源,创设情境,提升学生的学习兴趣,激发学生的学习动机,是改进线上教学质量的关键环节。提升教师现代教育技术水平,丰富线上教学的形式,增加学习互动性,细化反馈点,提升反馈频率,让学生始终在不同的任务中提升自我效能感,是线上教学的改进方向。强化思想政治教育和家校合作,多树立线上课程典范,创造舆论环境,引导学生调节不良情绪,家校合作共同加强思想引导,逐步提高学生对线上授课的认同度,是线上教学改进的必要措施。改进教学监督评价体系,改革以线下教学为主的评价体系,形成线上教学方式的多元评价标准,丰富教务监管部门的信息化监评水平,设计多样化的评价体系,并形成"反馈—改进—反馈"的螺旋上升模式,是线上教学质量的可靠保障。

二、在线学习课程设计与教学实践

1. 互动式学习的"数据库技术"在线课程设计

随着网络技术的发展,在线课程教学成为一种常态化的发展趋势,但是我国在线教育的发展时间晚,教学质量和教师的水平参差不齐,阻碍了在线课程教学设计的发展。对此,需要探索一套适应学生发展需求的教学模式,不断优化在线课程教学的过程,从课前准备、课堂组织和课后反馈等多个方面进行分析,打造以学生为主的互动式学习体系,达到预期的教学效果。

教师采用互动式学习模式,重构师生角色。教师作为学生学习的参与者和组织者,引导学生主动参与实践类的教学活动。

(1）课前准备

① 教学目标。

结合计算机行业的市场发展需求、本专业和课程设计的目标，对应学生的发展要求设计教学目标。

知识目标：了解数据库的工作原理、优势和工作机制，认识数据库设计的重要作用，以及数据查询的使用意义，做好数据库的管理工作。

能力目标：让学生在深度学习的过程中，积极探索问题存在的关键点。

素质目标：培养学生的合作能力，让其有极高的职业素养。在课前任务视频中布置多个训练题和思考题，学生观看视频的时候，按照方法模仿写出 SELECT 查询语句，巩固学生的训练成果，熟悉基本语法，激发学生的兴趣。

② 完善网络教学资源。

利用在线网络教学平台提供丰富的配套学习资源，其中包含了课前预习、微课视频、案例分析、教学内容解析和课外拓展等多个方面的内容。学生在线观看和学习时，也能下载所有教学资源的电子版本，方便学生课后反复观看和总结。在线网络平台中有着比较完善的题库资源，包含了随堂训练，方便学生从中选择难度适中的题目进行学习和思考。

（2）课堂组织

在线课程教学以直播的形式进行，利用网络教学平台和移动终端，组织学生进行多元化的教学活动，充分体现了以学生为主的互动式教学模式，形成了以导、促、督为主的教学模式，按照不同类型的教学内容，选择对应的教学方式。

① 导学。

导学是指学生的自学和教师的引导，通过在线网络教学模式，建立学生和教师的深度合作关系，从而达到高质量的教学效果。这里是指课前预习＋学生分享＋教师组织＋课后训练的方式。

第一，课前预习。教师安排学生在课前结合线上资源完成预习工作，以书面的形式总结自己的预习成果，完成相关的测试训练问题。

第二，学生课堂分享和讨论。课堂教学时，教师利用网络教学平台，如泛在网络平台，借助其中的"选人"功能，让学生之间相互交流和沟通，分享学习心得，总结自己的学习成果。

第三，课堂活动。在线网络教学平台中包含随堂测试的功能，有问卷、抢答等功能。课堂活动的开设，可用于检验学生的预习效果，组织学生完成课堂活动。针对其中出现得比较多的问题，教师进行适当调整，详细讲解某个部分的知识，利用不同的互动工具，达到高效讨论的目的。例如，在选人的时候，选择单个学生问答，其中包含了指定选人和随机选人的形式。由于主题性的讨论具有发散性的特点，适合比较复杂的问题，所以还需要结合学生的基本情况进行随机考核。

第四，课堂训练。在线课程教学中的训练活动是根据学生所学的知识进行巩固和提升，分为高阶、低阶两个部分。高阶部分主要是针对学习成绩比较好的学生，选择合适的内容进行知识完善。而低阶部分要求全体学生必须完成。学生做题的时候，利用在线平台共享资源，方便教师随时了解学生的做题进展，关注学生的做题情况。

第五，课后实践。课程结束后的在线网络分组活动，组织学生完成课外调研实践活动，以书面的形式提交合适的结果，最终由教师和其他小组给出合适的评价。

② 促学。

促学一般是选择以下三种方式：

第一，利用在线网络教学平台进行讨论和交流。"数据库技术"课程结束后，学生需要在讨论区域进行知识总结，上传自己的讨论结果，方便其他学生共享学习。例如，学生遇到了某些问题，即可在讨论区域提出，学生和教师给出合适的回答。通过讨论和答疑的形式，实现师生之间的有效互动，提高学生学习的积极性。

第二，利用在线网络教学平台布置课后作业，实现任务拓展和延伸。每次课程结束后要求学生提交相应的课堂笔记，而且还要利用在线教学平台对作业进行适当延伸和拓展，巩固本单元的学习成果。

第三，学生成为助教。主要是吸引部分基础不够牢固的学生，利用在线平台让其担任助教，权限则是学生负责批改作业，学生批改的时候，也能加深对知识的进一步了解和认知。

③ 督学。

为监督学生更好地学习，在线教学平台中还包含了合理的监督机制。准确认识在线教学环节的成绩占比，从作业签到、学生课堂表现、访问次数和课程视频教学等多个方面进行合理总结。对于部分成绩不好的学生进行学习预警，利用网络教学平台完成统计任务；对于部分成绩不好，而且排名靠后的学生进行预警，提高学生学习的积极性。此外，教师还要做好部分学生的思想工作，主动和学生联系，帮助学生解决困难，这样既能督促学生更好地学习，又能体现因材施教的育人理念，达到高效互动的目的。

（3）教学反馈

教学反馈作为"数据库技术"课程在线设计的重点，能够实现教、学的有效交流，帮助教师调整教学内容，提升教学效果。利用在线教学平台，师生之间进行有效交流，教师根据合理的教学方案进行调整，方便学生进行针对性训练。

① 课堂反馈。

课堂教学中，利用在线教学平台完成选人任务，通过问卷、主题讨论等形式做好现场的反馈和总结，教师得到学生的及时反馈信息后，调整教学方案，获得高质量的教学效果。

② 课外反馈。

教师通过在线教学平台观察学生的自主学习情况，做好任务讨论和交流工作。学生在平台上随时了解自己的表现，做好课后作业、小组互评等工作，通过自主检测的形式评价学习效果，再对反馈的薄弱环节进行针对性训练。

（4）教学效果评价

在线课程教学效果评价起到指导、反馈和改进的作用，也为"数据库技术"在线教学提供了更多的可能。不再局限于传统的学生评价和教师评价，而是利用网络进行实时评价，借助大数据动态分析，提升在线教学评价的效果。当然，传统的评价模式也不是要抛弃，而是课程活动结束后，以问卷调查、回访等方式分析不同的教学效果评价情况，遵循现代化的教学理念，借助多种评价模式，更好地为教学服务。

2．互动式学习的"数据库技术"在线课程教学策略

（1）多角度调整学生的学习状态

对于部分学生在线课程教学状态不理想的情况，教师采用的是关注和提醒的方式，不断调整学生的状态。例如，在线教学的课堂仪式感，帮助学生尽快寻找学习的状态，如课前 10 分钟，教师在微信群中发送上课提醒的信息，课上也包含了 5 分钟的休息时间。课后则在微信群内简要评价学生的表现，增加在线课程教学设计的仪式感，让学生以更好的心态投入其中，营造一种良好的学习氛围。规范学生的听课状态，上课姿态也是学习状态的体现，让学生在比较封闭、安静的课上学习和思考，端正坐姿，使用整齐的学习工具。课前教师开启全员的摄像头进行检查,课上对没有认真作答、没有网络签到的学生进行重点关注,这部分学生的学习状态不佳,需要适当提醒,确保全体学生都处于比较好的学习状态,认真听课和学习。

(2) 多角度提高学生的学习兴趣

对于部分学生对"数据库技术"课程缺乏兴趣的情况,教师从多角度激发学生的学习兴趣,根据课程要求及课程教学的重难点进行合理分析,激发学生探索的积极性。为消除学生对于教师的陌生感,提升教学效果,教师通过制作微课视频、制作课程封面等形式,做好新学期在线课程的介绍工作,提高学生对教师的信任程度,消除对"数据库技术"课程理论性强的畏难情绪。例如,在表视图、储存过程、函数等知识的教学中,教师利用 PBL 教学模式,每一章节开始前,先利用微课制作视频,向学生提问,接着将学生分为多个小组,要求他们在规定的时间内上网查阅资料,整个过程中学生相互讨论和交流,解答教师提出的问题。若小组内学生网络演示操作时出现错误,同组的学生帮忙指正,让学生感受相互学习的乐趣,还能提高学生的实操能力,加深对所学知识的理解。所以,教师通过多种方式对学生进行激励、引导,强调本课程对于后续课程教学的重要意义,鼓励学生以问题为中心展开深度互动,提高他们的学习兴趣。

(3) 多渠道吸引学生的注意力

对于学生课上注意力不集中的情况,教师采用课堂互动问答、随机点评、强化重难点等方式,吸引学生的注意力。课堂中设置的问题,则是让学生在互动的方式中提高注意力;对于不认真听课的学生,大量的未读消息,会让他们产生学习的紧迫感和压力感,从而集中注意力。教师根据课程教学的内容,开展随堂测试,要求学生在规定的时间内答题,教师仔细点评,对其进行评分,学生根据教师的点评进行反馈,形成师生之间的高效互动。课上设置的问题要具有一定的引导性,更好地吸引学生的注意力,从而控制课堂教学的节奏。此外,教师在网络在线课程开始前,不要急于对学生进行知识灌输,而是要将本节课的教学目标直接呈现在学生面前。以制作 E-R 图为例,教师展示自己制作的 E-R 图,让学生体会图中各部分之间的关系。部分学生也会产生疑问:图为什么要这样画?教师则利用学生的好奇心理,展示 E-R 图的绘制原则和方法,学生再自行总结。学生遇到问题时,教师给予适当指导,等到学生统一完成任务后,教师合理评价,让学生进行成果展示,激发学生制作 E-R 图的积极性,增强学生学习信心。

(4) 多环节帮助学生巩固知识点

对于学生在线学习中知识点掌握不牢固的情况，教师采用 BOPPPS 教学模式，通过课程导入、目标导入、课前测试、互动学习和课后总结等形式，帮助学生更好地巩固所学的知识点。BOPPPS 教学模式能够更好地使课堂教学结合教学背景、目标和内容完成知识导入工作，解答本小节的教学重难点，调动学生学习积极性，让学生带着问题进行实践和总结。"数据库技术"在线课程的学习需要不断巩固和强化，课前测试部分检验学生的学习情况，帮助教师顺利开展课程教学，通过互动式学习的方式，帮助学生厘清概念，让学生以个人报告、小组讨论和案例分析等形式参与学习活动，加深学生对知识的理解。例如，BOPPPS 模式在"数据库技术"中的有效应用。

其一，导入。讲解数据库概念的时候，教师播放短视频，向学生介绍数据库的发展历史、应用领域，认识传统关系型数据库和 NoSQL 数据库的联系。接着以具体案例进行适当引入，坚持问题为导向，让学生在实践中有极强的代入感。在学习数据库概念设计 E-R 图的时候，认识 E-R 图的作用、基本组成要素，接着顺利引入 E-R 图各组成部分的关系，并讲解如何绘制。

其二，目标。结合当下的学情分析四大存储模式的时候，认识其中的区别与联系，要求学生在数据库中进行知识拓展和延伸，设计具有挑战性的目标。而且目标的设计要能验证，通过检验的方式了解学生的学习情况，如掌握数据库的要点，做好知识的拆解和分析工作，简单操作数据库，让学生随时自查学习情况，提高学习积极性。

其三，前测。在线教学平台的前测是对预习进行汇总，综合反映学生的自学情况。例如，在图存储数据库的教学中，检测学生对于数据库的识别能力，正确区分各类数据库信息，方便教师课上教学活动的顺利进行。

其四，后测阶段。后测可以直接在课程在线教学中完成，检验学生的知识整合能力。例如，"数据库技术"教学中要求学生认识图储存数据库四大要素的关系。所以在后测阶段，从点、边和各自属性进行合理分析，认识它们的联系，完善知识点的梳理和整合工作，帮助学生更好地检验自己的所学目标。

其五，总结。总结是对整个教学规划过程的全面梳理，需要着重强调教学目标的实现，检验学生的学习成果、知识和能力发展情况。例如，"数据库技术"课程教学中，学生制作数据库重点知识表格，根据记忆进行合理分类，通过对知识的总结完善思维导图，教师进一步完成教学目标。

三、在线学习干预策略设计与实践

网络信息技术的出现为在线学习的全面推广奠定了良好基础。现阶段高职院校人才培养工作中，基于在线学习推动学生自主发展的呼声越来越高。例如，"数据库技术"课程教学方面对在线学习做了相应尝试。高职院校人才培养工作本身具有一定的特殊性，基于在线学习强化学生独立思考能力，促进学生创新思维培养的重要性正在不断凸显。为了充分保障在线学习的有效优化，基于学习分析做好在线学习干预设计显得尤为关键。教师必须结合高职院校学生的专业学习特点，在学习干预的流程设计和组织上提出更高要求，明确在线学习干预的具体设计思路，切实保障"数据库技术"课程在线学习的持续优化。

1．学习分析视角下在线学习干预的积极作用

（1）有利于增进师生情感交流

有效推进对学生在线学习的干预是营造良好师生关系的重要前提，在教师对学生进行干预和指导的情况下，在线学习的活动开展能够取得一些效果，通过互动交流能够真正拉近师生之间的距离。相较于传统的人才培养模式，对在线学习进行干预能够保障学生学习状态的及时调整，通过教师对学生的干预，搭建师生交流的平台和空间，在增进师生之间情感体验的同时有效促进学生综合素质的发展。

（2）有利于提高学生学习效率

在线学习是高职院校学生应当掌握的基本能力和方法，学生在线学习时获得的积极体验，使其在"数据库技术"课程学习中能够保持较高的专注度，教师通过对相关活动的设计优化，实现对学生的有效指导，在不断引发学生深入思考，有效推动学生自主探索的同时，真正建构适合学生的成长氛围与环境。"数据库技术"课程本身对学生的思维发展有着较高要求，在独立思考和自主学习的情况下，学生能够对基本知识原理产生一定的认知。通过教师对学生在线学习行为的干预，学生能够掌握科学的学习方法和技巧，不断提高学习效率。

（3）有利于保障课程教学质量

"数据库技术"课程教学依赖于教师与学生之间的协同与配合，教师通过对相关专业知识内容的解读和分析，在人才培养工作中构建高品质课堂。学习分析理论主要强调基于学生实际学习情况和相关反馈，通过对数据收集和整理，制定适合学生的指导方式。在在线学习的特殊环境下，教师能够利用互联网与学生保持密切的沟通和交流，通过对学生在线学习的干预，及时帮助学生调整学习状态，并且在干预的同时收集数据为后续活动组织奠定基础，基于教师和学生之间的深度交流，切实保障"数据库技术"课程教学的整体效果。

2．学习分析视角下在线学习干预的设计思路

（1）做好信息收集整合

全面做好信息收集和筛选是充分指导学生在线学习的重要前提。为此，教师应当格外重视对学生学习行为的管理，在特定的学习情境下关注学生的一举一动，在帮助学生强化认知体验，促进学生学习能力发展的同时，真正做好数据的分析和梳理，以此为基础保障学生学习能力的提升。实际上，关于信息收集整理的机制建构应当具有很强的针对性和全面性，在通过在线学习对学生进行科学管理的情况下，信息收集的实际推行效果才能满足预期目标。通过信息收集整理的活动，促进学生成长状态的积极调整，在前期数据收集中真正关注学生的共性和个性，为后续的在线学习干预奠定基础。

（2）做好学习行为分析

关于学生学习行为的分析，必须具有很强的全面性。为了取得更好的干预效果，必须充分关注学生的实际学习表现，并且对学生学习行为的具体数据做出具体分析，根据数据中的相关信息，制定适合的干预策略。关于在线学习的相关学习数据，主要包括学生对学习平台的访问情况、学习进度以及参与讨论的次数等，这些信息能够作为教师干预的重要依据。例如，在访问情况方面，可以通过直观的数据了解学生对在线学习平台的访问情况；再如，在测验环节，通过对习题完成情况的分析，了解学生对知识的掌握情况，在数据量化的同时更好地突出学生的个性发展需求，确保学习行为分析取得预期效果。

（3）明确干预对象范围

在基于学习行为分析的前提下，教师能够快速准确地了解学生的整体状况，根据班级教学的进度以及学生的实际学习需求，有效明确干预对象的具体范围。比如，对学习表现较差的学生进行干预，在监督管理中提高对这部分学生的要求。在选择干预对象时，还应听取学生的相关反馈，在师生的日常沟通和交往中，了解学生的真实观点和看法，在干预对象的选择上做出一定的倾斜，能够真正有效筛选存在学习风险的学生，并且需要确定具体的干预时机。

(4) 创新干预活动思路

全面创新对学生的干预思路是促进学生学习状态调整的关键。为此，教师需要根据学生的不同特点以及具体的学习行为，对干预策略做出适当调整，一方面要考虑到学习过程中存在的真实问题，另一方面也要在干预策略的设计上做好干预形式、干预内容的进一步调整，确保干预活动的思路更加清晰。在针对学生在线学习实施干预时，应当关注学生学习状态的进一步反馈，根据学生的实际特点对干预策略做出适当调整，让学生能够在学习过程中拥有清晰的自我认知，增强学生的自我效能感，鼓励学生主动反馈信息并且做出自我判断，避免在学习过程中出现学习风险。

(5) 做好干预效果评价

对于在线学习干预效果的评价应当是全面且多元的，既要考虑到学生基于教师的干预取得了怎样的成果，同时也要关注在线学习中学生的实际表现和特点，从多角度对学习者的相关学习行为和数据做好适当的分析和管理。通过对干预实施的科学管理，促进学生思想价值观念及时转变，在关注干预效果评价的同时确定下一步的干预策略，并以此为基础保障在线学习中干预活动的有效落实。

3. 学习分析视角下在线学习干预的实践策略

(1) 采用激发引导策略，培养浓厚的探究热情

在课程活动开始之前，教师应当帮助学生树立明确的目标方向，激励学生主动参与课程、学习活动，让在线学习的推进效果得到进一步提升，更好地满足学生的探索需求。为此，教师在结合"数据库技术"课程教学目标的基础上，必须充分重视对学习目标和任务的设计，一方面强调如何帮助学生明确学习方向，另一方面也要关注对任务设置的科学优化，使其能够真正引导学生自主思考，推动学生主动投入学习。关于学习目标的设计，应当与在线学习平台的相关特点相结合，能够考虑到学生在学习过程中已有的基础，并且根据学生的个体差异对学习目标做出适当调整，既要考虑到课程教学本身的要求，同时也要关注对学生学习态度的引领，确保目标驱动取得应有效果。此外，教师还应考虑到对任务的科学设计和管理，通过任务驱动的方式提出明确的要求，以群发邮件等多种形式向学生发送学习任务的提醒，确保教师对学生在线学习的干预取得预期效果。教师还应格外重视对学生的情感引导，在课程教学中能够以鼓励和赞美的语言激发学生的参与热情，在进一

步激发学生学习动机的同时,避免学生产生其他问题。

(2)采用监控反馈策略,做好学习过程监测

对学生学习过程的监测是有效实现干预的重要前提。为此,教师应当格外重视对学生在线学习行为的实时跟踪和监测,根据学生学习进度以及在学习过程中的具体反馈,做好恰当的指导和管理,在监测中了解学生的学习状况。例如,学生在学习中浏览学习平台的时间过短,或者参与互动的次数过少,这些都应引起教师的重视,在监测学生学习行为的同时,帮助学生合理安排学习计划。教师应当在教育过程中对学生学习进度进行及时反馈,对学生成长状况进行监测,同时也要鼓励学生自主分享,鼓励学生进行自我监督,通过这样的方式营造良好的学习氛围,在学生相互分享进度的同时,形成你追我赶的良好氛围,确保学生在学习过程中能够积极投入在线学习。

(3)采用交互预警策略,推动学生转变态度

交互预警策略主要强调学生之间的相互交流和探讨。采用交互预警策略,意味着教师在推动在线学习持续优化的同时需要推动良好班级氛围的营造,鼓励学生之间相互监督相互管理,并且通过互动讨论,实现思维的碰撞,进一步推动学生将知识内化,转变对在线学习的态度。"数据库技术"课程本身具有较强的理论研究价值和实践意义,在推动学生主动参与在线学习的情况下,教师应当营造活跃的在线讨论氛围,利用在线学习平台鼓励学生主动表达自身的观点和看法,通过小组合作等多种形式,在班级内部构建适合学生的学习氛围,在迸发思想火花的同时拓宽认知渠道,让学生的视野得到进一步的开拓。此外,也应当重视良好外部氛围的营造,鼓励学生在学习过程中提高对自身的要求。同时也要推动学生之间的相互监督和预警,在营造良好在线学习氛围的基础上,促进学生的全面发展。

(4)采用认知强化策略,全面建构知识体系

全面帮助学生强化认知的关键在于对学生出现的问题及时做出反馈,在认知强化的推进过程中同样需要重视对作业和测验的科学设计,将在线学习和自主测验结合在一起,并通过这样的方式推动学生知识结构的不断完善。教师应当充分关注"数据库技术"在线学习中学生的相关表现,能够定期对学生的学习成果进行监测,通过考试、测验等多种形式引发学生的有效思考,在不断强化学生认知的前提下推动学生自我反思。关于学习成果的监测应当具有很强的全面性,教师应当通过作业和考试等多种形式了解学生的实际反馈,并且在考试测验中对在线学习平台内容进行拓展,以此为基础锻炼

学生的思维能力，并且推动学生知识结构的进一步完善。

4．结论

综上所述，基于学习分析视角下全面优化对学生在线学习的干预，是保障高职院校学生专业素养持续提升的关键，也是推动"数据库技术"课程质量提升的重要前提。教师应当格外重视学习分析的重要性，关注学生实际学习特点，做好对学生在线学习行为的管理，通过多种干预策略引发学生的深度思考，在良好的学习氛围中促进学生专业技能的持续提升。

第八章

高职院校实践教学管理

第一节 实践教学概述

高职教育作为职业教育的高级阶段,已经成为我国高等教育的半壁江山,肩负着培养面向生产、建设、服务和管理第一线需要的高技能人才的使命,在我国加快推进社会主义现代化建设进程中具有不可替代的作用。高职教育的培养目标决定了其办学特色重在突出实践环节,要求以技术应用能力的培养为主线。在整个课程体系中,实践课程占据重要的地位。

一、实践教学的概念

实践教学是通过开展以教育教学为目的、学生亲身体验和参加的实践教学活动,使得学生将自己所掌握的理论知识转换为实际认知,并逐步形成研究能力和创新能力的教学形式。它是巩固理论知识、加深理论认识的有效途径,是培养具有创新意识的高素质工程技术人员的重要环节,是高职院校人才培养中的一个非常重要的环节。实践教学强调将课堂上所学的理论知识应用到实际情境中,通过实际操作和实践活动,培养学生的实际动手能力和创新能力。它打破了传统以教师为中心的教学方式,更注重学生的主动参与和个体实践经验的积累。实践教学也是理论联系实际、培养学生掌握科学方法和提高动手能力的重要平台。从教育的角度看,实践教学是一种以"身体参与和亲身经历"为表现形式、以"体验和感悟"为内在特征的学习活动。

高职院校的实践教学管理是指在高职院校中,为了培养学生的实践能力和职业技能,实施实践教学管理的一系列措施。实践教学是通过实践的方式，将学科问题生活化、情境化、社会化，同时让学生亲自动手操作，积极参与社会实践、生活实践、探究实践的一种教学方式。它强调学生通过实际操作和亲身体验来掌握知识与技能，从而进一步领悟理论知识的重要内涵，进而培养动手能力和分析、解决实际问题的能力。实践教学是高职院校教育的重要组成部分，可以帮助学生将理论知识转化为实际操作能力，提高学生的就业竞争力和职业发展能力。

实践教学可以采用多种形式，包括实验课程、项目实践、社会调查、实习等。实验课程通过实际操作设备、进行实验和观察结果，帮助学生深入理解理论知识的实际应用。实训是模拟真实工作环境的训练，通过实际操作和完成任务，培养学生的实际操作能力和问题解决能力。项目实践则是通过开展具体项目，让学生在实际项目中进行实践学习，锻炼团队协作和项目管理能力。实习是学生到企事业单位进行一段时间的实践学习，通过实际工作环境的接触，学生可以获得实际工作经验，并将所学知识应用到实际工作中。

在实践教学中，教师起到指导、引导和促进作用，学生则是主体。通过实践教学可以加深学生对理论知识的理解和应用，提高学生的综合素质和实践能力。实践教学有助于缩小理论与实际之间的差距，提高学生的综合素质和就业竞争力，培养学生的实践能力、动手能力和创新能力，使学生能够灵活应对实际问题，并为未来的职业发展打下坚实基础。

二、实践教学的意义

高职院校实践教学的意义在于，它是培养学生实践能力和职业技能的根本途径，是培养学生实际技能和职业素养的重要环节，是学生由课堂和书本知识走向就业和职业岗位的重要桥梁，是学生养成良好职业道德和严谨工作作风的基础。实践教学可以让学生更好地理解和掌握所学知识，增强学生的自信心和动手能力，提高学生的综合素质。高职院校的实践教学对学生的职业发展具有重要意义，通过实际操作和实践活动，培养学生的实际技能和职业素养，提高其就业竞争力，并使他们更好地适应职场环境。高职院校实践教学的意义主要包括以下几个方面：

1. 架起理论与实践之间的桥梁

高职院校实践教学可以帮助学生将在课堂上所学的理论知识运用到实际操作中。通过实践活动，学生可以更加深入地理解和掌握所学内容，并将其应用于实际问题的解决中。实践教学可以帮助学生理解理论和实践之间的关系，提高他们的综合素质和实际操作能力。

2．培养学生的实践能力和技能

实践教学强调学生的亲身参与和实际操作，培养他们的实践能力和技能。学生通过实验、实习、实训等方式，可以接触到真实的工作环境和实际工作任务，熟悉相关工具和设备的使用，增加实践经验，提高实际技能。这有助于学生将在课堂上学到的理论知识应用于实际工作中，将理论知识转化为实际操作能力，使学生在毕业后能够更好地适应社会和就业市场的需要，对学生毕业后的就业和职业发展至关重要。

3．培养学生解决问题的能力

实践教学强调学生主动参与和实践经验的积累。实践教学注重学生对实际问题的分析、思考和解决能力的培养。学生在实践活动中会面临各种挑战和问题，需要他们运用所学知识和技能，进行分析、思考和解决。通过这样的实践过程，可以培养学生的逻辑思维、创新思维和问题解决能力，提高学生自主学习和独立工作的能力。

4．培养学生的职业素养和团队合作能力

实践教学不仅能够培养学生的专业技能，还可以让学生更好地了解职业领域，培养学生的职业道德、职业态度和职业精神。学生在实践活动中接触真实的职场环境和工作要求，了解职业道德、职业规范和职场文化，熟悉工作流程，并与他人进行合作和协作，这有助于培养学生良好的职业素养、沟通能力和团队合作精神，对学生成为一名优秀的职业人士具有重要意义。

5．提升学生的就业竞争力

高职院校通常与相关企事业单位建立合作关系，为学生提供了锻炼实践能力和积累实际工作经验的机会。通过实践锻炼，学生可以积累实际工作经验，建立职业网络，提升就业竞争力，这对于学生毕业后的就业竞争具有重要意义。雇主更倾向于招聘具备实践经验的毕业生，这样的毕业生更容易融入职场、完成工作任务，并展现出较高的工作能力和潜力，在解决问题、团队合作和适应工作环境方面更具优势。

总之，高职院校的实践教学对于学生的职业发展具有至关重要的作用。它能够提高学生的实际操作能力、解决问题的能力和职业素养，使他们更好地适应职场环境，具备竞争力，并为未来的职业发展奠定坚实基础。

三、实践教学的目标

高职院校实践教学是服务于高等职业教育的,因此实践教学的目标要围绕高等职业教育的人才培养目标来制定。高等职业教育是我国教育体系的重要组成部分,其发展对于促进经济社会发展、提高国家竞争力具有重要意义。高等职业教育的人才培养目标是以服务为宗旨,以就业为导向,培养生产、建设、管理、服务第一线需要的技术应用型人才,即培养"素质高+技能强"的适应社会发展和经济建设需要的高素质技术技能型人才,使其具备较强的实践能力、创新精神和创业意识,能够胜任各种职业岗位。办学宗旨主要是提高学生就业能力、就业竞争力、就业率。以教育为先导,以教学改革为核心,以教学基本建设为重点,注重提高质量,努力办出特色。

高职院校的实践教学是为了更好地服务于高等职业教育的人才培养目标。因此,高职院校实践教学的目标应该是着重培养学生的专业技能和实践能力,使其能够在实践中更好地运用所学知识和技能,并为未来的职业发展打下坚实的基础。为了实现这一目标,高职院校实践教学应该充分考虑行业的需求和特点,与行业紧密合作,确保实践教学的内容和质量。同时,高职院校实践教学还应该注重培养学生的创新意识和创业能力,使其具备自主创新和创业的能力,提高其职业竞争力。此外,高职院校实践教学的目标还应该包括培养学生的职业道德和职业素养,使其能够遵守职业规范,具备职业操守,为职业发展打下坚实的基础。

综上所述,高职院校实践教学的目标应该紧密围绕高等职业教育的人才培养目标来制定,注重培养学生的专业技能、实践能力、创新意识、创业能力和职业道德素养,这些方面是高职教育人才培养的核心内容,也是高职院校实践教学的重要目标。第一,专业技能是高职院校学生必备的能力之一,学生可以通过实践学习更好地掌握专业知识和技能,提高自己的专业素养,为今后的职业发展打下坚实的基础。第二,实践能力是高职院校学生必须具备的能力之一,实践教学可以使学生更好地掌握理论知识,提高实践操作能力,培养学生解决实际问题的能力。第三,创新意识是高职院校学生应该具备的素质之一,学生可以通过实践教学接触到更多的实际问题和案例,从而激发学生的创新思维,培养创新意识和创新能力。第四,创业能力是高职院校学生应该具备的素质之一,实践教学可以帮助学生积累创业经验,培养创业意识和创业能力,为今后的创业之路打下坚实的基础。第五,职业道德素养是高职院校学生必须具备的素质之一，学生可以通过实践教学更好地学习职业道德规范，培养职业操守，提高职业道德素养。

第二节 实践教学管理的主要内容

高职院校实践教学旨在通过多种形式的实践教学活动，使学生具备扎实的专业知识和技能，提高学生的综合素质和职业素养，促进学生的就业和创业，为社会经济发展提供高素质的技术技能型人才。

实践教学主要有课程设计、实验、实训实习等形式，其目的是让学生在真实的工作环境中学习和实践，提高职业素养和技能水平，增强就业竞争力。在高职院校实践教学中，课程设计是非常重要的一环。课程设计应该紧密结合职业标准和行业需求，注重培养学生的创新能力和实践能力。实验是实践教学的重要形式之一，它可以让学生在实验室或模拟环境中进行操作和实践，加深学生对理论知识的理解和掌握。实训则是通过模拟真实工作环境，让学生进行实践操作，提高其职业技能和实践能力。实习是让学生接触真实工作环境的重要途径，让学生了解职业岗位的工作内容和要求，提高其职业素养和实践能力。

高职院校的实践教学管理主要包括以下几个方面：实践教学体系的建设、实践教学资源的建设、实践教学方法的改革、实践教学评价的改革、实践教学管理的信息化。

一、实践教学体系的建设

实践教学体系的建设是指高职院校为了提高学生的实践能力，构建的一套完整的实践教学体系。该体系主要包括实践教学目标、实践教学内容、实践教学方法、实践教学评价等方面。实践教学体系应具有多元性、开放性、一体化、模块化、第一课堂和第二、三课堂结合等特点，以确保实践教学的全面实施。实践教学体系的建设需要从以下几个方面入手。

1. 设立明确的目标

实践教学体系的建设需要明确的目标和期望。这些目标应该与学生的需求和社会发展的要求相一致。只有通过设定明确的目标，才能为实践教学活动提供正确的方向和指导。

2. 构建实践教学课程体系

在课程设置中，将实践环节与理论知识相结合，确保学生能够在实践中应用所学的理论知识。课程设计要注重培养学生的动手实践能力，通过项目、实验、实训等方式，使学生能够主动参与实践活动。课程主要包括专业基础课程、核心专业课程、专业拓展课程。

3. 建设实践教学平台

为学生提供良好的实践场所和设施条件，满足他们的实践需求。主要包括实验室、实践基地、学科竞赛、创新创业实践等。同时，要注重安全和环保，确保实践活动的顺利进行。通过搭建实践平台，学生能够将理论知识转化为实践能力，提高学生的综合素质和实践能力。

4. 建设师资队伍

培养一支具备丰富实践经验和理论知识的师资队伍。教师应具备实践能力，能够引导学生进行实践活动，并及时给予指导和反馈。同时，需要提供专业发展机会，不断提升教师的实践教学水平。

5. 提供有效的评估方式

实践教学体系的建设还需要提供有效的评估方式，量化评价学生的实践能力和综合素质。评估应该注重学生在实践中的表现和反思，而不仅仅是纸上得来的知识。评估方式可以包括实践报告、实践成果展示、实践技能考核等方式。通过综合评估，可以更准确地评价学生在实践教学中的成果，全面评估学生在实践中的表现。

6. 强化创新创业教育

通过完善课程体系、搭建实践平台、组建教师团队、组织创新创业实践，培养学生的创新精神和创业能力。

实践教学体系的建设需要建立可持续发展的师资队伍保障机制，持续加强专业技能培养，严格规范实践环节，从课程设计、实践场所建设、师资队伍建设、实践项目设计、评价机制建设和资源支持等多个方面综合考虑，促进理论与实践的有机结合，努力提升实践教学效果，培养学生的实践操作能力和综合素质。

二、实践教学资源的建设

高职院校实践教学资源建设是为了满足职业教育的需求，培养学生的实践技能和职业素养。主要包括实践教学基地、实践教学师资、实践教学设备等，确保实践教学的顺利进行。

1. 实训室和实验室建设

实训室和实验室是进行实践教学活动的核心场所。根据专业需求，配备先进的设备和工具，在实践环境中提供模拟实际工作场景的机会。例如，软件技术专业可以建设软件开发实训室，电子工程专业可以建设电子实验室，机械工程专业可以建设机械加工实训室等。

2. 实践基地合作

与企业、行业协会等建立紧密的合作关系，利用外部资源提供更多实践机会。可以与相关企业合作设立实践基地，让学生在真实的工作环境中参与实践活动，接触实际项目和工作流程。

3. 师资队伍建设

培养一支具备实践经验和教学水平的师资队伍。引进行业专家或企业技术人员作为教师，给学生提供与实际工作场景接轨的指导和教学。同时，通过教师培训和学术交流活动，提高教师的实践教学能力。

4. 学生实践活动组织

组织丰富多样的实践活动，包括工程实践、实训实习、社会实践等。通过校内外实践项目、竞赛等方式，激发学生的主动性和创新能力，提升他们的实践技能和团队合作精神。

5. 虚拟实训平台建设

建设虚拟实训平台，为学生提供在线虚拟实验和模拟实践环境。通过模拟软件和虚拟实训系统，让学生在计算机模拟的场景中进行实践操作，培养他们的实践能力和解决问题的能力。

6. 实践教材和其他资源开发

开发与实践教学相适应的教材和其他学习资源，以支持实践教学的实施。这包括编写实践指导书、制作教学视频、进行案例分析等，帮助学生理解和掌握实践知识与技能。

综上所述，高职院校实践教学资源建设是提高高职教育教学质量的重要保障，需要加大投入、提高利用率，并综合考虑实训室和实验室设施建设、实践基地合作、师资队伍建设、学生实践活动组织、虚拟实训平台建设及实践教材资源开发等方面的工作，以提供充分的实践机会和优质的实践环境，培养学生的实践能力和职业素养。

三、实践教学方法的改革

实践教学是高职教育的重要特点，通过实践教学可以更好地培养学生的职业技能和实践能力。然而，传统的实践教学方法存在许多问题，如实践教学设计缺乏科学性、实践教学过程缺乏规范性、实践教学效果缺乏可评估性等。因此，高职院校需要进行实践教学方法改革，探索符合实践教学特点的教学方法，如项目化教学、工作过程导向教学等，以提高实践教学的质量和效果。可以通过以下方式进行实践教学方法改革。

1. 引入现代教育技术

高职院校可以利用现代教育技术支持实践教学改革，如利用虚拟现实、仿真技术等建设在线学习平台、虚拟实验室、远程实训系统，为学生提供更灵活、多样化的实践学习途径，改善实践教学条件，提高实践教学效果。

2. 强化实践教学管理

高职院校可以加强对实践教学的管理，建立完善的实践教学管理体系，制定实践教学质量标准，确保实践教学过程的规范性和可评估性。

3. 推行项目化教学

高职院校可以采用项目化教学方式，将理论知识与实践教学相结合，实现知行合一。通过项目实践来提高学生的职业技能和实践能力。

4. 加强校企合作

高职院校可以与企业合作，通过校企合作来提高实践教学的质量和效果。企业可以为学生提供实践机会，同时也可以为学生提供职业技能培训。

5. 创新教育和创业教育

注重培养学生的创新精神和创业意识。开设创新创业导向的课程，组织学生参与创新创业项目，培养他们的创新能力、团队合作能力和市场竞争力。

6. 建立实践教学质量评估体系

改变传统的考试评估方式，注重对学生实践能力和职业素养的综合评估。高职院校可以建立实践教学质量评估体系，对实践教学质量进行定期评估，采用多元化的评估方法，包括实践报告、实际操作评估、实践成果展示、案例分析等，全面评估学生的实践水平。通过评估，及时发现和解决问题，不断提高实践教学质量。

总之，高职院校实践教学方法改革是提高高职教育质量的重要措施之一，旨在促进高职院校实践教学的转型和创新，使实践教学更加贴近实际职业需求，提高学生的实践能力和职业竞争力。高职院校需要结合实际情况，采取有效的改革措施，不断提高实践教学的质量和效果，为社会培养更多具有职业技能和实践能力的高素质人才。

四、实践教学评价的改革

实践教学评价的改革是为了更准确地评价学生的实践能力和职业素养，反映他们在实际工作中的综合表现。高职院校应该探索符合实践教学特点的评价方法，如能力本位评价、实践教学成果展示等，以提高实践教学的质量。以下是对高职院校实践教学评价改革的一些建议。

1．多元化评价方法

采用多种评价方法，包括实践报告、实际操作评价、实践成果展示、案例分析等。这样可以从不同角度全面评价学生的实践能力和职业素养，避免单一的考试评价方式的局限性。

2．实践项目评价

将实践项目作为评价的重要依据，对学生在项目中的表现进行评价。可以考查学生的创新能力、问题解决能力、团队合作能力等，并结合项目的实际情况进行评价。

3．导师评价

引入导师评价的机制，由负责指导学生实践活动的导师对学生的实践表现进行评价。导师可以根据学生在实践过程中展现出的专业知识、技能以及职业素养综合评价学生的实践能力。

4．学生互评

通过同学之间的互评机制，学生相互评价对方在实践活动中的表现。这种方法可以促进学生的自我反思和互助合作，提高学生对实践能力的认知，并加强团队间的交流与合作。

5．实践成果展示

要求学生将实践成果以展示方式呈现，如展览、演示、口头报告等，由专业人士或相关行业人员进行评价。通过展示，可以更直观地评价学生的实践能力和职业素养。

6．综合评价体系

建立完善的综合评价体系，将不同评价方法的结果进行综合考量。评价体系应该包括定性和定量指标,根据不同专业的特点设定相应的评价标准,确保评价结果客观、公正、可靠。

7. 持续反馈与改进

为学生提供及时的评价反馈,指导他们提升实践能力和职业素养。教师和评价者应与学生进行沟通交流,共同分析评价结果,为学生制订个性化的发展计划和培训需求。

高职院校实践教学评价改革需要综合考虑不同实践环境和专业的特点,建立灵活、适应性强的评价体系,并全面、科学、公正、有效地突出实践教学的成果导向,建立多元评价机制。同时要与行业企业建立紧密的合作关系,借鉴他们的实际需求和专业标准,提高评价的实用性和参考性。

五、实践教学管理的信息化

实践教学管理的信息化是指利用现代信息技术手段,建立实践教学管理信息系统,包括实践教学计划、实践教学过程、实践教学评价等,对高职院校实践教学进行管理和监控,以提高教学质量和效率。以下是一些高职院校实践教学管理信息化的具体应用。

1. 学生实践管理系统

建立学生实践管理平台,包括学生实习、实训、社会实践等实践活动的组织、安排和管理。通过系统化的数据管理和流程控制,实现对学生实践活动的全程监控和管理。

2. 实践项目管理平台

建立实践项目管理平台,包括项目申请、审批、任务分配、进度管理、成果评价等功能,用于规划、组织和管理实践项目,提高实践项目的管理效率和质量。

3. 虚拟实验室和在线实训系统

借助虚拟实验室和在线实训系统,学生能够在虚拟环境中进行实践操作和模拟实验。互联网远程访问和在线交互突破了时间和空间的限制,学生可以随时随地学习。这也给教师提供了更灵活的实践教学方式。

4. 数据分析与决策支持

为了从各个维度了解学生的实践情况,可以通过数据分析和挖掘技术,对实践教学的数据进行统计、分析和预测,从而为决策者提供科学依据、评价结果和发展趋势,以便及时做出调整和改进。

5. 实践教学资源管理平台

建立实践教学资源管理平台，包括实践基地、设备、师资等资源的管理和调度。好的资源是成功的开始，通过信息化手段，实现资源的共享、优化利用和动态调配，提高实践教学的资源效益。

6. 在线学习和远程指导

通过在线学习平台和远程指导系统，提供远程教学和指导服务。教师可以通过网络为学生提供教学资源、作业指导、问题解答等支持，克服传统学习辅导的局限性，从而促进学生的自主学习和实践能力培养。

7. 实践教学质量评估与监控

建立实践教学质量评估和监控体系，通过信息化手段收集、记录和分析实践教学的质量指标。可以对实践教学过程和结果进行监控与评价，及时发现问题并进行改进。

高职院校实践教学管理的信息化需要整合教学管理、实践活动管理、资源管理、成果评价等各个环节，构建一个协同、高效的信息化平台。它不仅可以提高实践教学的管理水平和质量，还可以为学生提供更多元化、便捷化的实践学习体验。

第三节 实践教学的教学方式

高职院校实践教学的常用教学方式主要有项目实训、技能竞赛、顶岗实习等。这些教学方式紧密结合实际需求，旨在通过实践操作，培养学生的实际操作能力、解决问题能力和团队合作精神，帮助学生更好地掌握专业知识和技能，提高他们的就业竞争力，为未来职业发展打下坚实基础。

一、实践教学之学期项目

在高职院校中，项目教学法是一种常用的实践教学方法。项目教学法是以项目为载体，以学生为主体，以教师为指导者的教学方法。项目教学法的优点是在项目实训中，学生需要完成一个实际项目，如开发一个软件、设计一个产品等，通过实践操作，掌握相关技能和知识，锻炼团队合作能力和解决问题的能力，并且培养创新思维和实际操作技能，提高综合素质和职业能力。

教学和学习都是一个循序渐进的过程，采用项目教学法时，可以根据学校的课程安排和要求，设计相应的项目实训，让学生在实际操作中应用所学知识，并检验学习效果。通过这种方式，学生可以更好地理解课程内容，掌握实践技能，提高创新能力和解决实际问题的能力。同时，学校也可以更好地评估学生的学习成果，为学生的未来发展提供有力的支持。

项目教学法通过让学生参与实际项目的规划、执行和评估等环节，来促进他们的学习和发展。项目教学法有以下特点：① 学习目标导向。项目教学法注重学习目标的设定，项目是为了达到特定的学习目标而开展的。学生在项目中需要解决实际问题，完成具体任务，通过实践学习和反思提升自己的知识、技能和能力。② 跨学科综合性。项目教学法强调跨学科的综合性，学生需要同时运用多个学科领域的知识和技能来解决问题，这种综合性的学习有助于培养学生的综合素质和创新思维能力。③ 学生主导与教师指导结合。项目教学法鼓励学生的主动性和合作性，学生在项目中扮演主导角色，通过团队合作完成项目任务。教师则起到指导者的作用，提供必要的指导、支持和反馈，帮助学生克服困难和取得学习成果。④ 实践和经验积累。项目教学法强调实践和经验积累，学生在项目中通过实际操作来掌握知识和技能。他们会面临真实的问题和挑战，在解决问题的过程中积累经验，并不断反思和改进自己的做法。⑤ 评价与反馈。项目教学法注重对学生的评价和反馈，评价不仅关注最终成果，更注重学生在项目过程中的参与、表现和成长。教师会及时提供反馈，帮助学生发现问题和改进方法。

项目教学法可以培养学生的问题解决能力、创新意识和团队合作精神，使学生在实践中提升综合素质。它强调学生的主动性和参与度，在培养学生的专业能力和实践能力方面具有独特的优势。

二、实践教学之技能竞赛

为深入贯彻新修订的《中华人民共和国职业教育法》，助推职业教育高质量发展，充分展示职业教育技能教学成果，加快推进职业教育融合发展，教育部发起并牵头了全国职业院校技能大赛。这是由教育部、国务院其他有关部门以及有关行业组织、人民团体、学术团体和地方共同开展的一项全国性衡量职业院校师生综合技能的竞赛活动。自 1996 年开始举办，截至 2023 年 3 月 29 日，已经举办了 23 届。

职业技能大赛是一项有组织的、涉及范围广的群众性竞赛活动，它依据的是国家职业技能标准,结合生产和经营工作实际,重点考核参赛者的操作技能和解决实际问题的能力。职业技能大赛以社会效益为主,并秉持公平、公开、公正的原则,与职业技能培训、职业技能鉴定、业绩考核、技术革新和生产工作紧密结合。职业技能大赛是我国职业教育的一项重大制度设计和创新,在引领"三教"改革、提高技术技能人才培养质量、促进高质量就业、服务经济社会发展、助力中外职业教育交流合作等方面发挥了重要作用。

职业技能大赛创办的主旨是促进职业教育健康有序的发展,提高职业教育的知名度和吸引力,改变我国现阶段职业教育现状,提升职业教育的社会地位,完善我国人才培养结构。

1. 为职业教育搭建展示的平台

我国的职业教育起步比较晚,相比于其他教育,社会对职业教育的认可度不高。举办技能大赛可以给参赛的师生提供一个展示自我实力的机会,同时也给职业院校提供一个展示办学成果的平台。通过这个平台,职业院校展示了办学成果,提高了学校知名度,也能使师生及时了解技术发展趋势,拓宽师生视野,促进教师实践技能提升,还加强了学校与企业的合作。同时也可以开阔学生眼界,为自己找清目标和方向。更重要的是,可以让职业学校学生和社会看到希望,加强对职业教育的信心。

2. 引导职业学校转变教育教学理念

技能大赛的试题通常是以任务书的形式体现的,任务书中详细描述了比赛的具体要求、操作规范和评分标准等内容,更好地体现了职业教育以能力为本位的培养目标。职业教育注重的是提升学生的实践能力,加强学生分析能力和解决问题的能力。和其他传统意义上的教育相比,职业教育强调对学生实践能力的培养,要求学生具备将理论知识、应用能力、实践技能融为一体的素质,并构建具有职业素养的综合素质体系。在职业技能大赛中,为了考查参赛选手在实际工作场景中的技能水平和应用能力,比赛项目是参考实际生产需求来设置的,进一步对接职业教育教学与社会对应用型人才的要求。随着我国经济的快速发展,社会对人才的需求已经呈现多元化,对技能型技术人才的需要逐年增加。因此,职业教育变得越来越重要,这促使职业教育依据自身特点和社会需求,加速改革,为社会培养适合市场需求的高技能应用型人才,调整和优化我国人才结构,推动经济社会健康发展。

3. 推动职业教育的改革

各专业职业技能大赛以项目为依托，提出了每个专业学生应该具备的知识素质、能力素质和职业素质，体现了市场和企业对本专业学生的要求。因此，技能大赛是职业院校教育改革的风向标，是进一步落实"以服务为宗旨、以就业为导向"的职业教育办学方针，不断完善"工学交替、校企融合、半工半读"的人才培养模式的推动力。

职业技能大赛的举办，可以激发学生专业技能的学习兴趣，形成比学习、比技能的良好学习氛围，达到"以赛促学，以赛促教，以赛促改"的目的。职业技能大赛还可以提高学生的技能水平，为学生后续的实习和求职就业打下坚实的基础，培养学生的团队合作意识，激发学生学习知识的积极性。全国职业院校技能大赛是学生展示自我的平台，在这个平台上，学生的专业能力、素质和精神将得到充分展示，也将为教学改革带来源源不断的动力源泉。技能竞赛的成功举办，可以促进职业教育健康有序发展，提高职业教育的知名度和吸引力，改变我国职业教育的现状，提升职业教育的社会地位，优化我国人才培养结构。

三、实践教学之顶岗实习

实习是职业教育的重要教学环节，既是专业学习和技术技能训练的必备途径，也是锤炼意志品质、提前熟悉岗位、引导学生融入社会的重要方式，必须高度重视、规范管理。

比较常见的实习方式主要有以下三种：① 实习教学，即安排学生到企事业单位进行实习，接触实际工作环境，了解行业规范和流程，并参与实际项目。实习期间，学生会得到导师指导和企业员工的帮助，将理论知识应用到实际中，锻炼实际操作技能和解决问题的能力。② 实习或实践课程，高职院校可以安排学生到相关企业或机构参与实习或实践课程，让学生在实际工作中学习并应用所学的知识和技能。③ 企业实践，与相关企业合作，让学生在企业实践中学习和掌握职业技能。

2016 年，为贯彻落实全国职业教育工作，规范职业学校学生实习工作，维护学生、学校和实习单位的合法权益，提高技术技能人才培养质量，教育部联合财政部、人力资源和社会保障部、国家安全监管总局、中国保监会研究制定了《职业学校学生实习管理规定》（以下简称《规定》）。该《规定》明确了顶岗实习的组织管理、实习内容、实习时间、实习考核等方面的要求。2022年，在深入分析数字经济背景下的岗位升级、职业场景变化之后，着眼实习全流程，聚焦关键环节，坚持标本兼治，在开展实习专项治理的基础上，做了进一步修订。教育部还印发了《职业学校专业顶岗实习标准》（以下简称《标准》），《标准》中主要对有关专业的顶岗实习目标、时间安排、实习条件、内容与要求、考核评价、实习管理等提出了基本要求，是职业院校组织开展顶岗实习的主要依据。

顶岗实习是指为了将学生所学的理论知识与实际工作相结合，让学生通过实践来加深对专业知识的理解，并锻炼解决实际问题的能力，将初步具备实践岗位独立工作能力的学生派到相应实习岗位，相对独立地参与实际工作的活动。通过顶岗实习，学生可以更好地了解职业领域的实际工作内容、要求和挑战，增加就业竞争力和就业适应能力。在顶岗实习期间，学生需要按照实习单位的要求完成相应的工作任务，遵守规章制度，与同事配合，不仅要展示专业技能，还要表现出良好的职业素养和团队合作精神。顶岗实习通常有一定的时间限制，可以持续几周到数月不等，具体安排由学校和实习单位协商确定。

顶岗实习是高等职业教育的重要组成部分，是培养学生实践能力和职业素质的重要途径之一。高职院校应根据不同专业的特点和教学目标，采取不同的实践教学方式，以提高学生的实践能力和职业素养。顶岗实习对学生的成长和职业发展具有重要意义，它是学生实践能力培养的重要途径，也为学生毕业后就业提供了宝贵的经验和背景。同时，顶岗实习也要求实习单位积极支持和指导学生，提供良好的实习环境和机会，促进学生的全面发展。

第四节 实践教学案例

高职院校实践教学的方式是多样化的，不管采取何种方式，最重要的是要注重理论与实践相结合。通过实践环节的安排，如项目实训、技能竞赛和顶岗实习等教学方式，可以使学生更好地掌握专业知识和技能，能够更好地培养学生的实际操作能力、解决问题能力和团队合作精神，提高就业竞争力，并为将来的工作做好准备，为未来职业发展打下坚实基础。

一、基于校企合作的高职院校实践教学研究与实践

1. 概述

实践教学是由理论过渡到实践的桥梁，是学生实践能力和创新意识培养的关键，是高职教育的特色。高职教育以培养实用型、技术型人才为目标，决定了实践教学在高职教育中的重要地位。因此，构建符合学校实际情况和社会需求的实践教学体系，对促进高职院校人才培养具有重要的价值。但是，由于人才培养过程中缺乏企业的参与和引导，往往会产生毕业生与企业需求脱节的问题。

校企合作是一种以社会和市场的需求为导向、以促进学生就业为目标，学校和企业共同参与教学过程的人才培养模式。这种教学模式以培养学生的综合能力、整体素质，让学生尽快适应企业工作岗位为重点，利用学校和企业两种不同氛围的教育环境，来培养用人单位需要的应用型人才。这种教学模式有利于加强高职院校与企业的联系，发挥学校的社会服务功能，可以实现教育、科研和具体产业的有效结合。对于高职院校来说，通过与企业的合作可以达到提升学校人才培养质量和促进学生职业发展的目的，而企业通过与高职院校开展合作也可以实现充分利用高职院校科研优势来解决企业技术难题、吸纳高职院校中的优秀人才等目标。校企合作教学模式可以加强高职院校与企业之间的联系，发挥学校的社会服务功能，是促进高职院校进行教学模式转变、改进教学内容、培养社会所需的高素质人才的有效途径，也是培养学生综合素质，特别是提高学生就业竞争力的有效形式。下面以计算机信息管理专业的"网店经营实训"课程为例来讲述校企合作的具体实践过程。

2. "网店经营实训"课程建设的不足

职业教育的实践教学体系主要由目标体系、内容体系、管理体系几大要素组成。它是一个有机整体，在运行过程中各组成要素既要发挥各自作用，又要协调配合，完善实践教学体系的总体功能。

"网店经营实训"是一门综合性很强、对学生实践能力要求较高的课程，涉及财务、供应链、市场营销、计算机技术和法律等多学科的交叉渗透。学生在先期学习了计算机基础、会计与企业经营、IT 市场营销、电子商务与营销策划之后，通过本课程的实践，能够完成市场分析、店铺策划、店铺开设、店铺运营等一系列工作，并进行业务绩效考核，突出学生的主体作用，体现高职教育的职业性和实践性。同时在学习过程中，学生还能发现自己在

专业领域方面的不足,从而提高专业学习的动力。苏州工业园区服务外包职业学院信息工程学院开设的该实践课程,还存在一些问题:

(1) 市场变化快,课程内容不能反映企业的最新需求

"网店经营实训"属于电子商务类的课程,该行业的变化特别快,从原来的淘宝、京东购物到现在的海淘、网易考拉、社区团购、直播等。每两年一次的企业需求调研已经跟不上变化,再等调研结果反映到教学过程中,学生毕业时企业的需求已经发生了变化,所学已经落伍。

(2) 教师相关经验匮乏

"网店经营实训"是一门实践性要求非常高的学科,这就要求高职院校教师必须有较多的实战经验和更高的专业能力。网上开店等是近些年流行起来的,而教师缺乏实际经验,没有真正在大型电商企业工作过,对各项推广方式只能讲解原理,也没有相关数据可以分析,这样只停留在演示文稿(PPT)上的教学效果肯定大打折扣。

(3) 教学过程传统,缺乏企业参与

该课程教学过程简单,形式单一,通常是让学生完成一个虚拟网店的开设,项目缺乏真实性,很难调动学生的学习积极性。另外,由于缺乏真实的项目,教师的讲解千篇一律,像纸上谈兵,不能针对各类平台和各类网店的特点来详细讲解。

(4) 教学活动缺乏对学生学习主动性的培养

该课程以完成模拟项目为重点,忽略了学生的主动性和积极性,而事实上在该课程中,学生的主动性、积极性起着非常重要的作用。例如,学生对开网店不感兴趣,无论教师如何讲解,学生都不会开好网店,即使开了网店,也会由于缺乏真实性,导致店铺不能继续运行,成为一个个僵尸店。因此,一个学期下来,总有接近30%的学生应付式完成教师布置的作业,开出来的网店没有创意,没有销量,教学没有效果。

3. "网店经营实训" 课程改革措施

结合上述问题,"网店经营实训"课程要想取得较好的教学效果并转变目前的实践教学模式,就要整合校企资源,在整个实践教学过程中请企业全程参与进来。主要从"双师型"师资队伍建设、实践教学体系的内容、监督机制、考核机制等几个方面进行构建。

(1) 整合校企资源,加强师资队伍建设

让企业先为学校培养教师,专业教师每年到企业进行不间断的锻炼,真

正参与网店的运作,并邀请企业专家到学校做专题报告。合作是双向的,不能只是单方的付出。学校可以让教师为企业员工进行理论培训或者到企业做专题讲座,提升企业员工的理论水平。这样真正做到互惠互利,达到双赢的效果。

(2) 校企共同制订教学计划

每年邀请企业参与"网店经营实训"课程建设、课程设计等人才培养方案的制定,商定教学计划。例如,苏州工业园区服务外包职业学院与企优托(江苏)科技集团有限公司以召开研讨会的方式,共同研讨跨境电商、电子商务现代学徒制特色班的课程。

(3) 丰富实践课程内容和扩大实训平台

该实训课程的内容一开始是让学生模拟开设网店,在校企合作之后,企业全程参与进来,可以让学生完成真实的项目,内容更丰富,提高了学生的积极性和主动性,并且可以根据市场的发展,使用最新的网购平台,包括社区团购应用程序、直播等,有利于学生掌握行业最新的动向,毕业后能够符合市场的需求。

(4) 加强监督机制,严控实训教学过程

很多教学计划、教学方案在设计时都经过了多方考察、严格论证,但是效果仍然不理想,那么就应该考虑执行中是不是出了问题。所以,对教学过程应该加强管理,要有切实可行的监督过程,在本实训课程中,采用项目化管理进度,并且在相应时间节点都进行考核。网店经营实训进度如图 8-1 所示。

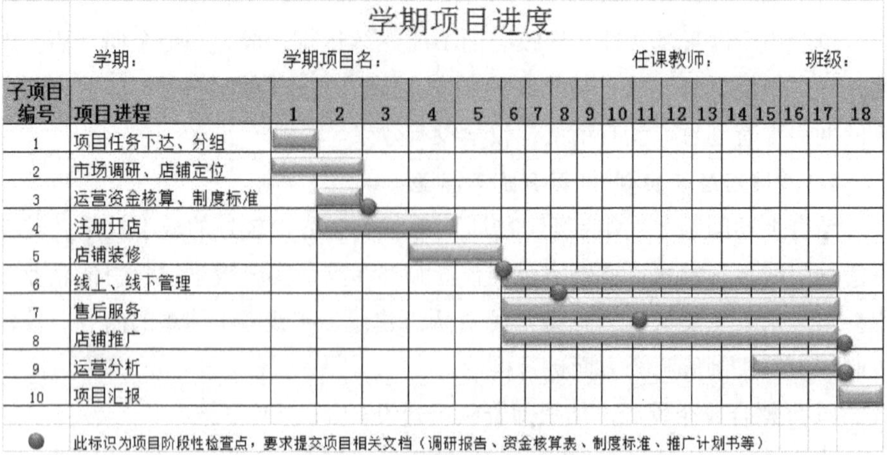

图 8-1　网店经营实训进度

（5）注重成果性考核

教学考核是检查教学质量、优化教学过程的重要途径。由于这是校企合作的实践课程，引入的是真实企业项目，所以考核也借鉴了企业的考核模式，运营人员的考核如表8-1所示。

表8-1　运营人员考核表

网店经营实训关键绩效指标（KPI）考核					
职位：运营						
KPI	详细描述	标准	分值	权重	得分
指标完成率	实际销售额/计划销售额	≥80%	100	40%	
		[70%，80%)	85		
		[60%，70%)	70		
		[50%，60%)	55		
		[40%，50%)	40		
		<40%	20		
页面浏览量（PV量）	浏览量	≥100 000	100	10%	
		[80 000，100 000)	80		
		[60 000，80 000)	60		
		[40 000，60 000)	40		
		<40 000	10		
人均访问量	页面浏览量（PV量）/访客数量（UV量）	≥3	100	10%	
		[2，3)	80		
		[1.5，2)	60		
		<1.5	20		
投资回报率（ROI）	成交金额/活动投入成本	≥0.1	100	10%	
		[0.05，0.1)	80		
		[0.02，0.05)	60		
		<0.02	30		
执行力/工作态度	按照主管要求完成分配任务（考勤、工作配合度、纪律性、任务完成时间等）	上级主管打分	100	30%	
			80		
			60		
			40		
			20		

高职院校教育教学管理研究

综上所述，实践教学是职业教育的重要环节。"网店经营实训"课程改革，充分利用校企合作，积极引导企业全程参与到教学过程中来，根据市场要求、企业需求准备课程材料，校企合作共同培养师资队伍，并根据实际需求设计实训项目，充分调动学生的主动性和积极性，加强实践教学考核，切实提高应用型高级技术人才培养质量。

二、基于协同教学的学期项目实践教学

1. 概述

项目教学法就是把真实项目或者虚拟项目引入教学，师生按照项目运作要求设计教学过程，学生在教师指导下完成项目运作并实现项目预期目标，从而培养学生职业能力的教学方法。下面以苏州工业园区服务外包职业学院信息工程学院开设的软件类学期项目课程为例来进行实践。学期项目作为一门独立的课程，按照企业开发软件的要求，由学生分组完成来自企业的真实项目。通过项目化教学，可以建立课程理论与课程实践之间的桥梁，锻炼学生的实践技能，为企业培养技能型和应用型人才，满足市场对该类人才的需求。在学期项目教学中，指导教师带领学生参与项目开发的整个过程，这就对指导教师提出了更高的要求。除了需要掌握数据库原理、程序设计、面向对象分析与设计、网页制作、软件测试等多门技术课程之外，还需要具有企业项目管理经验。对于一些没有企业项目经验的教师来说，要独立完成学期项目的教学与指导工作，将面临相当大的挑战。

2. 基于协同教学的学期项目教学

（1）基于协同教学的学期项目教学概念

学期项目教学引入企业真实项目，按照企业真实开发流程，学生全程参与项目的需求分析、系统设计、软件实现、系统测试和结项的整个过程。项目教学用到了多门课程的相关技术。与学期项目教学相关的课程教师组成一个教学团队共同完成对学期项目教学的指导工作。以"JSP（JAVA服务器页面）学期项目"为例，这门课程涉及"JSP程序设计""数据库技术""软件测试""欧美外包文档解读"等课程知识。在学期项目开始之前，教学团队共同制订教学计划，根据项目过程的各个阶段，将学期项目相关内容融入相应的支撑课程教学，由相关的课程教师指导学生完成阶段性工作。例如，在项目计划阶段由负责"欧美外包文档解读"的教师制订教授项目计划，并根据学期项目的需求，指导学生完成学期项目的项目计划。

(2) 基于协同教学的学期项目教学实施

学期项目跨度为整个学期，在项目开始初期，学生主要以知识储备为主，完成相应技能的学习，如"数据库技术""JSP 程序设计"等。同时完成一些项目准备工作，如项目分组和任务分工、制订项目计划等。在项目开展的各个阶段，主要由相关课程教师负责教授相关知识，并完成项目阶段任务的指导工作。下面以"JSP 程序设计"学期项目为例，介绍项目的实施过程。

① 项目分组和任务分工。

教学团队综合考虑学生的沟通能力、协调能力以及掌握的技术水平，从班级中选出若干学生作为项目组的小组长，由组长自己建立项目组，每组 3~5 人，并给小组命名。教师在分组过程中，既要尊重学生的选择，又要进行适当的干预，防止小组强弱差别太大。学期项目教学采用企业的真实项目，根据项目的相关性和独立性，将项目划分成若干模块，每个小组选择不同的模块进行开发，因此项目组既要完成独立的模块，又要与其他小组协调，完成相关的模块，促进了组与组之间的交流。

② 项目计划。

由教学团队共同制订学期项目总计划，包括项目每个阶段所需的时间、主要负责教师等。学期项目所需相关知识必须融合在支撑课程中讲解，因此，在制订项目计划时要充分考虑支撑课程的教学计划。同时，如果有必要，可以适当调整支撑课程的教学计划，将项目相关的课程知识提前教授。学生负责详细计划的制订，包括任务、责任人、所需时间、任务状态等信息。实施时，可以根据项目实际的进展做相应的调整。

③ 需求分析。

教学团队根据学生的技能水平对项目需求进行修订，删除和修改部分难度偏大的需求。每个学生团队除了需要完成必需的工作任务外，还分配了部分可选的难度稍大的项目模块。学生完成这些项目模块可以获得一定的加分，以此来激励学生课后自发学习。教学团队作为虚拟客户，回答学生对需求的疑问，帮助学生理解需求。

④ 系统设计。

由教授"欧美外包文档解读"和"数据库技术"两门课程的教师负责指导学生完成系统设计与数据库设计。教师以某个独立模块为例，详细介绍系统的技术路线和数据库设计技巧。学生在设计系统过程中，除了需要完成独立模块的系统设计外,还需要考虑与其他小组的系统接口部分,加强组与组之间的交流。

⑤ 系统实现。

JSP 学期项目编码实现主要采用 JSP 开发,因此,在系统实现过程中,主要是由负责"JSP 程序设计"课程的教师指导学生完成开发工作。系统开发过程按照企业标准,详细规定项目开发中用到的编码规范。组长负责分配任务,协调组与组之间的合作。学生在开发过程中,通过组内协作,锻炼了团队合作精神。

⑥ 系统测试。

系统测试采取组内互测和小组互测的方式,软件测试技术教师负责指导学生完成测试计划和测试用例的编写。组间互测可以加强小组之间的协作。学生在测试过程中可以发现程序设计的一些常见错误,明白软件测试在软件开发中的重要性,同时也可以避免或者更正自己的编码错误,提高代码质量。

⑦ 结项。

项目结项采用 PPT 汇报的形式。"欧美外包文档解读"教师负责指导学生完成汇报的 PPT,整个教学团队参与学生答辩。学生在项目总结时,由项目组组长完成项目整体情况的汇报,每个小组成员对自己完成的任务分别做详细的介绍,重点介绍其在项目过程中的心得与体会。在项目汇报过程中,设置教师提问环节,有助于对学生的学习效果做出更加客观的评价。

3. 基于协同教学的学期项目教学特色

(1) 基于过程的考核

传统的课程考核只注重结果,而忽略了对学生学习过程的考核。仅凭期末试卷成绩评价学生的学习效果,方式过于单一。学生往往在考试之前临时突击复习,也能取得不错的成绩,这就导致部分学生只是应付考试,忽略了对自身学习能力的培养。学期项目教学更加注重对学生学习过程的考核,在学期项目的每个阶段,项目小组必须提交阶段性成果。教学团队对学生的每一项交付物都进行审查评分,并将其作为学生综合成绩的一部分。项目过程按照企业真实工作过程进行,采用过程化的考核方式,更加注重对学生实践能力和创造能力的培养。

(2) 小组学习

随着社会的发展,社会分工越来越细,软件行业也不例外。一个成功的软件项目的实施靠一个人的力量是肯定不行的,现在社会上的企业越来越看重一个程序员的团队协作能力。在协同教学中,采用小组学习的方式,每个成员都有自己的角色与任务,他们不仅要为自己的学习负责,而且还要为同组的其他同学的学习负责。每个学生在团队中都要能找到合适的角色定位,这样在学校的环境中也能体验到以后实际工作中的团队协作,在毕业后能更快地融入社会,进入工作角色。

（3）多课程协作

学期项目教学由多位教师组成教学团队共同指导,减轻了学期项目指导教师的工作量。同时,教师一起研讨并彼此观摩,可以扬长避短,充分发挥各自的专长,提高教学效果。在协同教学过程中,教学都围绕学期项目展开,有利于学生发现课程之间的关联性,加深学生对课程的理解,使得学生可以学以致用,锻炼其实践操作能力。协同教学将课程间的关系打通,使得学生能够融会贯通地使用各种课程知识,解决真实项目开发中的各种问题。

4．基于协同教学的学期项目教学效果

使用协同教学来实施学期项目的教学,教师的教和学生的学都取得了显著的效果。教师能够通过学生在实践中的表现和汇报,及时调整讲解的内容和重点,增加了和学生的交互,能够做到有的放矢,完成教学的目标。而学生真正做到了学得有用、学得实用。采用这种方式培养出来的学生不再是只会考试的机器,而是可以直接进入公司参与实际开发项目的优秀程序员。例如,学期项目教学结束后,由学生组成的项目组独立完成了学校校友会网站的设计。目前网站已经上线,经过一段时间的运行,运行状态良好,满足了设计要求,达到了预期的目的。经过 JSP 学期项目实训,学生拥有了一个程序员应该有的良好品质、专业知识扎实、实践能力强、沟通能力好。在实际的项目开发过程中,学生能够发现自身的优点,更加自信,更清楚自己的努力目标。

三、高职院校软件专业学期项目的设计与实施

1．概述

项目化教学的核心是采用"完整的行动模式",指导思想是将一个独立的项目或任务交给学生去完成,即从资料的收集、方案的设计并实施直到任务的完成都由学生来做,教师在项目的实施过程中起引导、指导和辅导的作用,目的是通过项目的实施,让学生了解和把握完成该项目每一个环节的基

本要求与需要的实践技能。

接下来将介绍学期项目的实现过程,包括用户需求、技术方案书、代码实现和项目评测打分等。以大学一年级学期项目"宾馆客房管理系统"为例,在实现过程中运用了课程联合的方式,一位教师作为用户提出需求,主讲C#的教师负责带领学生做系统分析、系统方案书、项目进度表、系统开发,数据库的任课教师负责数据库设计,并严格按照软件项目生命周期穿插进行管理,充分体现了软件外包项目的过程化教学、联合课程教学,加强了学生对项目化概念的理解和团队合作精神。

2. 项目策划

根据人才培养计划,不同年级的学期项目有不同的要求。"宾馆客房管理系统"是大学一年级第二学期的实训项目,是在学习"C#程序设计"课程的基础上进行的。因此,系统的开发过程在完全按照软件生命周期的基础上,同时考虑到一年级学生对专业知识的掌握情况,在具体实施过程中进行了适当的简化。项目流程和项目进度计划如表8-2和表8-3所示。

表8-2 项目流程

交付物	是或否	备注
需求分析	是	用户提出的系统需要完成的目标和范围
项目计划书	是	项目任务计划
项目进度表	是	项目的进度计划
技术文件	是	学期项目的分析与设计
程序/应用程序/模型	是	图片、程序和源代码等
测试计划,测试用例	否	测试计划
测试报告	否	测试结果
周报	是	项目每周的状态报告、问题记录
技术审查记录	否	对分析及设计的评审结果记录
项目验收报告 项目讲解PPT	是	有格式和内容的要求,包括测试报告内容

表8-2展示了项目的主要流程,该表是在指导教师的带领下完成的。针对一年级学生的特点,对软件生命周期过程进行适当取舍。表8-3展示了项目的进度计划,是由项目团队讨论制定,指导教师审核后通过,说明了项目开发的进度、各个时间节点、责任人以及各阶段的交付物,这样可以很好地进行进度管理,避免延期,减少风险。

表 8-3 项目进度计划

周次	项目实训任务	联合课程或知识模块	检查点	责任人	交付物
1	软件开发文档 项目管理计划 安排表	通用软件过程		项目监理人/用户	软件开发文档 项目管理计划
	用户需求说明书	项目管理过程			用户需求说明书
2	了解用户需求	需求工程过程		项目监理人/用户	
	集思广益，充分沟通	客户沟通流程			
3	制定详细时间表	项目规划过程		项目团队	详细计划表
4	进度审查		是	项目监理人/项目团队	
5	编写技术说明书	用例图		项目团队	
6	编写技术说明书	类图		项目团队	
7	编写技术说明书	序列图	是	项目监理人	技术说明书
	技术审查	技术审查流程		项目团队	
8	开发应用程序 页面布局	编码规范		项目监理人 项目团队	
		GUI 页面设计			
9	开发应用程序 页面布局	GUI 页面设计	是	用户/项目团队	
	原型审查	软件工程思想		项目团队	
10	编码	程序标准		项目团队	
12	数据库编码	SQL 数据库和表		项目团队	
13	编码、单元测试	测试基础	是	项目团队	单元功能
	产品集成	信息系统项目管理			系统功能
14	系统验证、用户验证	权限原理知识		项目团队	
	缺陷修复、系统完善	用户验收测试流程			
15	系统验证、用户验证	测试	是	用户/项目团队	
	缺陷修复 系统发布	用户验收测试流程			
16	编写项目报告	进度计划控制		项目团队	演示 PPT
	项目评估	项目评估流程		评估小组	项目结束报告 项目评估表 项目成员评估表
17	系统演示阶段			项目监理人	
18	项目收尾会议	项目验收流程		项目监理人	

3．分析与设计

在本次学期项目中，请一位教师作为用户提出需求，指导教师带领学生深入理解用户需求，并指导学生完成系统需求分析，进行简单的系统设计，形成系统的技术方案，作为用户的教师对该方案进行评审，评审通过后进行编码。结合一年级学生的专业学习情况，用户提出的要求是实现供中小宾馆使用的宾馆客房管理系统。采用 C/S 架构，主要以 Microsoft Visual Studio. NET 为开发平台，SQL Server 为后台数据库，采用 C#构造应用程序。

此系统分为三个管理模块：账户管理模块、客房信息模块、客户管理模块。在系统中采用了权限控制，不同的角色（目前系统设定为管理员和普通员工两个角色）拥有不同的功能。例如，普通员工登录后可以进行客房信息管理、客户入住和退房等操作；管理员登录后，可以实现如下信息属性的维护：普通员工账户信息、客房类型信息等。系统的功能用例图如图 8-2 所示。

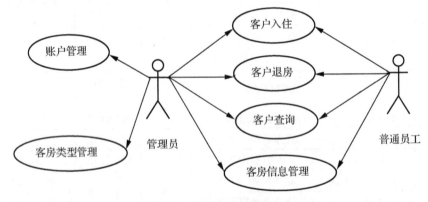

图 8-2　系统的功能用例图

下面对管理员操作的"添加用户"功能进行详细描述，添加用户的对象交互过程如下：

- Admin（系统管理员）在菜单上单击"账户管理"时，直接进入 HomePage.cs 页面。
- Admin 单击"添加"按钮时，执行 UserAdded.cs。
- Admin 单击"保存"按钮时，执行 UserAdded.cs 的 btnSave_Click 操作，把填写的用户信息写入数据库。
- 数据库执行完成后把结果返回给 UserAdded.cs 操作。

序列图如图 8-3 所示。

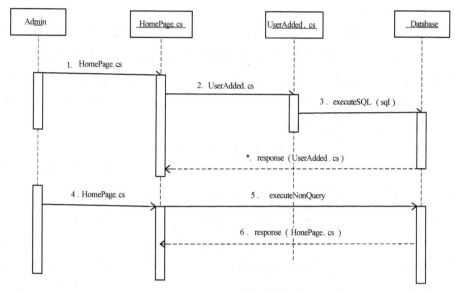

图 8-3　添加用户序列图

本系统采用的是 SQL Server 数据库。本系统的数据库主要由用户信息表（User_info）、客房类型表（Room_type）、客房信息表（Room_info）和客户信息表（Client_info）组成。User_info 记录了上机用户的信息（包括管理员和普通员工），Room_type 记录了宾馆所有的客房类型，Room_info 记录了每一间客房的信息，Client_info 记录了所有入住客户的信息。系统的 E-R 图如图 8-4 所示。

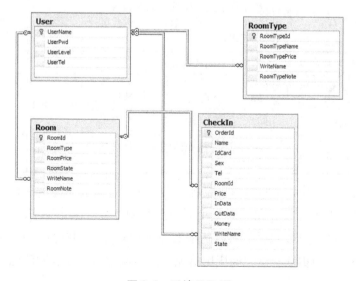

图 8-4　系统 E-R 图

4．项目考核评价

不同能力的评价需要用不同的方法，学期项目锻炼的是学生的软件开发能力，所以参考软件外包企业对项目和员工的评价方式，即基于过程的考查和记录方式对学生进行考核。考核总体上分为三个方面，分别是对各个学期项目的考核、对学期项目中各个学生的考核以及对导师的考核。本次学期项目的考核内容如表8-4所示。

表8-4 项目组考核表

评估项	标准	总分	评估人
用户需求及总计划文档	需求明确，范围清晰，计划合理	10	评估组
进度计划	反映生命周期、合理、专业	10	评估组
技术方案	覆盖要求内容，基于评审检查项	10	评估组
测试文档	对需求的覆盖性、规范性	10	评估组
实现（Codes或页面）	基于开发标准	10	PSL（项目监理负责人）
客户满意度	客户层面对总体使用情况的评估	10	客户
交付程序功能、性能和页面	技术层面	10	评估组
各个里程碑按时交付	是否有延时交付	10	PSL（项目监理负责人）
项目汇报，结项报告	部署、总结、沟通、礼仪、PPT、问题解决和改进等职业素养	10	评估组
项目监理人的整体协调与管理能力	整个项目过程中的协调和管理，如学生的总代码行数，每个学生的平均代码行数	10	评估组
以上基本评估项的综合	整个项目团队的表现	100	评估组
附加项：真实的项目案例、真实的开发环境、真实的项目过程	3R（三个真实）的总体情况，外语应用程度，会议，VSS的使用等	10(±10)	评估组
附加项：技能应用情况	项目开发覆盖该学期联合课程的知识情况	10(±10)	评估组

在实训过程中以项目组为单位进行管理和材料交付，因此考核的时候也主要以项目组为考核对象，表8-4展示了项目小组的考核方法，包括考核项、考核标准、分数和评估人。基本的考核项总分为100分，由10部分构成。另外，还根据联合课程的应用情况、外语应用情况以及团队综合表现素

养等制定了附加项,所以表现特别突出、综合素养很高的团队得分可能超过100分,而表现很差的项目组则有可能被扣分,这样也更能锻炼学生的团队合作精神和集体素质。项目团队集体完成了任务,但是项目组内每个组员的分工和完成情况各不相同,所以项目组内的成员也需要进行考核,表8-5展示了项目组成员的评估方法。

表8-5 项目组成员考核表

评估项	标准	总分	评估人
任务管理	按时完成	20	PM(项目经理)
任务完成质量	代码、页面和设计内容,符合有关开发标准和要求	20	PM(项目经理)
工作量	以全班平均水平个人项目工作量为参考,标准分为10分	(10±10)	PM(项目经理)
工作难度	以全班平均水平个人项目工作难度为参考,标准分为10分	(10±10)	TL(项目组长)由PM(项目经理)打分,PM(项目经理)由导师组打分
项目管理协调能力	TL(项目组长):5分,PM(项目经理):10分,在此基础上减分		
职业素养能力	学习能力(10分)、沟通能力(10分)、团队协作能力(10分)、问题解决能力(10分)	40	PM(项目经理)
创新	对流程、功能等的改进和创新,使用到课本外学到的技术和理论的情况	20	PSL(项目监理负责人)

本次学期项目是基于课题软件外包技术岗位能力成熟度模型实现的,该课题的研究目标是建立一个软件外包专业人才的能力模型,以促进企业、高等院校和政府相关机构形成对软件外包产业人才需求的共识。该课题统筹规划了软件专业三年课程体系,使得每个学期都有以一门主干课程联合其他相关课程形成的综合知识体系的学期项目。本次学期项目从策划到考核都很好地反映了课题中的能力模型,学生的职业素养和综合能力都得到了提高,为高职层次软件外包人才培养的探索提供了切实可靠的依据。

高职院校教育教学管理研究

第九章

高职院校教学改革研究

第一节 教学改革概述

一、教学改革简介

教学改革的目的是提高教学质量,并对教学内容、方法和制度进行改革,通过改进教学来推动教育进步和社会发展。为了实现这一目标,需要解决学校教学中存在的问题并进行创新。这种有明确目标的教学改革需要教师、学生、教育行政人员等所有教育相关人员的共同努力。

在教学改革中,教学方法方面的改革至关重要。采用全新的教学方法能够突破传统教学的限制,从而提高教学质量。举例而言,采用项目式教学法和案例分析法等新方法,能够有效促进学生积极参与学习,提升他们的学习动力和实践能力。

教学改革的重要方面是更新教学内容,将新技术应用于课堂教学,使学生了解最新技术动向,丰富他们的知识,增强就业竞争力。为实现这一改革,教师需要及时更新教材,将新技术融入教学,并引导学生主动学习和探索。

教学评价层面的改革具有相同的重要性。改进教学评价体系能够更准确地反映课堂教学的效果和学生的学习成果。这要求教师及时调整评价指标和权重,同时也需要学生积极参与评价过程,向教师提供反馈和建议。

教学改革是一个综合性的过程,涵盖了教学模式、教学内容和教学评价等多个方面的改革。其中,教学内容改革是最为核心的部分,因为它是直接关系到教学质量和学生学习效果的关键因素。教学模式改革和教学评价改革也是关键的辅助手段，它们有助于教师更好地实现教学目标，提升教学质量。

总结而言，教学改革是一个漫长而烦琐的过程，必须持续地探索和实践。唯有经过不断的改革和创新，方可不断提高教学品质，推动教育的发展和社会的进步。

二、教学改革的意义

教学改革在各个方面起着多重作用，不仅关乎教育领域的各个层面，也对学生的个人发展和社会发展产生影响。只有不断推进教学改革，才能更好地满足学生发展的需求，提升教育质量和公平性，培养更多创新型人才，以适应社会发展的要求并推动教育的创新发展。

教学改革可以提升教学质量。通过教学改革，教师可以更好地适应学生的需求，采用更有效的教学方法和手段，提高学生的学习兴趣和学习效果。例如，引入项目化学习、翻转课堂等新型方式，使学生更主动地参与学习，增强学习效果。更新和优化教学内容，使之与现代社会和学生的实际需求相符，帮助学生更好地理解和掌握知识。同时，教师也可以通过不断学习和探索，提高自己的教学能力和专业素养，进一步促进教育质量的提高。另外，教学改革还能够增强教学评估的效率。采用不同的评估手段，能够更加全面地了解学生的学习状况和需求，为教师提供更多反馈，以便改进教学，并最终提升教学质量。

教学改革对学生的全面发展具有积极促进作用，培养学生的自主学习能力、创新思维和实践能力等，能够提升学生的综合素质和未来竞争力。与此同时，教学改革亦能助推教师的专业成长，提高教育素质和教学能力，为提升教学质量提供良好支持。

三、教学改革的研究方法

教育界非常注重教学改革研究，其关键目标在于提高教育质量，促进学生学习效果的提升。为此，众多教师和教育研究者采用了多种研究方法来探索教学改革的有效性。以下是一些常见的教学改革研究方法：

文献综述方法：通过梳理和综述相关文献，了解已有的教学改革成果、实践经验以及存在的不足，为进一步的研究提供参考和依据。

个案分析法：通过深入研究特定学校、班级或学生的案例，探究他们在实施新教学方法或策略前后的表现和感受，评估教学方法的优劣与受影响因素，并提出改进建议。

调查方法：通过询问、采访、观察等多种途径，搜集教育专家、学生、家长等对教学改革的观点、意见和建议，掌握他们对教学改革的理解和态度，以便制定更加切实可行的教学改革方案。

实验法：采用随机抽样的实验方法，将研究对象分为实验组和对照组。在实验组中，采用新的教学方法或策略进行教学，而对照组则保持原有的教学方式不变。通过比较实验组和对照组在教学效果、学习态度、成绩等方面的差异，对新教学改革的效果和可行性进行评估。

行动研究法：指教师或教育研究工作者直接参与教学实践，通过不断尝试、反思、总结和改进，不断优化教学方法和策略，以提升教学质量。

系统科学法：运用系统科学的理论和方法，将教学改革视为一个有机整体，从多层次、多角度来研究和探讨教学改革中各种因素之间的相互关系和作用机制，追求最优化的教学设计方案。

第二节　教学改革的研究现状与存在的问题

一、教学改革的研究现状

教学改革一直以来都是教学管理领域的一个研究热点，在中国知网以篇名"教学改革"和截止时间"2023-08-31"进行检索，可以看到总的文献检索数量为21.71万篇，其中学术期刊17.35篇，学位论文898篇，会议论文4 462篇。最近几年大概每年有1万篇论文发表，2018年14 986篇、2019年16 063篇、2020年13 900篇、2021年11 323篇、2022年9 038篇，如图9-1所示。

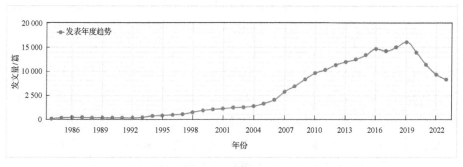

图 9-1　教学改革相关论文发表年度趋势图

近年来，教育界对教学改革的关注度日益增加，涵盖的话题广泛多样。具体而言，教学内容改革、教学方法改革、教学模式改革以及考核方式改革等成了热门议题。这些议题涵盖了教育教学的各个层面，反映了教育工作者为提升教育质量和效果所做出的不懈努力。其中与教学方法改革相关的论文有 11 255 篇，与教学内容改革相关的论文有 10 659 篇，与教学模式改革相关的论文有 8 521 篇（图 9-2）。教学内容改革、教学方法改革、教学模式改革以及考核方式改革等，都是教学改革的关键组成部分。通过对这些方面的不断探索和实践，我们可以有效地提高教学效果，提升学生的学习效率，培养更多具备综合素质和创新精神的人才。这些改革不仅体现了教育工作者对教学质量的追求，也符合了社会发展和人才培养的需求。

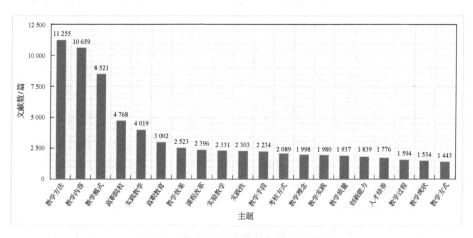

图 9-2　教学改革相关论文主题分布图

1．教学方法改革

教学方法改革偏向于优化讲授和引导方式，涵盖对传统讲授型教学方法的改善，如增加互动要素、引入案例教学或项目化学习等。同时，现代教学方法还更加关注学生自主学习、小组学习和在线学习等。

张彦妮和岳桦在"园林花卉学"课程实践教学中，将多媒体教学和现场教学并行开展，相互补充，旨在提高教学效果。在现场教学过程中，教师通过言传身教，强调直观性，学生在观察和实践的同时获得充分的感性认识，从而形成深刻的印象。例如，在进行花卉的识别实验时，教师会讲解花卉的主要识别要点，而学生则会通过对比和观察实物，深刻地记忆不同花卉的形态特征。根据"园林花卉学"实践课的特点和总体分析，张彦妮和岳桦采取了一种混合教学方式，即通过网络课程辅助传统课程的教学方式。这种方式将线上和线下教学相结合，以达到更好的教学效果。

谢长征等在"材料科学基础"教学过程中，为了提升学生的学习兴趣并增强他们的实践和创新能力，在课堂教学环节加入一些活跃课堂气氛的元素，如讨论问题和具体案例。比如，在应用型问题的教学中，可以采用分组讨论的方式。首先提供必要的背景资料和相关知识点，然后让学生分组进行思考和讨论。对于学生分析过程中出现的错误，教师不着急纠正，而是通过提出暗示性问题，引导学生自己得出正确的结论。鼓励学生广泛查阅文献，将课堂所学知识丰富和具体化。这些方法可以充分激发学生的积极性，符合他们爱分析问题的特点，并有助于提升他们综合运用知识的能力。

江璐等在讲授"葡萄酒品尝学"时发现该课具有极强的实践性，学生需要参与大量实践以磨炼品评技能。在课堂教学中，教师可以积极引入一系列新型的教学方法，如项目式教学、翻转课堂、问题导向教学等。这些方法的引入能够改变学生的被动学习状态，让他们更加主动地获取知识。这样，学生可以在课堂上获得更多的主动权，而教师的作用则变得次要，只是起引导作用。这种方式能真正地发挥学生学习过程中的主观能动性。在教学中，可以利用新型教学媒介，如雨课堂、课堂派、腾讯课堂等，来增强师生互动环节，同时实现"线上+线下"相结合的教学模式，以提升课堂教学效果，加深学生的记忆，并激发学习兴趣。

2．教学内容改革

教学内容改革是指对课程内容进行更新和优化，以更好地适应现代社会和学科发展的需求。改革教学内容包括引入新的教学材料、更新教学案例和引入学科前沿知识等。这些改革措施旨在提升教学质量，使学生能够更好地与时俱进。

徐玉霞等认为由于课时有限，教师无法将全部内容灌输给学生，因此需要对"功能高分子材料"课程的内容进行精心设计、系统分析和归纳重点，以便在有限时间内传授给学生必要的核心内容。教师在教学过程中应该积极借鉴各种资料，而不拘泥于某一本教材所规定的教学内容。与此同时，随着新材料、新方法的不断涌现，教师应时刻关注功能高分子材料领域的最新发展动态，及时更新教材内容，并适度进行补充，将最新的研究成果贯穿于整个教学过程中，以便学生了解当下功能高分子材料的发展水平以及未来的发展方向等。

安娜认为体育课可以强身健体，促进身体健康地发展，为心理发展提供物质基础。根据不同专业学生的需求差异，可以对教学内容进行优化。例如，在对身体柔韧性和协调性要求较高的专业中，可以增加柔韧性、协调性和核心肌群训练的内容。对于爆发力要求较高的专业，则可以引入力量训练的内容。这样能更好地满足学生未来工作的需求。强调体育学与职业发展、职业教育的紧密关联，使学生在学习体育知识的同时，受到职业意识的影响，可通过将职业要素纳入教学内容，如课程设计中加入相关职业场景、要求等方式来实现。

姚德中认为为了确保"计算机网络"课程的教学内容具有合理性和针对性，应根据学生的实际情况进行内容安排。具体来说，教师可以将学生分层并制订相应的教学计划，以满足不同层次学生的需求，丰富计算机网络知识，并全面提升网络操作技能。此外，还可以采用多种教学方法和手段，如案例分析、实验操作等，帮助学生更好地理解和掌握所学内容。同时，为了提高教学质量和效果，教师需要注重理论与实践的结合。例如，在讲解理论知识时，教师可以结合具体的网络设备和网络协议进行讲解，以便学生更好地理解、掌握相关知识点。在实验操作方面，教师可以布置一些在实际工作中可能遇到的案例，让学生进行实践操作，从而提高他们解决实际问题的能力。

3．教学模式改革

教学模式改革旨在对现有教学模式进行优化和改进，以提升教学效果和学生学习效率。由于不同学科具有不同的教学目标和教学内容，故需要有针对性地采取不同的教学模式。现今学生对于传统的教学方式不再乐见，因此必须采用更加灵活多样的教学方式。改革教学模式需要对学科特点有深刻认识，改变教学方式，运用现代技术，引导学生积极主动地学习，并且重视教学评价等。

鲍宇等认为在"工程实训"课程教学中要重点培养学生的工程实践能力，提出了一种分段进阶工程实践能力培养新模式。该模式是一种针对不同专业学生需求和兴趣的多层次教学模式。这种模式将结合传统工程训练加工方法，引入先进的加工技术和教学方法，以学生为中心，注重提升学生的工程认知能力、学习能力、工程实践能力和创新意识。为了满足学生的不同需求，提高学习效果和工程实践能力，有必要对每个工种的实训内容和时长进行调整，以符合学生的专业背景和兴趣爱好。为了更加详细地界定评估准则，鲍宇等将工程实训教学项目分为三个逐渐升级的层次，分别是"工程认知"、"工程实践"和"工程创新"。这些层次的目的在于逐步提高学生的工程素养和能力。在"工程认知"层次上，针对非工科专业的学生展开教学，旨在帮助学生理解工程的基本概念、原理和方法。学生将有机会在"工程实践"层次参与多种工程实践项目，通过实际操作和亲身经验来深入理解和应用工程知识。在"工程创新"层次，学生在实际操作中发现和解决问题，并以此为基础进行创新性实践。

针对舞蹈俱乐部，吴文博提出了一个"分层教学、产出导向、以赛促练、以点带面"的教学模式，旨在建立多样化的分层教学模式，并根据学生的水平差异进行个别化的教学。对于那些没有基础的学生，他们将被认定为初级会员，主要培养他们的身体素质，如体能、柔韧性和协调性等方面。而对于已经学习过一两年、对体育舞蹈有一定兴趣的学生，他们将被认定为中级会员。为了开展教学和训练工作，教师应该以"产出－导向"理论为基础。教师需要激发学生的方向意识和产出意识，提前确定好"课程导向"，从而使学生能够有目标地学习和参与各种活动。另外，高校体育舞蹈队伍应该形成一种良好的局面，即"高级带中级，中级带初级"的带动效应。通过高级班同学的教学互助，每个学生都能树立起责任意识，并进一步提高教学方法和技能水平。

李玲等认为随着教学改革的推动，必须对"电子工艺实习"教学内容进行广泛扩充，同时也需要对传统的课堂教学模式进行调整。根据"电子工艺实习"课程学科交叉融合的新特点，李玲等认为应构建一种项目驱动的教学模式，将课内和课外相结合，让学生以小组协作的方式来完成项目。在这种新模式下，教师只需在课堂上传授基础理论知识，并在每个课堂内容讲解后布置基础任务并检验。在课堂外，导师由教师担任，负责指导学生完成任务并解答疑问。为了满足不同的项目需求，学生团队需要利用自己的业余时间进行研究学习，在任务的推动下进行自主研讨，最终完成任务。学期结束时，学生将展示和汇报项目成果，并接受综合评分。这种新模式能使学生的基本理论知识更扎实，并培养实践能力、团队协作能力和创新能力。

张利霞等认为专注于就业导向，以能力为核心，不断促进新型商科人才教育的改革与创新，是高职院校商科教育的方向。在培养专业人才的目标下，应建立以"思政引领"为基础的课程目标和教学大纲，并结合专业的毕业要求。此外，应加强案例教学和实践训练，注重"企业典型案例+项目化实训"的教学模式，以培养学生分析问题和解决问题的能力。通过政府、企业和其他部门组织的学科竞赛，可以有效地改变教师的教学方式和学生的学习模式，从而实现以竞赛促进教学和学习的融合模式。学生作为竞赛的主要参与者，在导师的指导下积极准备比赛项目。在进行竞赛准备的过程时，学生需要发掘自己的潜力，收集数据，检索信息，整理文件。这些步骤看似简单，却能极大地激发学生的积极性和创新精神。在高职院校教师和企业导师的"双导师"模式中，需要校内教师和企业导师的分工协作。学生的学习不再局限于课堂理论知识的传授，还需要参与到企业实践中，进行观察和操作等实际活动。按照这种方法，我们可以更好地培育适应社会需求的高水准商科人才，提高学生的综合素养和能力，为他们将来的职业发展做出全面准备。

4．考核方式改革

现代教学需要摆脱传统的单一考核方式，转向多元化的评价方式，如形成性评价、终结性评价和自我评价等。这种多元化的考核方式能够更准确地反映学生的学习情况，同时也有助于培养学生的综合素质和能力。

孙苗等在"应用光学"课程教学中为了保证考核的公正性，综合考虑了过程与结果相结合的评估方式，将线上与线下的学习和考核相结合。成绩由平时成绩（40%）、实践成绩（40%）和考试成绩（20%）三部分组成。评分标准包括学生课堂表现、实践能力及知识掌握情况，全面考查学生的能力，准确反映综合水平。其中平时成绩由多个部分组成，不仅包括课堂出勤、课后作业和单元测试等传统的学习活动，还引入了分组讨论和创新专题设计等更具创新性和实践性的学习活动。平时成绩不仅包括对传统的学习活动的考核，还加入了对更富有创新和实践特色的学习活动的考核。这些构成要素能够全面地体现学生的学习情况，有助于学生提高自主学习能力和问题解决能力。

王治国等在"硅材料技术"课程的考核中，根据课程的特点，通过虚拟仿真操作演练的方式，加强了学生对硅的提纯、晶圆的切片和加工的理解与掌握。在考核方式上，主要进行两个转变。第一个转变是将考核内容由注重理论转变为贴近实践。在考试命题设计上，增加了"活题"的比例，避免直接获取教材中的"死题"。第二个转变是将单一的刻板考核方式逐渐转变为更加灵活多样的方式，以提高考核的科学性和实效性。考核方式从一次性考核转变为多次性考核，从仅仅考核一方面转变为综合考核多个方面。这种综合考核将结果性评价和过程性评价有机地结合起来，包括对课堂出勤、课堂表现、实践操作、期末考试等各个环节的考核。

杭益柳等认为"高级网页开发"是一门编程设计类的课程，其主要评估学生在自主设计和创作方面的动手能力与实践能力。因此，单纯依靠最后的笔试成绩来评价学生对知识的掌握情况是不够的。对于这类技能型课程，应采用多元化的评价方式，即将过程性评价和终结性评价相结合。过程性评价注重学生在学习过程中对课程内容的掌握情况，而终结性评价则侧重于学生的最终成果。学生学习的反馈情况主要以作业、实验和学习表现来评判，终结性考核则侧重于评价学生在学习结束后对知识进行综合运用的能力，以团队合作开发小型综合项目为依据。

张洁等认为管理类课程具有很强的实践性，因此评价应该同时关注学生的期末考试成绩和整个学习过程。这种多元化评估方式不仅能够评估学生对理论知识的掌握程度，还能够了解他们在实践中应用所学知识的能力。为了提高"渠道管理"课程的成绩评定方式，张洁等建议将平时成绩所占比例提高至40%~50%。此外，在学习过程中，应加强线上学习，实现真正的"翻转课堂"。同时，不再仅将平时成绩限定于"课堂考勤+作业测验"等简单形式，而是让学生分组进行专题讨论，并制作PPT进行汇报。根据小组的汇报质量给予打分和加分，这样的加分比例占据总平时成绩的15%。此外，还可以让学生参加诸如ERP沙盘模拟大赛等与创新创业相关的竞赛项目，作为辅助教学的一部分。参赛获奖可以作为期末考试成绩的一部分，按比例计入。例如，如果获得省级奖项，可以给予额外的3分；如果获得国家级奖项，则可以增加6分，并且不同级别的额外奖励分数可以累加到学生的期末成绩中。

二、教学改革存在的问题

目前,高职院校的教学由于受传统观念、课程定位、教学理念、教学方法等限制,主要存在以下问题:

1. 教学内容陈旧

高职院校是我国高等教育系统的重要组成部分,其使命在于培养和输送高级技能人才。然而,在实践中,高职院校的教学内容常常存在一些问题,其中最为严重的就是教学内容的陈旧和滞后。这种情况不仅对人才培养质量产生了不利的影响,还限制了学校的可持续发展。

高职院校教学内容陈旧主要体现在教学内容与市场需求脱节。许多高职院校教学计划和教材偏重理论知识传授,忽视实践操作的重要性。这导致学生难以将所学知识应用于实践,并且无法真正掌握实用技能和技巧。同时,一些学校的实习教育方案相对滞后,没有与行业发展趋势相融合,使学生难以掌握实用的技能和经验。这不仅影响了学生在就业市场的竞争力,也限制了他们未来职业发展的潜力。

高职院校教学内容陈旧落后的一个重要方面是教材建设的滞后。教材是教学内容的重要媒介,高质量的教材可以有效地保障学生的学习。然而,目前许多高职院校仍在使用多年前的教材版本,这些教材的内容已经过时、陈旧,缺乏新颖性和实用性。由此导致学生很难接触到最新的知识以及与所学专业相关的最新技能和技巧,教材的编写和更新周期过长,往往不能及时反映行业发展的最新动态和趋势。这不仅影响了学生对专业知识的全面掌握,还妨碍了他们提升自身技能以及适应未来职业发展的能力。

2. 教学方法单一

教学改革中遇到的一大问题是教学方法的单一化。这往往表现为教师在课堂上只运用一种教学方法,而没有根据不同的教学内容、学生的需求和能力来灵活地采用多种教学方法。教师若在课堂上只沿用单一教学法,学生会因未有机会体验多样化学习方式而疲倦。为了解决这一问题,教师可以通过接受相关培训来掌握多样化的教学方法。例如,他们可以参与教育研讨会、阅读教育文献或与同行交流经验,以便了解不同的教学方法。此外,教师还可以与其他教师分享个人经验和技巧,以促进相互学习,提升教学质量。学校也需要给予教师支持和资源,激励教师去尝试新的教学方法。比方说,学校能够提供相关的培训课程、教学资源以及时间来协助教师尝试新的教学方法。除此之外，学校还需要对教师的教学方法进行评估和改进，以提高教学质量和学生的学习效果。

3. 考核方式单一

单一化考核方式是指在一门课程的评估中，只使用一种或几种考核方式，而不考虑课程特点、教学内容、学生学习情况和需求等以综合采用多种考核方式进行评价。通常，课程考核方式单一化的表现是仅使用书面考试或考查这种传统方式，而忽略了实践操作、项目报告、小组讨论、口头答辩等多样化的考核方式。这种单一化的考核方式带来了许多问题。考核方式单一，无法对学生的能力进行全面评估，如口头表达能力、团队协作能力和实际操作能力等。然而，这些能力对学生未来的发展至关重要。

评价结果的客观性不足，单一的考核方式常常导致评价结果缺乏客观性，无法真实地反映学生的学习效果和能力。因为书面考试或者考查只能测试学生的记忆和理解能力，无法全面评估学生的实际应用能力和问题解决能力。若只采用一种考核方式，会使学生和教师都陷入应试教育的思维定式中，专注于考试成绩而忽视学习过程和实际应用能力的培养。同时，还容易使教师忽略学生的学习需求和个性差异，很难因材施教。

4. 师资力量薄弱

高职院校教学改革中存在严重的师资力量不足问题，限制了教育质量和效果。具体表现在以下方面。

许多高职院校教师严重短缺，导致很多课程无法开设或只能由其他专业教师兼授。这不仅影响了学生的学习效果，也削弱了学校整体教学质量。高职院校一直在努力提升师资水平，但由于多种原因，师资素质仍存在不均衡现象。部分教师缺乏实践经验和专业技能，无法有效地融合理论知识与实际操作，这对学生的学习效果和就业竞争力产生了影响。随着高职教育的快速发展，高职院校对教师的要求也与日俱增。然而，大量高职院校教师参加的培训范围较为局限，他们缺乏接触新的教学方法和理念的机会，无法有效提升自身的教学水平。这种现象不仅会直接影响学生的学习效果，也必然对学校整体教学质量产生不利影响。在许多高职院校中，教师队伍存在师资结构不合理的问题。一些专业缺乏杰出的骨干教师，导致教学质量存在不稳定的情况。同时，一些新兴专业和交叉学科缺乏适当的教师资源，无法满足教学需求。

第三节　教学改革常见措施

一、大力加强师资队伍建设

教师在学生学习活动中扮演着组织者和参与者的双重角色。优秀的教师团队是教学工作的有力支持，也是教育改革的关键保障，对改革的成败具有至关重要的影响。教师对教学起着重要作用，教师的专业素养、教育理念和教学策略对学生的学习效果和质量产生直接影响。加强师资队伍建设，能够提高教师的教育教学能力，从而改善教学质量，使学生更好地掌握知识和技能。

社会的进步和技术的更新带来了教育领域的改革与创新。对于教学改革和创新，师资队伍的素质和能力水平起着至关重要的作用。加强师资队伍建设，可以激发教师对教育理念和教学方法创新的意识，推动教学改革和创新。同时，师资队伍建设也是实现教育现代化的关键。因此，要提高教学质量、深化教学改革，加强师资队伍建设是极其重要的。

加强师资队伍建设是教学改革中必不可少的一部分。唯有建立一个具有高素质、高水平和富有创新精神的师资队伍，才能更好地促进教学改革发展，提高教育质量，为学生的成长和社会的进步做出更大的贡献。

二、采用灵活多样的教学方法

高职院校学生的学习基础不够好，对学习缺乏兴趣，自我管理能力也不强，学习习惯比较差。因此，教师应该想方设法激发学生的学习积极性。作为课堂活动的组织者，教师的观念和教学方法会直接影响学生的学习效果。通过采用灵活多样的教学方法，教师能够更好地激发学生的学习兴趣和动力，从而提升学生的学习效果和综合素质。

丰富多样的教学方法能够更好地吸引学生的注意力，增强他们对学习的兴趣。例如，教师可以运用案例分析、小组讨论、角色扮演等多种教学形式，促使学生更好地参与到课堂中，进一步提高他们的学习积极性和主动性。为了更好地培养学生的自主学习能力，教师可以采用多种灵活的教学方法。举例来说，可以尝试翻转课堂、微视频和项目式教学法等，以激发学生的自主探究、自主思考和自主实践能力，从而有效提高学生的自主学习能力和问题解决能力。

通过采用灵活多样的教学方法，教学效果也会得到提升。对于不同的教学内容和教学目标，教师可以运用各种不同的教学方法，如情境模拟、小组合作、演讲辩论等，让学生更好地理解和掌握知识，以提高教学效果。多样化的教学方法能够更灵活地培养学生的综合素质。比如，教师可以运用项目学习、团队合作、演讲讨论等方法，使学生在实践活动中获得知识、思考问题并拓展创新思维，进而增强学生的协作能力、创造能力和实践能力等综合素质。

教师可以采用多种教学方法以激发学生的学习兴趣和动力，培养学生的自主学习能力和创新精神，提高教学效果并促进师生互动，同时提升学生的综合素质。因此，教学改革的关键之一是广泛使用灵活多样的教学方法。

三、建立多元化评价机制

多元化评价机制是一种通过多种评价方式和标准对学生各个方面进行评估的机制。除了传统的考试成绩评价外，还可以使用作品评估、口头表达、自我评价、小组评价等多种评价形式。评价的主体也可以是不同的，如教师评价、学生自我评价、学生之间互相评价、家长评价等。评价活动的重点是学生自我评价，通过积极参与评价活动，随时与教学目标进行对比，进一步发现个人的进步和不足。评价被视为学生自我教育和促进个人发展的有效途径。

多元化评价机制能更全面地评估学生的能力和表现。传统的教学评价只关注考试成绩，而多元化评价机制包括课堂参与度、团队合作能力和创新思维能力等方面，更能综合评估学生各个方面的素质和能力。多元化评价机制可以采用不同的评价方式和标准，以适应不同的教学内容和目标，从而增加评价的准确性和客观性。多元化评价机制相较于传统的单一评价方式，能更好地避免评价过于片面化和主观性，从而提升评价的公正性和科学性。多元化评价体系可以通过多种途径对学生的表现和成长给予肯定，如表扬、奖励、推荐等方式，从而激励学生更加积极地参与学习，提升他们的学习自信心。与此同时，多元化评价体系也能更好地发现和培养学生的才能与兴趣，推动个性化发展。

采用多种评价方式和标准，能够提升学生的综合能力和素质水平，提高评价的准确性和客观性，激发学生的学习积极性，推动教师的教学方法改革，提升学校的教学质量和管理水平。因此，多元化评价机制已经成为教学改革的重要方式之一。

四、营造良好的学习氛围

良好的学习环境使学生更易集中注意力和认真学习。优秀的学习环境能够激发学生的潜力，使其对学习产生浓厚的兴趣，并提高学习效率。相反，混乱的学习环境可能会分散学生的注意力，从而降低学习效果。良好的学习氛围能激发学生的积极性，让他们感到被尊重和鼓励。在这样的氛围中，学生更乐意与教师和同学互动，积极地表达意见和观点，并能更好地完成各种学习任务。

明确学习目标对营造良好的学习氛围至关重要。学生要清晰地设定自己的学习目标，并将其详细规划为可操作的步骤。同样，教师也需协助学生设立和实现学习目标。制订一个适当的学习计划，有助于学生有效管理时间，提升学习效率。同时，还能够使学生更好地掌握主动学习的能力，以更好地完成学习任务。

教学不应仅限于传统课堂。教师可以设计各种有趣的学习活动，如小组讨论、角色扮演、案例分析等，以吸引学生的注意力，提高他们的参与度。良好的师生关系是营造良好学习氛围的基础。教师应该尊重学生的个性和需求，关心他们的学习和生活，以建立信任和亲密的关系。同时，学生也应该尊重教师的权威和经验，积极向教师请教问题。

营造良好的学习氛围需要师生共同努力。我们可以通过设定明确的学习目标、提供有趣多样的学习活动、建立和谐的师生关系、营造安静整洁的学习环境以及培养学生的自我管理能力来实现。这样，我们就能营造一个更加积极、互动、高效的学习氛围。

五、采用新的教学模式

随着社会的不断发展和经济结构的调整，传统的教学模式已经无法满足现代教育的需求。在传统的教学模式中，教师扮演着知识传授者的角色，学生则是被动地接受。然而，这种模式无法激发学生的学习兴趣和积极性，也很难培养学生的创新和实践能力。因此，推行新的教学模式已经成为高职院校教学改革的重要方向。

教学模式不仅是教学理论和教学实践沟通的桥梁,而且是对教学理论的应用,直接指导教学实践。它以宏观的视角把握教学活动的整体和各个要素之间的关系与功能,对教学理论和教学实践起到了中介作用。常见的教学模式包括:

翻转课堂:是一种新型教学模式,它颠覆了传统教学模式。在这种模式下,学生将在课前通过观看视频、阅读资料等方式自主学习知识点,而课堂上则进行互动活动,包括问题解答和小组讨论。采用这种教学模式能够培养学生的自主学习和合作学习能力,同时也能够提升学生的学习兴趣和积极性。

小组合作:是一种现代的教学模式,以小组为单位进行学习和合作,旨在培养学生的团队合作能力和沟通技巧。在小组合作中,学生会被分组,每个小组会有确定的任务和目标,并通过相互协作来共同实现。这种教学模式有助于提高学生的实践能力和创新思维。

项目式学习:是一种基于实际项目的新型教学模式。学生参与实际项目,通过实践操作、调查研究等手段来实现任务和目标。该教学模式有助于培养学生的实践能力和创新意识,提升其综合素质和应用能力。

这些教学模式,能够极大地调动学生的课堂参与热情,提高课程教学效果。

第四节 教学改革案例

一、"Java Web 应用开发"课程思政教学改革实践探索

"Java Web 应用开发"是高职院校软件工程专业的一门核心课程,该课程在 Java 课程体系中发挥着重要作用。课程团队在"Java Web 应用开发"教学过程中,基于课程特点,从课程设计、教师团队、教学过程与方法、考核方式等环节对思政元素展开全方位设计,从而实现思政教育和课程教学的同频并轨,在课程教学中形成协同效应,保证学生在学习软件专业知识的基础上,坚持正确的政治立场,自觉维护国家的政策、方针以及路线,严格遵守计算机职业操守,努力成为德才兼备的现代化建设人才。教育部于 2020 年印发的《高等学校课程思政建设指导纲要》(以下简称《纲要》)为高校

课程思政建设指明了方向,助力高校落实立德树人的理论与实践创新。2021年3月,教育部办公厅发布的《关于开展课程思政示范项目建设工作的通知》中明确提出:面向职业教育、普通本科教育、研究生教育和继续教育,选树一批课程思政示范课程、教学名师和团队、教学研究示范中心,全面推进不同类型学校的课程思政建设理论研究和教学实践,探索创新课程思政建设方法路径,构建全面覆盖、类型丰富、层次递进、相互支撑的课程思政体系,加快形成"校校有精品、门门有思政、课课有特色、人人重育人"的良好局面。从以上文件可以看出国家对课程思政的重视程度。针对"Java Web应用开发"这门专业课设计思政化元素,是本节研究的重点。

1. Java Web 课程简介

"Java Web应用开发"是软件技术专业Java方向、云计算技术应用专业限定选修课程。该课程以Java Web项目开发职业技能为培养目标,立足苏州工业园区的产业发展,从职业岗位技能需求入手,将企业经常用到的典型工作任务转化为教学内容,根据Java Web应用开发工作过程来设计课程,内容主要包含JSP的基本语法、常用内置对象、数据库操作、Java Bean等相关知识的讲授和实训。

该课程设计理念根据高职院校学生的实际情况,采用"基于工作过程的项目导向、任务驱动教学模式"。结合职业教育特点,通过情境学习与训练,实施理论与实践相结合的教学,使学生达到熟能生巧的目的。

2. 课程思政设计思路

以"Java Web应用开发"为例,分析该课程思政设计思路,以及如何将思政教育融入"Java Web应用开发"实践课程中。课程思政建设以课程为核心,缺乏优秀课程建设,课程思政就很难发挥其作用,而"Java Web应用开发"作为计算机专业的一门核心课程,是学生分步骤实现网站创设目标的重要途径。教师在"Java Web应用开发"课程教学中,渗透对学生的法制引领、思想引领、道德引领和价值引领,以培养高素质、德技兼修的计算机人才。

(1)挖掘课程思政元素

从根本上说,技术源于生活实践,同时也高于生活实践。对"Java Web应用开发"知识点与教学目标进行梳理,从以下环节充分挖掘"Java Web应用开发"中的思政元素,具体见表9-1。

表 9-1　"Java Web 应用开发"的思政元素

知识目标	思政元素
Web 应用开发简介	国家科技力量，彰显大国精神
Java Web 基础	从介绍 HTTP 协议与 XML 定义，向协议引申
网页开发基础	借助页面元素开展爱国教育
JSP 技术	从程序设计语言语法严谨性引申到学生学会守纪律、讲规则
Servlet 基础	从 Servlet 容器与 HTTP 服务器的合作向团队合作精神引申
EL 表达式与 JSTL	从程序设计语言语法严谨性引申到学生学会守纪律、讲规则
会话及会话技术	从 cookie 技术向网络安全引申，从超时管理引申到做事果断
Servlet 高级	过滤器原理，表示选择的重要性

（2）寻找课程思政素材

基于表 9-1 中的思政元素，探寻结合专业知识教育和思政教育的鲜活素材。专业课教师一方面要向学生传授编程知识，另一方面要培养学生的思政品德。表 9-2 为课程思政素材。

表 9-2　课程思政素材

知识目标	思政元素
Web 应用开发简介	中国软件开发现状、"中国芯"事件
Java Web 基础	劳动合同和就业协议
网页开发基础	学校公众号与校园网、学习强国、人民网等教育网站
JSP 技术	大学生涯规划、人生规划
Servlet 基础	班委间合作、学院各部门合作
EL 表达式与 JSTL 会话	大学生涯规划、人生规划
会话及会话技术	习近平谈网络安全：网络安全和国家安全紧密相关
Servlet 高级	人生的岔路口，如何做出明智的选择

（3）课程思政案例库的制作

基于"Java Web 应用开发"教学目标，对最佳教学素材进行选择与处理是有效教学的重中之重，能提升教师教学能力。这里设计的思政素材为融合思政元素和专业知识的独立案例，以制作成课程思政案例库。比如，对高校网站首页的设计，使学生对学校良好学风、发展历程以及办学特色等有所了解，以激励与教育学生，增强学生掌握专业技能的自信心与自豪感，进而培养其爱国、爱家以及爱校的情感，使学生树立正确的价值观、世界观与人生观。

3. 课程思政教学目标

通过学习"Java Web 应用开发"课程，学生能够掌握有关 Java Web 应用开发的理论知识，同时具备服务器端程序设计能力与良好的编程习惯，保证其毕业后能胜任 Java Web 应用开发工作任务。课程思政教学目标主要包括以下两个方面：

（1）知识和能力目标

① 理解和掌握 Java Web 网站工作原理。

② 掌握 HTTP 协议概念，学会使用常见 HTTP 头字段。

③ 学习 Servlet 概念与配置方法，可以创建 Servlet，同时实施正确配置。

④ 学习 JSP 指令、JSP 脚本、JSP 内置对象用法、JSP 动作，可以通过 JSP 技术对动态网页进行开发。

⑤ 学习 Java Bean 定义与应用方法，可以通过 Java Bean 封装实体类，对 Java Bean 读写属性进行灵活应用。

⑥ 掌握 JSTL 标签和 EL 表达式应用方法。

⑦ 学习 JDBC 数据库的访问原理。

⑧ 掌握 JSP 的开发模式。

⑨ 具备中小型 Web 设计开发能力。

⑩ 初步具备图文档撰写能力与团队协作意识。

（2）素质目标

① 对学生的人生观、价值观以及世界观进行培养，使其牢固树立"四个意识"，同时坚定理想信念，为国家培养具有马克思主义信仰、社会主义信仰以及为民族复兴而奋斗的新时代团体。

② 职业精神。对学生严谨工作作风和实事求是科学态度进行培养。

③ 法纪意识。对学生分清善恶和明辨是非的能力进行培养，使其在网站设计中能够运用清朗、健康的网络内容。

④ 公德意识。培养学生社会主义核心价值观，并将其作为立德树人、明德修身的遵循规范，特别是友善、爱国、敬业以及诚信的公民价值准则。

4. 课程思政教学改革方案

以高校网站首页的设计制作为案例，选择任务驱动与项目引领的方式，在教学任务中有机融入专业教育和德育教育，具体课程思政化改革方案分为四个步骤：

(1) 收集课程教学素材

"Java Web 应用开发"课程教师提前为学生布置作业,引导其收集学院办学特色、办学历史以及办学成果等素材,让学生学会自主学习,并将思政教育元素融入学生切身感受,以强化学生对学院的情感。

(2) 课前复习

引导学生借助"学习通"平台对网页设计中的 CSS 技术、HTML 技术以及 DIV 技术等展开课程复习。

(3) 课堂教学

指导学生分步骤设计学院网站首页,该步骤中,对学生思政教育的强化开展有意识的引导,具体分为四个阶段:

① 课堂导入。对已学 CSS、HTML 知识进行复习,特别是 CSS 样式结合和 DIV 布局。从所收集的素材中筛选,用对自身成长、学习具有促进作用且与学院需求相符合的素材。例如,在学院公众平台中介绍优秀毕业生的学习与就业经历,以增强学生的奋斗意识,使其意识到只有努力学习才能在社会中得到认可。正确的素材,能够培养学生正确的道德观。

② 布置任务。指导学生学会正确应用 CSS + DIV 技术,依照任务清单表(表 9-3)设计制作学院网站首页。

表 9-3 任务清单表

项目	说明
设计菜单	提炼菜单项 8 个
制作横幅	网站名、商标等相关元素
图片新闻	图片 3~5 幅,轮播展示
专业介绍	显示专业标题
学院动态	显示学院近期新闻标题
页面其他元素、页脚设计	商标、名称、设计者以及备案号等相关信息

③ 每三人组成一个设计小组,设计学院网站。"Java Web 应用开发"课程教师要求各小组在版面布局与素材选择过程中,尽可能和其他小组有所差异,将各组特色展示出来,鼓励学生根据个人优势选择任务,将团队合作精神充分发挥出来。教师巡回关注学生所选网页内容、情感状态和技能掌握情况,通过任务引导法,培养学生的团队合作意识,融入创新意识培养与职业养成教育,使学生掌握专业技能,形成积极向上的价值观、职业观以及人生观。

④ 作品展示和评价。网页设计完成后,向"学习通"平台上传设计作品。网页设计情况体现了小组价值取向。引入思政元素,让学生通过该阶段的交流、自评以及互评,学会分享成功,更学会表达自我情感。

(4) 课后拓展

教师引导学生根据实训案例,为家乡设计门户网站,并在网站中展示家乡特色、人民幸福生活以及发展优势等,由此可将学生对家乡、对国家的深厚感情激发出来。

5. 课程思政教学改革总结

本课程思政教学改革的重点在于对高职院校学生的社会责任感进行培养,使其形成正确的道德取向,将安全、健康作为网络空间主旋律。在"4·19讲话"中,习近平总书记就明确提出,网络空间是亿万民众共同的精神家园。网络空间天朗气清、生态良好,符合人民利益。网络空间乌烟瘴气、生态恶化,不符合人民利益。

(1) 教学方法

该思政教学改革方案选择任务驱动与项目引领的教学方式,不同步骤所用方法分别为,复习知识点应用对比法,强调团队合作的价值;素材选择应用案例法,培养学生正确的道德取向;网页制作应用实践法,培养学生的实践能力,锻炼其工匠精神;作品展示和评价应用讨论法,对学生正确判断和分析问题的能力与交流能力进行培养;拓展升华应用模拟法,为家乡设计门户网站,使学生的家国情怀得到升华。

(2) 创新和特色

课前引导学生收集相关网站资料,在学习和深加工后,借助视频、文字以及图片等多媒体形式设计制作网页,以达到学以致用的效果。课程专业教师在课程教学中融入思政元素,培养高素质且德技兼修的技能型人才。根据网页内容所彰显的价值取向,掌握学生的思政素养,以窥见学生的思政理念。此外,对学生社会责任感进行培养,引导其不断践行社会主义核心价值观,特别是爱国、敬业、诚信、友善的价值准则。通过设计教学方案、准备素材和课堂教学,从更深层次充分挖掘"Java Web 应用开发"中的思政元素,探索隐性思政元素和显性专业知识的关系,两者融会贯通,增强教师的课程思政理念,进而创建能力培养、价值塑造以及知识传授三者为一体的教育思想。

综上所述,在"Java Web 应用开发"课程中,通过教师引导和学生自主学习,在课程改革中融入思政元素,从而引导学生树立正确的价值观、人生观以及世界观;在课程思政化改革评价中也引入思政元素,提升了教师的思政素养,同时也培养了学生的爱国情怀。

二、多元课程评价视角下的"IT素养"课程教学改革

1. "IT素养"课程建设基础

"IT素养"是苏州工业园区服务外包职业学院信息工程学院"2+3"教学模式的基础公共课之一,是学院各专业必修的基础课程。"IT素养"以计算机基础知识普及、计算机及相关专业软件操作与使用为目标,采用模块化教学理念,理论与实验结合的授课形式。在本课程中,实践教学占主导地位,采用多元化的方式评价课程是本课程成功的关键。

课程评价是基于特定价值准则,通过系统地搜集相关信息,评估受教育者的学习进程,以满足他们个体发展的需求,并为其自我完善及相关决策提供依据的过程。课程评价是学校教育活动中至关重要的环节,也是确保学校教育朝着正确方向持续发展的重要手段。多元化教学评价,顾名思义就是在评价学生学习过程和结果时,使用两种或两种以上方式。在"IT素养"课程教学中采用多元化的评价方式可以让教师及时发现学生的学习情况和问题,针对性地进行教学改进,提高教学效果。此外,多元化的评价方式可以增强学生的自信,让学生感受到自己的进步和成就,从而更好地激发学生的学习兴趣和积极性。

2. "IT素养"课程建设的不足

职业教育的教学体系主要由目标体系、内容体系、管理体系几大要素组成。它是一个有机整体,在运行过程中各组成要素既要发挥各自作用,又要共同协调配合,完成教学体系的总体功能。"IT素养"是一门综合性很强,对学生动手实践能力要求较高的课程,涉及计算机基础理论知识、计算机基础操作,Word、Excel、Power Point(PPT)、上网基本技能等模块。由于存在计算机等级考试的硬性要求,传统的"IT素养"教学方式在实践部分主要以集中做题讲题为主,强化训练了学生的考试能力,但是忽略了应用创新能力。现在学生在学习"IT素养"课程之后,计算机等级考试的通过率达99%。通过本课程的学习,学生能够很好地掌握计算机基础理论知识和常规基本操作,并且掌握了一定的考试技巧。但是在该课程结束后,在学生后续的其他课程学习和大三阶段的实习就业过程中,我们发现学生的计算机应用

能力和创新能力还存在不足，从而影响学生的发挥。存在的一些问题总结如下：

（1）课程材料单一，不适合学生能力的发展

在调查中发现，大部分高职院校都是教师根据课程标准和自己的经验，在小范围内比较后选择一本书作为教材，学生就以此书作为学习的依据，有些教师会在讲课中适当增加知识，有的则按照课本知识讲。一本书作为全部的教材，对于学生而言，不适合学生的全面发展，因此迫切需要进行教材改革。

（2）以理论教学和题目训练为主，学生实践动手能力差

大部分高职院校的"IT素养"课程（或"计算机基础"课程）在理论部分讲解完后，随即进行题目强化训练，有些学生会理解不透彻；在操作部分，教师讲解后也是进行真题训练，基本就是知识的照搬运用，真正的动手实践能力没有得到锻炼和提高。

（3）注重知识掌握，学生创新能力缺乏锻炼

通过教师的讲解和题目强化训练，学生掌握了一定的知识，但是对于稍微有点变化的题目学生很难完成。比如，学生在学了Word操作之后，对于真题中的Word题目做得非常熟练，但是到了大三写论文的时候水平仍然达不到论文写作的格式要求，制作简历的时候只能模仿，很难做出有自己特色的简历。

（4）教学活动缺乏对学生学习主动性的培养

该课程以掌握知识、完成题目训练为重点，忽略了学生的主动性和积极性，而事实上，在该课程的学习过程中，学生的主动性、积极性起着非常重要的作用。如果在学习的过程中加入一些学生感兴趣的题目要求，而不仅是刷真题，把学生的积极性调动起来，那么主动性就会得以发挥。

（5）以计算机等级考试为考核目标，学生综合素质低

计算机等级考试的红线成为该课程的考核目标，学生会为了考试而学，会存在突击复习、只学考点内容、应付考试等情况，不利于调动学生学习的积极性，也忽略了对学生实践动手能力、创新能力、素质能力的考核。因此，这种考核只能测出学生对知识的掌握程度，但是不能测出学生的实践创新能力和综合素养。

3．"IT素养"课程改革措施

结合上述问题，"IT素养"课程要想取得较好的教学效果，就要转变目

前的教学模式,调整课程评价方式,在整个教学中实施多元评价。主要从校本教材建设、转变教学和实践内容、注重学生创新、培养自主性、考核机制等几个方面构建多元评价体系。

(1) 教材改革——自编教材

教材是学生学习的基础,是教师讲授的依据。苏州工业园区服务外包职业学院培养的学生不仅要具有一定的专业知识,还要有一定的职业素养;此外,培养过程中还要考虑每个学生的个性需求。因此,要根据本校的办学特色和学生职业素养要求来编写适用的校本教材,教材应深入浅出、采取梯度结构和多元评价方式,并且教材中应适当添加具有主观性和发散性的题目,以增加学生的兴趣。

(2) 教学内容改革——提高解决问题能力

在教授内容上,除了计算机等级考试的内容外,应增加企业常用的计算机基础知识和操作,以及生活中常用的操作等方面的内容,让学生能够解决生活中遇到的问题。通过解决问题提高兴趣,从而提高学生的学习积极性。教学内容改革如图9-3所示。

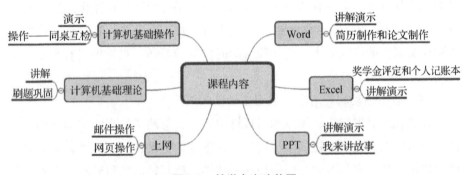

图9-3 教学内容改革图

(3) 丰富课堂形式——提高创新能力

课堂上除了教师讲授、学生练习以外,应增加学生讲授展示环节,通过教材中主观性和开放性题目的引导,让学生发挥自己的想象力,提高创新能力。例如,让学生制作自己的简历,上台展示,请同学评判打分;又或者让学生制作PPT介绍自己或讲解一个内容分享给大家,由同学评判打分。

(4) 教学方法改革——增强自主学习

信息社会发展日新月异,知识的发展和应用变化也很快,现在掌握知识的多少并不是最重要的,最重要的是学生是否具有学习计算机技术的能力,是否具有自主学习和应用知识的能力。所以在教学过程中，教师应注重教学方式和方法，不仅仅是授人以鱼，更重要的是授人以渔。教师提前布置任务，学生进行自主学习，遇到问题尝试自行解决。

(5) 教学评价改革——提高综合能力

教学考核是检查教学质量、优化教学过程的重要途径。"IT素养"课程考核改变了传统的考核方式，参考了定性考核和定量考核的方法，把过程性考核和终结性考核结合起来进行评价。终结性考核即计算机等级考试的结果，考查的是学生对计算机基础知识和基础操作的掌握情况；过程性考核是把平时学生提交的作业及课堂展示的成绩结合起来，考查的是学生分析解决问题的能力和创新能力。过程性的成绩由教师和全班同学共同决定，并且在过程性考核里也加入了个人表现的成绩，包括出勤、课堂纪律、课堂互动等。这种考核方式不但提高了学生解决问题的能力，还提高了学生的自主性、沟通能力和表达能力，达到提高综合素质和人才培养质量的目的。课程考核表如表9-4所示。

表9-4 "IT素养"课程考核表

指标	详细描述	标准	分值	权重	得分
"IT素养"考核					
计算机基础理论与操作	计算机等级考试	优秀	100	40%	
		良好	80		
		及格	60		
		不及格	40		
Word	个人简历展示、论文制作展示（完整性、创新性、展示效果）	同学和教师评分		15%	
Excel	奖学金评定表展示、我的记账本展示（正确性、使用性、展示效果）	同学和教师评分		15%	
PPT	我来讲故事展示（构思、美观度、创新性、演示效果）	同学和教师评分		15%	
上网	网页操作和邮件操作（规范性、正确性）	教师评分		10%	
出勤与课堂表现	出勤情况、课堂互动情况（缺勤次数、课堂积极性）	教师评分		5%	

4. "IT 素养"课程改革总结

综上所述,评价是一门课程实施过程中的重要环节,多元化的评价方式在课堂教学中扮演着重要角色。首先,多元化的评价方式能够提供全面的学习评估,从多个角度和维度来评价学生的学习结果。这种多样化的评价方法可以发掘每个学生独特优势和特点,激发他们的学习兴趣和动力。其次,多元化的评价方式还能促进学生的自主学习和个人发展。同时,教师也能够采用多种评价方式来反思自己的教学方法和效果,及时调整教学策略,提高教学质量。综合来看,多元化的评价方式是促进学生全面发展和提高教学质量的有效手段。

"IT 素养"课程改革,充分利用多元智能理论,考核标准不再只是知识掌握和考试成绩,而是加入了对学生解决问题能力、创新能力的考核,评价的标准更灵活,更适应企业和社会发展的要求。多元化的评价标准能更全面、更科学地评价学生,激活学生的最大潜能,发挥学生的主动性和创造性,切实提高人才培养质量,有利于培养大批应用型高级技术人才。

三、基于信息化背景的高职院校计算机教学改革

在信息技术不断发展的社会背景下,各行各业都已经进入了全面信息化的时代,信息化已经成为人们日常生活和工作的一个重要部分,高职院校在社会上所担负的主要工作就是为社会发展输送优秀人才,因此,在社会教育中占据着很重要的地位。在当前的信息技术发展环境下,高职院校的计算机教学必须进行改革,结合社会发展实际,不断地提高教学水平,以适应社会发展需求。在教学课程的设计与改革中,不仅要改革教学模式,更要注重对教师的教学理念进行改革,一方面要提高学生的计算机基础知识水平,另一方面还要注重培养学生的创新能力和实践能力,不能培养出"高分低能"的学生,而是要促进学生的多元化发展,在多样性教学原则的指导下,确保现代高职院校计算机教学改革朝着正确的方向发展。

1. 计算机教学中存在的主要问题

(1) 教学理念陈旧

信息技术是一项发展十分迅速的科学技术,在实际发展过程中,信息技术的更新速度也十分惊人,如果教师还保留着过去传统的教学理念,那么就很难适应社会发展。就当前高职院校计算机课程教师教学方式来看,大多数教师还是不能适应现代社会发展,依旧保留着过去传统的教学理念,在实际

教学中存在的问题主要有以下两个方面：第一，教师在教学中不注重社会实际发展，没有及时对计算机技术教学内容进行更新，给学生教授的基础知识大都比较落后，无法适应社会发展；第二，教师在教学中过于注重基础知识的教授，而忽视对学生创新能力和实践能力的培养，导致学生在进入社会之后无法在第一时间适应社会岗位需求。教师传统的教学理念大大限制了学生的全面发展，既无法有效促进教学质量的提升，也无法培养出真正对社会有用的人才。

（2）教学设备陈旧

计算机教学不同于其他课程，在实际教学中的教学方式也比较特殊，它依赖于计算机等教学设备，离不开先进信息技术设备的支撑。另外，高职院校不同于本科院校，它所能获得的一些教学专项资金也比较少，这导致教师和学生只能用一些比较陈旧的设备来进行教学和学习。但是当前市面上所使用的很多软件都对计算机配置有一定的要求，如果达不到要求，就会出现死机或者软件无法运行的状况。还有一些高职院校的计算机设备数量有限，学生在学习时需要分组，多人共用一台计算机，学习效果自然不会太好。

（3）课程设置不合理

在当前高职院校的计算机教学课程设置中存在着不合理的情况，主要表现在大多数计算机教师在教学中过于注重对学生计算机基础知识的教授，而忽视了实践动手操作能力对学生未来发展的重要意义。教师在教学中倾向于对学生进行基础理论知识的教授，这样的教学内容不需要有特别的教学方式和课程设计作为依托，教师只要根据教学进度安排完成授课就可以。在当前信息化的社会发展背景下，这样的教学课程安排和教学内容的设定严重阻碍了高职院校学生的计算机水平的提升，学生在毕业之后也无法在激烈的市场竞争中处于优势地位。

（4）师资力量有待加强

当前高职院校由于对计算机这门课程缺乏足够的重视，忽视了这门课程对学生个人发展的重要意义，导致教师的教学水平没有达到社会发展对教育的需求。高职院校的师资力量急需加强，计算机相关的教师人才队伍建设中存在着很大的问题，许多教学经验丰富的老教师在对先进知识的获取上存在着较大问题，对当前社会发展中的一些计算机最新技术和应用都缺乏足够的了解，因此，在实际教学中就很难给学生提供必要的指导。

(5) 学生的发展缺乏合适的氛围

计算机这一科目是建立在"理论性"与"严肃性"之上的,很难激发学生的兴趣。这对计算机科目的教师提出了更高的要求。所以,教师在备课的时候既要对目标与课程的结构进行调整,还要对课程的内容进行创新。在授课的时候,要注意课堂的氛围,尽力维持一个开放、自由、活跃的氛围。

(6) 计算机教学内容与实际应用脱节

在计算机教学改革中,首先要注重的就是增强计算机与实践应用的联系,增加实践应用的课程。当前计算机教学中,大部分教师与学生更加注重理论知识的传授与掌握。但是从长远发展的角度来看,学生只有借助实践训练,才能更好地掌握知识,并将专业知识在实践中熟练应用。在如今信息化的发展背景下,学生想要拥有更多的优势就要掌握并且运用信息化知识。因此,如果不改变现状,就会对学生计算机水平的提高产生不利影响。

2. 计算机教学改革措施

(1) 转变教学理念

在当前信息化技术发展背景下,要想对计算机教学进行有效改革,首先就是要转变教学理念,根据院校发展实际情况来革新自身的教学理念,紧跟时代发展步伐,确保学生在毕业之后能够第一时间适应工作岗位。这就要求教师要改变过去传统的教学模式,不能只把教授给学生一些基础的计算机知识作为教学目标,而是要注重培养学生的创新能力和实践动手操作能力。比如,在学生掌握了一定的计算机知识之后,就可以联系一些校外企业作为学生的实习基地,给学生提供必要的实践机会,校企合作的教学方式可以强化学生的实践能力,让学生在越来越激烈的市场竞争环境中具有一定的优势。其次,教师在教学活动开展之前也要做一个全面性的评估,保证教学内容既可以满足学生个人发展需要,又能满足市场需求。

(2) 加大教学投入

高职院校在认识到计算机课程对学生发展的重要意义之后,就需要加大对这一课程的教学投入。一方面,要增加必要的资金投入,购进一批最新配置的计算机来供教师和学生使用,要保证每位学生都有一台计算机用以学习。另一方面,要加大师资力量方面的投入,强化教师队伍的建设。第一,要加强对教师的培训,可以定期组织一些教师参加知识技能和教学能力的培训。比如,通过举办知识讲座,聘请一些优秀的校外人才来进行现场指导等,或者是组织教师队伍去别的学校进行交流和学习,不断提高自身的教学水平。第二，高职院校在招聘教师时，要提高教师的福利待遇，以此来吸引优秀人才的加入，从根本上提高整体教学水平。

（3）创新教学体系

传统的计算机教学体系已经无法满足现代计算机发展的需要，高职院校作为人才培养的重要基地，必须时刻保证自身教学水平在一个较高的层次。因此，要想实现教学改革，必须创新教学体系，避免出现学生在学习中花费了大量的时间和精力，但是所学到的知识没有用武之地的情况，不利于学生今后的发展。首先，教师在创新自身教学体系的过程中要时刻关注社会发展变化，尽可能地给学生教授最新的知识和技术；其次，教师在对不同专业的学生进行授课时，还要有一定的侧重点，把计算机知识与学生的专业实际相结合，让学生了解计算机技术在自己所学专业领域内的重要作用，这也有助于提升学生的学习兴趣，促进教学效果的提升；最后，教师在实际教学中，要注重学生的理论知识与实践能力的共同培养，以理论知识指导实践操作，以实践操作来升华理论知识，二者相辅相成。

（4）转变教学方法

高职院校学生在学习中存在的一个普遍问题就是对学习缺乏兴趣，他们大多都是因为没有更好的选择才会来到高职院校，因此，在实际学习中就会失去学习的积极性和主动性。如果高职院校教师在教学过程中不注意自己的教学方法，还是采取传统的"填鸭式"教学，一味地把知识灌输给学生，必然会大大增加学生的抵触情绪，不利于教学效果的提升。因此，高职院校教师必须转变教学方法，在课堂教学中多利用现代信息技术设备作为教学载体，取代传统的板书教学，在讲解知识的过程中深入浅出，提高教学的趣味性，吸引学生的注意力。

（5）营造良好的学习氛围

在计算机教学改革的课堂里，教师的身份是多重的，即参与者、组织者与领导者。教师首先要做到积极主动地学习，打破传统教学模式的僵化的局面。以"情境教学法"为例，教师要创建能提高学生参与感的情境，引导学生进入良好的学习氛围，并且学习氛围不应受到地点的影响。可以结合合作教学的模式，营造轻松的学习氛围，帮助学生积极主动地掌握知识。

（6）发挥学生主体作用

"主体性"与"创新性"是紧密关联的，而创新是主体发挥作用的具体体现，学生具备独立的思考能力，拥有自己的判断能力。传统的管理模式已经无法满足当前的需要,甚至在管理中会产生相反的效果。所以,在计算机教学改革过程中,教师需要尊重学生的主体地位,引导学生通过正确的方法进行学习,培养学生的创新意识,引导学生搜集相关的资料、发现问题、提出问题、解决问题、培养团队意识。而在教育模式上,可以通过改进教学模式,利用角色转换与研究教学的模式,让学生主动参与到教学过程中,发挥主体作用。这有利于提高课堂效率,充分发挥学生的主观能动性,进而提高学生的创新能力。

(7) 设置完善的教学评价与激励机制

计算机教学改革的前提是素质教育,不应仅仅把学生的成绩作为评价标准,而要注意学生全面素质的提高。以考试分数进行评价已经不适合当前的发展,所以教学评价与激励机制也需要进行创新。教师可以参考的标准应该是多种多样的,如课堂表现、参与情况、课后作业等,从多个角度综合评价学生的学习情况,更好地激发学生的创新意识。

(8) 重视实践教育

计算机教学改革包括两个部分,即实践与理论,这两个部分密切结合,不能独立存在。理论指导实践,实践配合理论。在理论与实践结合的模式下,学生在掌握知识的同时仍能保持学习兴趣,为进入社会后深入学习打下基础。所以实践中创新能力的培养格外关键,但又不能脱离理论知识。传统模式过于在意理论知识的掌握,使学生失去了学习的兴趣。教师要引导学生进行转变,主动探索并提出自己的问题,培养自主学习能力,引导学生自主探索、自主讨论,进而培养创新能力。

3. 计算机教学改革总结

综上所述,在信息技术不断发展与完善的今天,高职院校的计算机教学课程必须进行改革。首先是转变教师的教学理念,注重对学生实践能力的培养;其次是要转变传统的教学方式,让学生在日常学习中就能够提高自己的创新能力和实际操作能力,以培养综合性的全能人才为目标,尽可能地帮助学生在进入社会之后能够尽快地适应社会发展需求,而不是与社会发展脱节;最后,高职院校也要对教师进行知识技能的培训,确保教师的教学水平能够始终保持在先进水平。另外,需要注意的是,信息技术的飞速发展对高职院校教学改革来说既是机遇,又是挑战,所以高职院校必须抓住这一发展机遇,合理改革教学内容,根据市场发展动向不断丰富教学内容。

四、"1+X"证书"书课岗证"融合教学改革探索

1. "1+X"证书制度

"1+X"证书是高职院校培养综合人才的主要途径,"1"代表高职毕业证,标志着学生具备了大专水平的学习经历和相应的思想素质与能力;"X"则指职业等级证书,具备了更多元化和实用性的特征,通过学习考核获得"X"证书,能够提升技术技能的实践能力,满足个人职业发展需求,适应行业对专业人才的需求,并增强个人的就业竞争力。"1+X"证书制度是职教改革中的一项重大制度创新,通过实现学校教育与企业培养的有机融合,推动了学历教育和职业技能教育的融合。

2019年,我国出台了《国家职业教育改革实施方案》,明确要求开始试行"1+X"证书制度,以鼓励职业院校和应用型本科高校学生在获得学位证书的同时,也获得一定数量的职业技能等级证书。教育部等四个部门在同年4月发布了《关于在院校实施"学历证书+若干职业技能等级证书"制度试点方案》的通知,要求相关高校推动"1+X"证书衔接,进行人才培养模式改革,将试点工作与专业建设、课程建设、师资队伍建设、实践教学基地建设等融合,积极履行立德树人的根本任务,提高学生的综合职业能力,拓宽就业范围。

作为首批试点证书,Web前端开发职业技能证书引起了广泛关注。苏州工业园区服务外包学院软件技术专业是Web前端开发职业技能证书的首批试点专业之一,学生在专业学习完成后,可以参加Web前端开发职业技能证书考试,获得相应的职业资格证书。该考试由行业专家和学术专家共同命题,用于测试学生在Web前端开发技能和知识方面的能力。通过"1+X"证书制度的实施,不仅可以提升学生的就业竞争力,还能培养更多高素质的软件行业技术技能型人才。此外,该证书考试还有助于提升教师的教学水平,并推动软件行业的发展。

"1+X"证书制度中的"1"与"X"并非相互孤立,而是互相衔接的。通过融合证书内容和专业人才培养体系,可以改进课程设置和教学内容,加强岗位技能培养,实现"书课岗证"的有机融合,这将有助于进一步提升软件技术专业人才培养的质量。

2. "书课岗证"融合研究现状

目前不少学者在研究"1+X"证书制度时,还会研究"1+X"证书制

度与竞赛的融合，相关的主题包括"课岗赛证"、"岗课证赛"和"课证赛岗"。在中国知网以"岗课赛证"作为主题进行搜索，截止到 2023 年 8 月 31 日，共有 1 041 篇相关文献。相关的研究成果还较少，但总体呈上升趋势，其中 2020 年 24 篇，2021 年 73 篇，2022 年达到了 445 篇（图 9-4）。"岗课赛证"的研究也是当前的一个热点，其主题主要集中在课程体系、人才培养、教学模式、教学改革等方面。

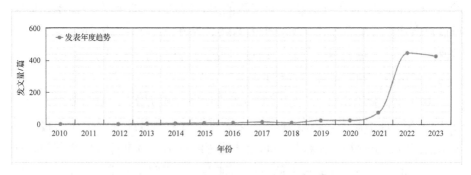

图 9-4　"岗课赛证"论文发表数量

一些职业学校积极探索并大胆实践"课岗赛证"融合培养高技能人才的做法，逐步完善了工学结合的育人机制。例如，深圳职业技术学院采用了"课证融通"的人才培养模式，该校将专业课程与企业认证证书进行对接，在教学过程中融入了企业培训认证体系，学生通过将所学知识和技能与企业岗位需求紧密结合，获得了实际经验。安徽工业经济职业技术学院电气工程学院在创新"课证互融"课程体系、建设"育训结合、课证融通"实训基地以及构建"双师"教师队伍等方面进行了研究。江苏安全技术职业学院在云计算专业初步建立了"课证融通"创新人才培养模式；浙江金融职业学院则通过职业教育院校金融投资类专业相关人才的教育培训，构建了"课证融合"机制；两所学院还共同探索了"1+X"证书制度的试点实施路径和模式。湖南化工职业技术学院机电工程学院采用"书证融通"方式将专业核心课程与"1+X"证书职业标准结合，不断优化课程体系，培养复合型高技能人才。

一些学者也开始注意"1+X"证书与学生创新创业的融合，提出了"岗课赛证创"融合的理念。李成分析了当前数字安全人才培养中存在的不足，探讨了基于"岗课赛证创"融合的技术技能人才培养模式，建立了"实战共同体"模式。陈盛彬等针对学生就业创业过程中"眼高手低、找工作难"等问题展开研究,通过精确匹配园林施工职业岗位,准确找出问题的根源并制定有针对性的措施。同时,他们全面实施园林"岗课赛证创"融合教学改革探索,为学生提供全天候的实训场地,并开放设备机具的使用。这一举措不仅能够激发学生的学习和思考热情,还能够培养学生独立思考问题、解决问题和自主创新创业的能力。刘攀和王倩认为,有些高职院校在创新创业教育方面采取了"边缘化"的策略,只关注少数有意愿从事创业和创新的学生,而不是全体学生,因此刘攀等建立了一个测绘类"岗课赛证创"一体化课程体系,从岗位需求、专业创新融合、校企合作平台驱动、"双创"教学团队建设以及"双创"竞赛等方面进行了论述,对"岗课赛证创"一体化建设模式进行了分析和探讨,为测绘类专业进行创新创业教育提供了一定的指导。

3. "书课岗证"融合重要性

(1)"书课岗证"融合有助于软件技术专业人才培养质量的提升

在"书课岗证"融合过程中,重点关注学生实践能力的提升,实现理论知识与实践技能的有机结合。通过学习先进的软件开发技能,学生能更好地应对工作岗位的挑战,明确学习目标,更加准确地掌握行业所需的知识和技能。教师能够将证书考试的内容融入日常教学,从而更有针对性地设计课程,以确保教学内容与行业需求紧密相连。同时,教师不断更新证书考试的内容,能够随时调整教学策略,以确保学生能够紧跟行业发展的步伐。

(2)"书课岗证"融合有助于教师自身能力的提升

通过课题研究,引导教师深入学习教育教学理论,不断更新教育观念,提高教师自身的教学水平和艺术涵养。"书课岗证"的融合能促使教师不断更新自己的知识库。为了使学生能够跟上行业发展的步伐,教师需要不断学习新知识,了解行业最新的技术动态和发展趋势。"书课岗证"的融合还有助于促进教师之间的交流和合作。教师可以通过相互学习和经验分享,一同探讨更优的教学方法和策略,以提升整个教师团队的教学水平。同时,这种模式还有助于促进教师与企业之间的合作。通过与企业的合作,教师能够获得更多的行业实践经验和对新技术应用的了解,为教学提供更多实践案例和教学资源。

(3)"书课岗证"融合有助于推进产教融合的进程

在职业教育发展中,产教融合模式发挥着关键作用,通过"书课岗证"融合可以促进企业和学校有效衔接,学校在教育教学中更具方向性。学校可以与企业进行更紧密的合作,共同制定人才培养方案和教学计划,以确保教学内容与行业需求相契合。此外,学校还可以邀请企业专家作为学生指导教师,向学生提供更实用的实践指导和就业建议,帮助他们更好地适应行业发展的需求。除了传统的大学与企业合作模式外,还可以通过建立实习基地、开展项目合作等方式进行更深入的合作。同时,学校与企业可以共同进行技术研究和项目开发,推动科技成果的转化和应用,促进产学研一体化发展。

4. "书课岗证"融合实践路径

苏州工业园区服务外包职业学院信息工程学院软件技术专业从2019年起成为Web前端开发首批"1+X"证书制度试点专业,这里研究"1+X"证书制度下"书课岗证"融合的基本方法,将Web前端开发职业技能证书中级内容融入"书课岗"。首先考虑融合Web前端开发职业标准,重构软件技术专业人才培养方案,实现"书证融通";然后重构软件专业课程的课程标准,重构课程内容,实现"课证融通";最后通过引入学期项目进行企业化的模拟实践来着重培养学生的实践技能,实现"岗证融通"。

(1) 重构软件技术专业人才培养体系,实现"书证融通"

基于"1+X"证书制度,结合Web程序员岗位群的能力需求,将软件技术专业的培养内容和Web前端开发职业标准对接,实现学历证书与"X"证书的标准融合对接。软件技术专业在设计课程体系过程中要以企业单位实际需求为主导,结合"1+X"证书制度,对有必要调整的课程体系进行完善和修改。在制定人才培养方案的过程中,要重构课程体系,将"1+X"Web前端开发证书中需要的课程,如"Web前端框架技术""PHP Web 开发框架——Laravel""JQuery程序设计"等引入人才培养方案,替换一些不符合企业实际需求的课程。同时,对于软件技术专业而言,企业需要实践技能较强的人才,这样在课程设置中就需要对一些实训类课程进行增设和强化,如需要增设"网页制作实训""Web前端框架实训"等。

(2) 重构软件技术专业课程标准,实现"课证融通"

Web前端开发职业技能证书对课程有了新的要求,需要优化和重新开发Web前端相关课程的课程标准。在"1+X"证书制度下制定Web前端开发课程标准前,应当先明确"X"证书的具体含义。通过明晰具体的职业技能培养要求,有针对性地实施课程教学活动,增强课程标准的可参考性。同时,我们还应在课程标准中丰富课程内容,如在"MySQL数据库基础与应用"课程中,就需要增加MySQL触发器、MySQL存储过程等内容。针对原有教学内容加以优化，最终为学生打造一个"课证融通"的环境。

（3）重构软件技术专业教学模式，模拟工作岗位，实现"岗证融通"

Web 前端开发职业技能证书采用"理论+实践"的考核方式，其中实践考核需要学生具有一定的动手能力和灵活的变通能力，对学生提出了更高的要求。在教学中，通过校内实训室模拟企业工作环境。同时，引入学期项目，布置跨度为整个学期的实训项目，聘请企业导师指导学生以项目组的形式，按照企业 Web 程序开发的流程开展项目实践。通过企业化的模拟实践，进一步拓展学生的岗位技能，实现"岗证融通"。

5."书课岗证"融合总结

"书课岗证"融合最终需要通过课程体系来实现，因此课程体系的构建和优化是关键，合理安排"课"与"证"之间的教学逻辑关系是基础。软件技术专业的课程教学以项目化教学为主，在项目教学的实施中，以企业典型案例为载体，以任务驱动、情境化教学为主，按职业活动顺序的每一个环节来传授相关的技术知识和专业技能。在"1+X"背景下，我们需要将 Web 前端开发职业技能证书中级考试内容融入软件技术专业的课程项目化教学，实现"课证融通"项目化教学，将"1+X"Web 前端开发职业技能证书的教学内容巧妙合理地融入一个个教学项目。

同时，在"书课岗证"融合过程中，聘请企业导师作为软件技术专业的兼课教师来进行学期项目教学，以进一步提升学生的实践技能。在企业导师的指导下，按照企业的程序开发流程，学生分组来完成实训项目。通过企业化的模拟实践，培养学生的职业技能和职业素养，以满足企业的实际需求，从而进一步提升"书课岗证"融合的效果。

第十章

高职院校学生课后学习管理

第一节 学生课后学习管理概述

一、课后学习概述

课堂学习是获取基本知识与技能的重要途径,而课后学习则是课堂教学的延伸与拓展。课堂所传授的基本知识与技能并不能完全通过课堂学习来掌握,学生需要在课后巩固和提高对知识的理解。课后学习是学生对课堂所学内容进行消化吸收、自我巩固、积累提升以及对接下来课程做预习的一种自主学习方式。课后学习中的"课后",指的是课堂学习之后的时间,如学生的课余时间、周末放假时间。学生进入高职院校学习之后,一般每周大概只有20个课时左右的课堂学习,因此学生具有大量的时间可以进行课后学习。

高职院校的人才培养目标是培养德智体美劳全面发展,具有一定的科学文化水平,良好的人文素养、职业道德和创新意识,精益求精的工匠精神和可持续发展能力的高素质技能型专业人才。技术技能,特别是创新能力,要以再学习能力为基础,而再学习能力通常需要通过学生的课后学习来培养。因此,如何提升学生的课后学习效果,促进现代大学生的适应能力和创新能力成为当前高等教育亟待解决的问题。

二、课后学习的必要性

1. 企业的需求

企业需要的学生要具有良好的职业素养,并具备一定的实践技能,还要具有一定的学习能力、良好的沟通能力等，这样的学生才能更快地适应企业的发展需要。而以上这些能力，需要学生通过课后学习不断积累，经过反复实践才能获得。

2. 掌握知识的需求

在高职教育阶段，课堂教学只占据学生在校时间的很小一部分。课堂教学注重理论教学，课堂知识的完全掌握需要学生课后大量的练习。课堂教学结束后，进行课后练习是对课堂教学活动的延续，并且能够巩固知识点、加深对知识的理解。此外，通过完成课后练习，学生还能养成自主学习的意识和习惯。

3. 创新创业的需求

随着社会的进步，人才发展也面临新的挑战。在当前经济迅猛发展和科技进步的背景下，自主创新能力已成为评价人才的关键因素。近年来，教育部积极倡导高校开展创业教育，鼓励学生参与创新创业活动。创新创业要求学生具有创造性思维，能够提出新的想法，同时还要具有将创新想法转化为可行的创业计划的能力。这就要求学生在课后参加各种创新活动，如创新创业大赛、创新项目实践等，来磨炼他们的创新创业能力。

三、课后学习的分类

学习模式有两种，一种为主动学习，一种为被动学习。主动学习即学习者能够主动地找出问题，主动地解决问题。也就是说，学习者在遇到问题时愿意自己思考并寻找解决方案，直到问题得以解决。而被动学习，是在接受他人教导的情况下进行学习。被动学习往往涉及自身并不感兴趣的学科，只能无奈地被迫去学习。这种学习方式缺乏灵活性和探索性，效率较低，即使掌握了一些知识，在短时间内也会很快遗忘。学生的课后学习也可以分成如下两类：

1. 课后被动学习

学生课后被动学习主要是为了完成教师布置的学习任务，如完成作业、准备考试等。学生的课后被动学习虽然对掌握知识有一定作用，但效果不太理想。一般的课后被动学习主要有以下两种：

（1）完成作业

教师会布置一些课后作业，为了完成作业，学生常常不得不去图书馆或通过网络查找资料，经常出现缺乏思考、直接套用资料的情况，出现作业雷同现象。学生对所查找的知识点没有进行充分的分析和吸收，缺乏创新。

(2) 应付考试

不少学生在高职院校的学习是以通过课程考试拿到毕业证书为目的，因此他们更加关注能否通过课程考试。许多学生倾向于在考试之前集中复习，准备特定的复习资料，并寻求教师的指导以确定考试范围等。由于学生在考试前采用集中记忆的方式，对知识点的掌握并不牢固，容易出现遗忘的情况。

2．课后主动学习

与课后被动学习相对应的是学生课后主动学习，主动学习是指学生借助空闲时间主动掌握和实践课堂与课本上的理论知识的学习。课后主动学习的目的可分为以下几种情况：

(1) 竞赛需要

在高职院校，学生有很多机会参加各种技能竞赛和创新创业大赛。学生在参加竞赛的时候，需要掌握课堂教学之外的大量知识，在这个过程中会接触到更加广泛的内容。通过竞赛活动，学生不仅能够拓宽视野，还能够增加知识储备。学生只有通过课后主动学习，和教师、同学合作探索，扩大自己的学识范围，才能达到较好的学习效果。

(2) 习惯使然

一些学生在初高中就养成了良好的学习习惯，到了高职院校之后还能继续保持这种习惯。他们能够合理地安排自己的课后学习，有计划地准备各类等级证书考试，进行专业实践技能的练习。这些学生一般都具有比较强的自主学习能力，通过课后的不断努力，能够在专业学习的某一方面表现出极高的水平。

(3) 兴趣所在

教师在与学生的接触中经常会发现，有一些学生会在课后努力钻研特定的某一个领域，如有些学生会自学图像处理、视频剪辑等。学生对这些领域的学习，一般是出于自己的兴趣爱好。因为感兴趣，学生对这些领域的学习会更加深入，学习效果也更好。

课后学习是学生学习过程中必不可少的环节，是课堂教学的延续。学生通过课后学习，不仅能够复习、巩固当天所学的知识，还能够自主地学习各种专业相关的实践技能，从而养成良好的自主学习习惯，为未来的工作打下坚实的基础。

第二节　学生课后学习管理的研究现状与存在的问题

一、课后学习管理的研究现状

课后学习是一个相对比较小众的研究方向。截止到 2023 年 8 月 31 日，在中国知网以篇名"课后学习"进行检索，可以看到总的文献检索数量为 76 篇，其中学术期刊 24 篇，学位论文 11 篇，特色期刊 40 篇。最近几年大概每年有 8 篇论文发表，2018 年 10 篇、2019 年 8 篇、2020 年 7 篇、2021 年 10 篇、2022 年 5 篇，如图 10-1 所示。

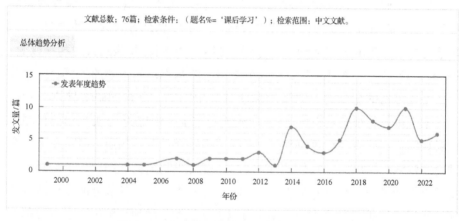

图 10-1　课后学习相关论文发表年度趋势图

课后学习对于学生的自主学习能力、创新意识、实践技能的培养都具有非常重要的作用。目前，对于学生的课后学习管理，不少高校教师都开展了相关的研究工作。有一些学者分析了学生课后学习现状，从提升学生课后学习效率的策略方面进行了研究。孟飞荣通过对学生学习习惯的对比，深入分析了学生课后学习主动性不足的原因。孟飞荣认为没有正确的就业观引导、教学模式陈旧、教学与社会脱节等因素是学生学习主动性不足的主因，并针对这些问题提出了一些强化课后学习的意见和建议，如加强就业观的引导、改变教学模式、调整学生管理模式、加强班风学风建设等。倪红探讨了非计算机专业的学生在学习 Access 数据库时遇到的问题，非计算机专业学生由于计算机基础差，所以学习 Access 数据库入门慢。倪红提出教师应该充分利用学生的课后学习时间，帮助非计算机专业的学生通过重视预习、不忘复习、多做练习等方式来提升学习效果。同时教师也要对学生的练习及时批复，给出建议。吕慧分析了如何提高学生课后学习的能力和效果，建议学生养成良好的学习习惯，做到准时预习课程并及时复习；课后学习认真做好笔记，并定期上交记录本，由教师给予评价；通过学生互助的方式，以点带面，帮助大部分学生提升学习效率；通过学习交流会分享学习心得，归纳学习方法。汪芳和钟莹认为需要通过加强课后作业管理来提升学生课后学习效果。教师要做好课后作业计划，提前规划好一个学期的课外学习任务；对学生的完成情况进行监督，通过分组的形式，由组长来收齐所有学生的作业；教师对学生的作业按时批改和反馈，并做好统计分析，对于大部分学生都没有掌握的知识点，要加强练习和讲解。

周云龙研究了如何将"联想式"学习法应用于"植物学"课程的课后学习中。"联想式"学习法是以"联想"为主要思维方式的一种学习方法。它通过激活学生的思维活动，使他们能够从一个概念关联到其他相关概念。例如，"植物学"学习的关键是以植物细胞的基本结构示意图为核心，充分发挥个人丰富的想象力，通过图像联想产生问题，并由问题引导进一步探究。学生可以将细胞结构想象成一个化学工业园，细胞中各类生物的代谢反应就如同化工厂中各车间的合作，共同承担生产任务。物质、能量在不同车间之间输入、输出，有的车间产生能源，有的车间消耗能源。一个车间的产物可以作为另一个车间的原料。在控制中心的指挥下，各部分的合作高效有序。通过"联想式"学习法，学生可以更加生动形象地理解植物学中的基本概念和原理，形成更好的思维模式。

有部分学者对课后学习可以使用的工具和平台进行研究。张文英提出多媒体技术通过将声音、图像、动画等各种教学信息有机组合在一起，能够更加生动形象地表达教学内容，从而取得更好的教学效果。通过多媒体技术，可以在教学过程中采用"情境创设""协商会话"等教学方法。充分利用网络学习平台，创设学生课后学习环境，使得课堂教学和课后学习更好地衔接，同时也能培养学生的自主学习能力。自主学习就是让学生具有一定的学习能力，养成良好的学习习惯，从而能够积极主动地进行学习。张文英认为将网络平台运用于大学英语教学中，能够对教学起到极大的促进作用。将多媒体技术运用于学生的课后学习，可以使得教学内容趣味化和形象化，有效地提升学生的学习效率。

贺志讨论了新媒体如微信和移动平台等在学生课后自主学习中的应用。新媒体的出现，给学生提供了更多获取知识的渠道。贺志认为学生的课后学习主要是学生自主地选择材料，独立地进行学习研究。学生对新鲜事物具有好奇心，可以在课后通过新媒体对课堂知识进行补充学习，从而开阔其视野，提高其学习兴趣。另外，学生也可以借助新媒体与教师随时进行交流或者跟其他同学进行互助学习。

杨业长等人开发了一个基于手机的课后学习应用软件，通过手机软件布置大学物理课程课后作业，并提供作业自动批改、成绩记录、作业定时提醒等功能，这些功能可以促进学生更好地完成课后作业，提高学生课后学习的效率。作业的自动批改功能也能减少教师的工作量，从而让教师的精力集中在对学生的课后学习管理上。

二、课后学习存在的问题

高职院校学生的课后学习时间比较多，课后学习是高职院校学生在大学期间学习的重要一环。课后学习不仅可以更好地促进学生课堂知识的学习，也可以拓展课外知识的学习。但是，高职院校学生的课后学习还存在以下问题：

1. 学生课后学习动力不足

大部分学生没有一个明确的学习目标和动机，对于学习的意义和价值不是很明确，一些学生上大学只是为了顺利拿到毕业证书，因此学习只是为了应付考试，考试怎么考，学生就怎么学，学习动力明显不足。

2. 学生课后学习效果一般

由于学生的课后学习是在课后完成的，所以教师不可能完全参与这个过程的每一个环节中。课后学习需要学生有一定的自学能力和较强的自控能力，相对来说，高职院校学生解决问题的能力稍差一些，学习过程中经常会遇到自己解决不了的问题，要坚持下来比较困难，影响了其课后学习的学习积极性和学习效果。

3. 学生课后学习的持续性较差

专业技术的学习过程是一个注重实践技能培养的过程，熟练的实践技巧是通过课后反复练习、不断积累获得的，学习效果需要经过很长一段时间才能体现。对于学生来说，如果在学习过程中，遇到问题不能自己解决，再加上很难立刻看到学习效果，那么学生的学习动力和积极性就会逐渐降低，最后坚持不下去而选择放弃,使得课后学习的效果较差。

高职院校的课程以培养实践技能为主,仅仅靠课堂传授,不能很好地达到效果。而高职院校学生基础相对稍差,如何提高学生课后学习的效果已是亟待解决的问题。因此,教师有必要也有责任去研究和探索如何能够帮助学生更好地提高课后学习的能力和效率。

第三节 学生课后学习效果提高策略

一、增强学生的学习动力

1. 引导学生制定合理的学习目标

调查发现,高职院校学生在大二的时候具有较大的学习动力,因为他们在大三就要面临实习、就业和升学的压力。学生在大二会有一个比较清晰的目标,因此就会开始规划自己的学习和生活。所以,学校应该让学生尽早制定大学的学习目标。

(1) 做好新生入学教育

在入学教育时,除了常规的安全教育、专业介绍等内容之外,学校还可以对学生未来的发展方向做一些比较深入的介绍。比如,学校一般都会给学生提供专接本的升学机会,学生也可以通过专转本的方式来升入本科院校学习,或通过中外合作的专升本、专升硕项目进行深造。通过专场介绍说明会,学生能明确未来的求学道路。

(2) 邀请毕业的学生做经验分享

学校可以不定期地邀请优秀毕业生到学校与同学们进行经验分享,从毕业生的角度来谈一下他们自己的学习和工作经历。通过这些经验交流,引发同学们的思考,促使他们进一步认识自己,依靠榜样的力量,消除对未来求学道路的迷茫感,并尽快付诸行动。

(3) 邀请企业专家做职业生涯规划讲座

职业生涯规划将有助于学生明确自己的长期目标。通过对自己的深入评估,明确自身的优势与不足,从而设定一个合适的发展目标。为了更好地帮助学生合理地规划大学生活,学校可以邀请一线企业专家,从更专业的角度对学生做职业规划的指导,让学生采用更加专业的方法来设定目标,制订行动计划。

2. 细分专业方向让学生具有更多的自主选择权

兴趣是最好的老师，学生的学习动力跟自己的学习兴趣也有很大的关系。学校在进行专业课程设置时，可以根据就业方向划分出更多的专业方向。例如，某校的软件技术专业设定有以下几个方向：软件开发方向、软件测试方向和前端技术开发方向。这几个方向的侧重点不同，难易程度也不同。学生可以根据自己的能力和自己的兴趣选择专业方向进行学习。

3. 通过竞赛激发学生的学习热情

依据个人动机理论，竞赛能够提升学生的自我成就感，激发他们的学习积极性。竞赛能让学生意识到学习的价值，只要努力付出就有机会得到奖励，因此他们能够获得满足感并建立成功的信心。将各类竞赛与学习相结合，有助于学生在学习过程中激发兴趣和应对挑战，进而提高学习效果。同时，在参与比赛的过程中，学生会感受到学习的趣味性，能够增加他们在比赛中获得好成绩的信心，从而获得成就感。可见，竞赛在激发学生学习积极性方面具有非常重要的作用。

二、提高课后学习的效率

1. 挑选学习环境

我们每个人都会受环境的影响，一个良好的学习环境会促使学生更加认真地投入学习。有研究表明，当学生处在浓厚的学习氛围中时，积极的情绪会影响学生，从而增强学生对学习的兴趣。相反地，当身边的同学都沉迷于游戏时，学生也会无法自拔地融入其中。学生在学习过程中需要积极动脑，认真思考，因为学习本质上是一种脑力劳动。需要注意的是，当学生在喧嚣的环境中学习时，会对大脑的思维产生不良影响，从而导致学习效率下降。因此，一个良好的学习环境对于学生的课后学习非常重要，学生可以选择在图书馆或者教学楼的自习室开展课后学习。教师也有责任为学生营造一个具有良好学习氛围的学习环境，如为学生专门开放一个工作或学习的区域，让喜欢学习的学生都聚在一起学习。

2. 养成良好的课后学习习惯

学生进入大学之后，有更多的时间可以自己安排。对大部分学生来说，学习并不是一件十分轻松的事情，在学习过程中会遇到很多困难。只有养成一个良好的学习习惯，学生的课后学习才能持之以恒。当学生养成了良好的课后学习习惯,学习就会变成一种自动化的反应模式,变成一种本能的、不需要经过思考的行为状态。通过习惯来推动学生的课后学习,将使得课后学习的效率更高。要养成良好的课后学习习惯,学生需要做到以下几点:

(1) 逐步增加课后学习量

好习惯的养成一定是一个循序渐进的过程,是一个持久的过程。如果一开始就设定了比较大的学习量,学生就容易产生畏难情绪,容易放弃。因此,刚开始学生可以从简单的学习任务做起,如每天背诵10个英语单词,编写20行代码等。通过制订学习计划,定时定量地完成学习任务,给学生一个适应的过程。适应期过后,学生可根据自己的学习能力慢慢地调整学习的任务量。

(2) 学会控制和约束自己

个人的行为大都会受到环境的影响,在学生自我控制力不强的情况下,就需要约束自己的活动时间、活动空间,通过外在条件,有效地控制自己的行为。比如,学生在宿舍,就很难全身心地投入学习中,而一旦到了图书馆就很容易静下心来认真学习。所以,在活动空间上,要尽量严格管控活动范围;在活动时间上,也要尽量安排充实的学习和活动,杜绝虚度光阴。

(3) 发现偏离及时调整

学生在课后学习的过程中,会遇到各种困难,学习的过程中会出现拖拉、敷衍等现象,影响学习习惯的养成。这就要求学生严格自我约束,一旦察觉到自己的行为有偏离,立即进行调整。养成习惯,类似于行走,一旦发现偏离了路线,就要及时调整回正确的轨道,久而久之,就会形成一条固定的路径。

良好的学习习惯能够激发学生的课后学习积极性和主动性,促使学生形成有效的学习策略,提高学习效率。此外,良好的课后学习习惯还有助于培养学生的自主学习能力,促进学生创新思维和创造能力的发展,使得学生能够终身受益。

3. 合作学习

合作学习是指学生之间通过分组合作来共同完成学习任务的学习方法,学习过程中分工明确,学生相互帮助,共同提高。合作学习也是一种有条理的系统化的学习策略。一般一个小组由3~6名能力不同的学生组成,通过合作和互助的方式一起参与学习活动,共同达到小组学习目标,提高整体成绩并获得小组奖励。

合作学习是一种创新且实用的教学理论和策略,它不仅在改善课堂的社会心理氛围方面有显著效果,还能大幅提升学生的学业成绩,促使他们养成良好的习惯。由于其成效显著,迅速引起了世界各国的关注,成为当代主流的教学理论和策略之一,被誉为近十几年来最为重要和成功的教育改革之一。

在课后学习过程中,学生会遇到很多困难,需要学生具有一定的学习能力,才能长时间地坚持下来。合作学习的这些特点,使得它能够很好地应用于学生课后学习。通过小组合作学习,学生可以互相督促,学习任务由全体分担,大家集思广益,各抒己见,人人发挥所长,从而轻松解决问题。合作学习可以提高学生学习的参与度,它倡导具有某种知识和技能的学生将其掌握的知识和技能传授给其他成员。学生在讲授内容之前,也需要仔细阅读和分析学习材料,以便更清晰、更透彻地进行教学。学生的学习动力得到了提升,同时他们的自主学习能力也得到了增强。

第四节 学生课后深度学习模式研究

一、课后深度学习模式提出的背景

传统的高职教育以课堂教学为中心,通过课堂教学来传授知识和技能。课堂教学需要兼顾不同基础的学生,只能以基本知识和技巧作为教学重点,使得学生的学习以浅层学习(surface learning)为主。浅层学习的认知水平停留在识记和理解两个层面上,学习者被动地接受学习内容,对书本知识和教师讲授的内容进行简单的记忆和复制,但是对其中内容却不求甚解,通过这种学习方式获得的知识容易遗忘。与浅层学习相对应的是深度学习(deep learning),这个概念由学者费伦斯·马顿(F. Marton)和罗杰·萨尔乔(Roger Saljo)在1976年提出。它指在理解的基础上,学习者能够批判性地学习知识,并将它们融入原有的认知结构,能够在众多思想和知识之间进行联系,并能够将已有的知识迁移到新的情境,做出决策,解决问题,活学活用。目前,学者将深度学习应用于高校计算机基础课程、高校微课程教学设计、物理实践作业设计、教学设计、小学数学学习等,都取得了不错的效果。

因此，我们可以指导学生开展课后深度学习，以此来弥补课堂教学的不足。通过课后深度学习，一部分学习能力相对突出的学生可以扩充知识面。课后学习是对课堂教学的补充，通过课后学习，这部分学生能够更好地掌握课程知识，并能够完成对知识的延伸与巩固。另一部分学习能力较弱的学生，由于接受能力较慢，对于课上的内容无法当堂吸收，需要通过课后学习来掌握课堂上不能吸收的知识。课后学习是学生学习的重要组成部分，也是学生培养自学能力的重要途径。但是高职院校的课后时间比较自由，大部分学生无法长时间地坚持课后学习，课后学习效果不佳，因此如何管理好学生的课后学习是一个亟待解决的问题。

二、课后深度学习模式的提出

高职院校的课程以培养实践技能为主，仅仅靠课堂传授不能很好地达到效果，而且高职院校学生基础相对稍差，因此教师有必要也有责任去研究和探索如何能够帮助学生更好地提高课后学习的能力和效率。经过研究分析，学者提出了课后深度学习模式，即学生开展课后深度学习，围绕具有挑战性的学习主题分组开展探究性活动，并结合校企协同育人模式来进一步提高学习效果，从而培养学生自身的创新精神和实践能力，促进核心素养的养成。

分组学习是一种可以进行深度学习的模式。在教学过程中，教师根据学生现有的知识基础、性格特点等因素将学生分成若干个学习小组，学生以小组的形式参与教学活动或学习。分组学习可以广泛应用于高职数学教学、英语课堂教学、机械工程软件类课程教学、口腔修复学临床教学、植物检疫课程教学、细胞器教学、计算机专业教学实践等。通过分组学习，学生学会自我管理，培养自学能力，提高课堂学习效果。可以说，分组学习在各类课程教学中都取得了不错的效果。

目前，对于学生的课后学习管理，高校教师主要关注学生的课后作业、课堂前后的预习和复习以及晚自习的学习等。研究表明，学生课后学习时间的增加将有效提高学生的整体学习热情，显著提升学生的学习主动性和积极性，提高上课的出勤率。

分组学习是让学生以组内互助的方式开展学习，有利于学生进行自我监督和互相监督。在学习上遇到困难，可以互相帮助，通过讨论来解决问题，有利于学生课后学习效率的提高。因此，我们采用分组学习的方式来对学生的课后学习进行管理。

三、课后深度学习模式的实施

校企协同育人模式下学生课后深度学习的实施采用以下方案，如图 10-2 所示。

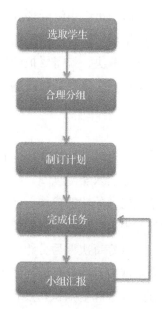

图 10-2　学生课后学习实施方案

1．选取学生

可从在校学生中选取一个班 40 个左右的学生进行课题试点。学习是一种自觉行为，只有让学生自动自觉地去学习，才能取得好的学习成果。因此，形成试点班级后，首先对班级学生进行学习分组目的的讲解，对学习小组小组长的重要作用进行讲解，其次对学习小组的日常管理进行讲解，提高学生对学习小组的认识。由合作企业派遣有经验的工作人员参与分组过程，从企业的角度考虑学生的挑选，并引入企业项目组的管理制度，给学生讲解企业的管理要求。

2．合理分组

学习小组的划分必须合理灵活。学习小组在构建时，要注意小组人员结构的合理。可以采用分层管理的方式，一是安排 4 位综合实力突出的学生，组成一个班级小组管理委员会，负责协调班级各个学习小组遇到的共性问题以及上传下达各项任务指标。二是分组人数要合理。一般以 4 人为宜，人数过多则会影响参与体验，我们可以把班级 40 位学生分成 10 个小组，每个小组4位组员。三是小组人员结构要优势互补，同时也要考虑小组之间的能力平衡。课后学习采用组长负责制，每个小组选出一个组长。组长可能不是动手能力最强的组员，但一定要是沟通能力强且有责任心的学生。组长的职责是负责协调和分配组员的学习任务，掌控学习的进度以及解决学习小组内部可能产生的矛盾，同时也要及时与班级小组管理委员会沟通小组学习过程中存在的问题。小组管理委员会把全班的小组组织起来，将待解决的问题整理出来进行班级探讨，如果还未能解决，就需要把问题及时反馈给校内或校外指导教师，指导教师负责解决试点班级的共性问题，如有必要可以调整教学进度和计划。

3. 制订计划

指导教师在新学期开始前负责以学期为单位制订课后学习计划。课后学习采用项目实践的形式，从企业引入实际项目，为了适应教学，需要对项目进行裁剪，剔除一些远超学生能力的功能模块。同时要将一个项目拆分成若干个子任务，针对所选课程的内容和课后学习的特点制定各个学习任务的顺序，结合任务驱动的方式，设计好每次课后分组学习的内容和要求。指导教师在每次上完课后为小组布置课后学习任务，为了开展深度学习，布置的课后学习任务需要包括巩固吸收任务和新知识拓展任务，要让学生能够在理解知识的基础上进行知识的应用。

4. 完成任务

小组学生根据课后学习任务，先制订详细的学习计划，然后完成项目任务。布置的学习任务要从简单到复杂逐步递进。在完成任务的过程中，指导教师需要对学生进行指导。同时，指导教师要考虑学习任务的有用性，从企业项目中提取部分案例作为学习项目，从而使学生通过学习掌握的技能能够与企业需求无缝对接。小组成员在组长的带领下，根据学习计划，通过小组内讨论、小组学员讲解等方式分步完成学习任务。随着项目任务复杂度的提高，可以通过班级小组管理委员会协调小组间合作的方式来完成合作学习，如果通过组间合作也解决不了的问题，可以由班级负责人及时反馈给指导教师，让指导教师帮助解决。企业工作人员需要不定期地给学生指导，特别是一些企业规范操作等，让学生更加全面地掌握相关知识，深入了解并加以运用。

5. 小组汇报

学习中最重要的环节就是小组汇报。小组汇报除了介绍每个小组完成的项目功能外，还要介绍学生对知识的理解，说清楚知识之间的联系、知识的迁移与应用。通过小组汇报，指导教师了解每个小组现阶段的学习成果，发现学习小组阶段学习过程中存在的问题。指导教师需要对学习小组的汇报进行点评，要以鼓励为主，同时对表现不好的学习小组提出一些改进的建议；也可以适当地进行学习小组的对比，通过小组对比增强小组荣誉感。企业指导教师重点考查学生的职业素养，如项目小组的分工合作、任务完成的质量、项目的进度等。指导教师对学习小组的激励，将有效地推动小组学生的课后学习。对学生来说，最大的挑战是能否持久地进行课后学习。当学生通过努力学习获得肯定之后，必将提高其课后学习的积极性。

课后分组学习实施过程中，学生每完成一个阶段的学习任务，就会进行一次小组汇报。汇报完成之后，学生会进行下一个任务的实施，学生完成任务和小组汇报会交替进行。

6. 指导教师汇总及调整课程进度

学生汇报完成后，针对表现优秀的小组，指导教师要在班上给予表扬，让优秀小组成员和小组长获得精神上的鼓励，增加小组的荣誉感和集体意识；针对表现不好的小组，要让他们意识到问题所在，通过单独与小组长及小组成员进行沟通，帮助他们找出问题并制定解决方案。

教师通过学生的汇报，以及班级管理委员反馈的问题来评估学生的学习情况，及时解决学员出现的问题，以此来保证学生的学习效率和学习的积极性。同时，教师根据学生的学习情况调整课程进度，以提高教学质量。

四、课后深度学习模式总结

学生在学习的起始阶段，经常会不知道学什么、如何学，这就需要教师在专业学习方向上进行指导，帮助学生规划学习路径。教师在了解学生现有知识基础的前提下，以学习小组为单位为学生制定个性化的课后学习路径，可以更好地挖掘学生的学习潜力。学生按照学习路径，在不断的探索中，提高学习效率，从而获得良好的学习效果。

在学习过程中，学习任务的布置应以能够快速看到效果的小项目为主，让学生能够以团队合作的方式完成任务，慢慢积累学习经验。同时，项目要以符合企业需要的技能作为训练目标，通过反复的练习，使学生掌握的技能符合企业需求。学生在课后学习的过程中，经常会受外界因素的影响，出现学习动力不足的情形，指导教师的鼓励和小组的支持是他们能够坚持下去的动力。

在学习过程中，安排的任务也要从易到难，让学生逐步从浅层学习向深度学习过渡。引导学生积极思考，通过思维导图等方式构建知识库，理解知识之间的联系，学会分析问题、解决问题。通过解决类似项目案例，让学生学以致用。再进一步引入难度较大的项目案例，让学生基于现有的知识，进行开拓性的学习和研究以及深度实践应用。

企业工作人员的参与度将在很大程度上影响学生课后深度学习的学习效果。企业工作人员可以介绍企业的项目开发流程、项目管理流程以及企业对人才的考核制度，通过企业化的学习，可以让学生尽早适应企业的工作要求，与企业需求无缝对接。

参 考 文 献

[1] 田方，徐丽丽，吕仁顺. 教育教学管理［M］. 天津：天津科学技术出版社，2020.

[2] 周非，周璨萍，黄雄平. 教育教学管理与素质培养研究［M］. 长春：吉林人民出版社，2021.

[3] 郑家刚. 全球化视域下的教育教学管理［M］. 长春：吉林人民出版社，2021.

[4] 李吉雄. 教苑守望：学校教育教学管理实践与探索（上、下）［M］. 兰州：兰州大学出版社，2021.

[5] 刘思延，张潍纤，郑莹. 高校教育教学管理实践与创新发展［M］. 哈尔滨：哈尔滨出版社，2021.

[6] 刘萍萍，何莹. 现代高校教育教学管理现状与创新发展［M］. 北京：中国原子能出版社，2021.

[7] 周俊. 教育管理案例教学［M］. 杭州：浙江大学出版社，2019.

[8] 郭晓雯. 高校教育教学管理创新发展研究［M］. 北京：北京工业大学出版社，2019.

[9] 贾素娟，杜钰，曹英梅. 学生教育与教学管理研究［M］. 北京：中国商务出版社，2019.

[10] 李春盛. 教育教学管理新视野［M］. 五家渠：新疆生产建设兵团出版社，2014.

[11] 岳若惠. 现代教育理念下的高校教育教学管理［M］. 杨凌：西北农林科技大学出版社，2013.

[12] 仲耀黎. 高职院校教育教学管理［M］. 合肥：中国科学技术大学出版社，2010.

［13］卢新吾. 当代高校教育教学管理科学研究［M］. 长春：吉林大学出版社，2010.

［14］张思明. 教育教学管理行动中的理论与应用［M］. 长沙：湖南人民出版社，2010.

［15］李建平. 高等教育教学管理研究［M］. 重庆：重庆出版社，2006.